8° Lf 154 132

Paris
1928

La Chapelle

Les Batailles du Franc

Georges Lachapelle

Les Batailles du Franc

La Trésorerie, le Change et la Monnaie depuis 1914

LIBRAIRIE FÉLIX ALCAN

LES

BATAILLES DU FRANC

OUVRAGES DU MÊME AUTEUR

Nos finances pendant la guerre (2ᵉ édition). Un volume in-16, chez Armand Colin, Paris, 1915). — *Ouvrage couronné par l'Académie des sciences morales et politiques.*

Les Finances britanniques. Un volume in-8ᵉ. Librairie de la Société du Recueil Sirey, Léon Tenin, directeur, 22, rue Soufflot, Paris, 1920. *Ouvrage couronné par l'Académie des Sciences morales et politiques.*

La vérité sur notre situation financière. Un volume in-8ᵉ. Librairie Georges Roustan, 5, quai Voltaire, Paris, 1921.

La monnaie et le change après 1914, traduction française de l'ouvrage du professeur Gustav Cassel. Un volume in-8ᵉ, chez Marcel Giard, 16, rue Soufflot, Paris.

L'œuvre de demain. La réforme électorale; la décentralisation; la révision de la Constitution. Un volume in-16, chez Armand Colin, Paris, 1917.

La représentation proportionnelle en France et en Belgique. Préface de Henri POINCARÉ (2ᵉ édition épuisée). Librairie Félix Alcan, Paris, 1911.

Tableau des élections législatives des 24 avril et 8 mai 1910, suivi d'une application de la R. P. Librairie Roustan, Paris, 1910.

Elections législatives des 26 avril et 10 mai 1914. Résultats officiels avec application de la R. P. régionale et de la R. P. départementale. Librairie Georges Roustan, Paris, 1914.

Elections législatives du 16 novembre 1919. Résultats officiels avec application de la R. P. départementale. Librairie Georges Roustan, Paris, 1920.

Elections législatives du 11 mai 1924. Résultats officiels avec application de la R. P. Librairie Georges Roustan, Paris, 1924.

GEORGES LACHAPELLE

LES
BATAILLES DU FRANC

LA TRÉSORERIE, LE CHANGE ET LA MONNAIE

DEPUIS 1914

PARIS
LIBRAIRIE FÉLIX ALCAN
108, BOULEVARD SAINT-GERMAIN, 108

1928

AVANT-PROPOS

Les pages qu'on va lire renferment le récit exact et fidèle, bien que nécessairement incomplet, des principaux événements qui ont provoqué, notamment en 1924 et 1926, une crise du change, une crise de Trésorerie et une crise monétaire. Cet exposé a pour but d'établir, par l'observation des faits, les rapports qui existent entre des phénomènes d'un ordre constant et d'en tirer des conclusions appropriées. Il s'adresse au grand public, si souvent mal renseigné et même égaré par les polémiques des partis. Nous avons eu pour dessein de faire bien comprendre des théories en apparence compliquées, mais qui ne découlent, au fond, que du bon sens.

Nous avons attiré l'attention de nos lecteurs sur deux documents dont nous avons cru devoir reproduire une analyse assez détaillée : le rapport du Comité Dawes, du mois d'avril 1924, et le rapport du Comité des experts déposé le 3 juillet 1926. Bien qu'ils aient été abondamment commentés, on ne saurait trop rappeler que, s'appuyant sur les leçons de l'expérience, ils constituent des enseignements de la plus haute valeur. Jamais les problèmes de la monnaie et du transfert des capitaux n'avaient été plus clairement élucidés. On s'est aperçu trop tard de leur importance capitale, et l'on a commis, en les ignorant, les plus regrettables erreurs.

Notre récit a pour objet de faire apparaître les règles

essentielles qui s'imposent à tous les gouvernements et même
à tous les régimes soucieux d'épargner à leur pays de dures
épreuves. Prévoir les résultats de telles ou telles mesures et
les dangers de tels ou tels expédients est tout le secret de la
science financière dont les éléments ne peuvent être rassem-
blés que par l'observation impartiale de phénomènes d'une
certaine durée. L'expérience qui s'est poursuivie à cet égard
de 1914 à 1927 est certainement concluante. Nous nous
sommes efforcé de mettre en lumière des faits dont la rigoureuse exactitude démontre jusqu'à l'évidence les causes de
nos difficultés et la nécessité de suivre une politique financière de nature à les éviter.

Nous remercions cordialement tous ceux de nos amis qui
ont bien voulu nous fournir des renseignements indispensables à l'accomplissement de notre tâche. Nous avons également trouvé auprès des techniciens dont nous ne partagions
pas toutes les idées l'accueil le plus empressé et dont nous
leur sommes sincèrement reconnaissant.

G. L.

Garches (Seine-et-Oise), décembre 1927.

PRÉFACE

Les événements que le présent ouvrage a pour objet de décrire ont été constamment dominés par des nécessités politiques. Pendant les années de guerre, le souci quotidien de nos ministres des Finances a été de se procurer, coûte que coûte, les moyens de faire face aux dépenses sans cesse croissantes de la défense nationale ; il ne faut pas s'étonner que, laissant de côté tout autre préoccupation, ils aient eu recours à des expédients inacceptables en temps de paix. Après l'armistice du 11 novembre 1918, ce sont encore des considérations d'ordre politique qui ont exercé sur notre Trésorerie une influence prépondérante, en la contraignant de multiplier les emprunts dont certaines modalités, par exemple les bons à court terme, avaient une répercussion fatale sur notre régime monétaire.

Notre pays était sorti épuisé d'un conflit dont la durée avait dépassé toutes les prévisions. Aux charges déjà écrasantes de sa dette s'ajoutait la tâche immense de remettre en état dix départements ravagés. Ayant fait tous ses efforts pour éviter la guerre, la France avait la conviction que sa victoire si chèrement acquise devait lui permettre de faire supporter à ses anciens ennemis l'intégralité des dommages qu'elle avait subis. De cette conviction est née la loi sur les dommages de guerre qui devait si lourdement peser sur les Finances publiques. Elle a encouragé ensuite les déficits du

budget ordinaire qui se sont perpétués pendant plusieurs
exercices, la survivance des comptes spéciaux, enfin l'institution et le maintien d'un budget des dépenses dites recouvrables dont les recettes devaient théoriquement provenir
des versements allemands, alors que, pratiquement, elles
n'ont été réalisées que par les emprunts du Trésor.

En dépit d'une situation qui allait s'empirant d'année en
année, l'opinion publique et le Parlement conservaient leur
optimisme. On n'apercevait point encore les conséquences
des emprunts à jet continu et l'on se faisait même l'illusion
que, grâce à des mesures de déflation, il ne serait point
impossible de revenir à la longue au régime de la monnaie
au pair. La Convention signée en 1920 par l'État et la
Banque de France semblait s'inspirer de cette idée, d'ailleurs conforme aux engagements contractés par M. Ribot
envers l'institut d'émission dès le mois de septembre 1914,
c'est-à-dire à une époque où l'on ne prévoyait guère la
durée des hostilités et les graves difficultés financières qui
devaient en résulter.

Pendant la période de reconstitution des régions libérées,
la politique de la Banque de France s'est trouvée en opposition avec celle du Mouvement général des Fonds, chargé,
au ministère des Finances, de la gestion de la Trésorerie et
de l'examen des problèmes monétaires. Sans prendre parti
sur un désaccord qui était, il faut bien le reconnaître, difficile à éviter, nous ne croyons pas pouvoir nous dispenser,
dans un dessein d'impartialité, d'en expliquer les origines.

La Banque de France voulait, ce qu'elle croyait être à la
fois son devoir et son intérêt, obtenir de l'État le remboursement annuel de deux milliards d'avances prévu par la
Convention de 1920. Les divers gouvernements avaient
d'ailleurs maintes fois consenti, sur sa propre insistance,
à se déclarer formellement opposés à tout accroissement de
la circulation et des avances au Trésor. Faisons remarquer
à ce sujet que, pour être assuré de pouvoir tenir sa pro-

messe, l'État aurait dû tout d'abord inscrire dans ses budgets les crédits nécessaires à l'amortissement annuel de sa dette envers la Banque, comme l'avait fait M. Thiers en 1871. Il aurait dû, en outre, cesser d'émettre des bons à court terme qui constituaient une circulation en puissance et s'efforcer de les consolider aussi rapidement que possible en valeurs d'une durée beaucoup plus longue. Mais ces deux précautions n'ayant pas été prises — et elles ne pouvaient point l'être en 1920, — ne devenait-il pas aléatoire de compter sur des remboursements qui ne pouvaient alors s'effectuer que par des emprunts complémentaires ayant pour effet d'accroître les charges d'un budget déjà en déficit?

Quoi qu'il en soit, la direction du Mouvement général des Fonds avait, de son côté, le devoir d'attirer l'attention du ministre des Finances sur les dangers de la situation du Trésor et la nécessité de mettre fin au plus vite à la politique d'emprunts illimités qui a été si longtemps pratiquée. L'attitude prise à cet égard par M. A. Célier, qui avait donné sa démission de directeur du Mouvement général des Fonds à la fin de 1920, était bien connue et elle a toujours été suivie par ses successeurs, M. Jean Parmentier (de janvier 1921 à mars 1923) et M. Pierre de Moüy, d'abord comme directeur-adjoint, puis comme directeur à partir de mars 1923. Ces deux hauts fonctionnaires ne cessèrent de soumettre aux gouvernements successifs les très graves préoccupations que leur inspirait la situation du Trésor et de préconiser un ensemble de mesures qui formait en quelque sorte le programme du Mouvement général des Fonds. Ce programme a été du reste défendu par M. Parmentier jusqu'à la démission et par M. de Moüy jusqu'à la disgrâce.

Avant de prendre position, MM. Parmentier et de Moüy avaient eu de nombreuses conversations avec leurs prédécesseurs, MM. Sergent, Luquet et Célier qui partageaient leurs vues sur bien des points, et avec d'autres techniciens, dont le plus notoire était M. Fernand Maroni, alors collaborateur financier du *Journal des Débats*. Mais la politique qu'ils croyaient devoir recommander se trouvait souvent en opposition avec les tendances des pouvoirs publics et la doctrine de la Banque de France. Elle peut, croyons-nous, se résumer dans les termes que voici :

Avant la guerre, les revenus globaux des Français étaient évalués entre 32 et 35 milliards de francs au pair; les arrérages de la dette publique, y compris ceux de la dette viagère , s'élevaient alors à 1.350 millions. On peut considérer comme très douteux que le contribuable français de 1913 eût pu supporter un prélèvement supérieur à 4 milliards pour le service de la dette. En appliquant à ces 4 milliards de francs-or le coefficient du coût de la vie et en supposant le franc définitivement stabilisé à sa valeur intérieure du moment, on arrivait, suivant les années d'après-guerre, au maximum théorique des charges dont le contribuable français pouvait s'acquitter pour faire face aux dépenses de la dette publique. Cette charge théorique maxima était, après la signature de la paix, déjà inférieure aux arrérages effectifs de la dette, et la différence, lorsque la valeur du franc restait stable, était constamment accrue du montant des intérêts servis aux nouveaux créanciers de l'État. Elle n'a cessé d'augmenter, ou n'a décru, que grâce à une nouvelle élévation du niveau des prix équivalente à une nouvelle dépréciation du franc. Il paraissait dès lors évident, et de plus en plus évident à mesure que les années s'écoulaient, qu'à des augmentations de la dette publique correspondrait dorénavant un accroissement de charges fiscales que le contribuable français serait incapable de subir. Si cette charge ne pouvait être transférée aux contribuables allemands, elle devait fatalement se traduire, soit par une faillite totale ou partielle, soit par un impôt sur le capital, soit par une réduction définitive de la valeur réelle du franc, soit par une combinaison de ces divers procédés. On pouvait donc penser que tout prêt fait à l'État devait nécessairement, tôt ou tard, être partiellement confisqué.

La direction du Mouvement général des Fonds ne semble pas avoir partagé l'optimisme général qui nous donnait l'espoir de recouvrer sur nos anciens ennemis l'excédent de notre dette par rapport à nos possibilités fiscales, optimisme qui est devenu, à mesure que le temps passait, de moins en moins fondé. Mais cette direction a constamment préconisé la nécessité de faire tout le possible, d'une part pour mettre l'Allemagne en état et en demeure de contracter des emprunts internationaux destinés au paiement des réparations, et, d'autre part, de faire, pour la reconstitution des régions dévastées, le plus large appel aux prestations en nature, y compris la main-d'œuvre allemande; elle voyait en effet dans l'emploi direct des réparations venant s'ajouter à des emprunts internationaux, dont le produit était incertain et, en tout état de cause, trop restreint pour résoudre le problème dans son ensemble, le seul moyen d'éviter complètement les difficultés tant actives que passives du transfert des capitaux d'Allemagne en France.

Quels autres moyens se présentaient de sortir des difficultés créées par l'ampleur excessive de la dette publique? Il n'en apparaissait point en dehors de l'impôt sur le capital ou de la dévaluation monétaire, ce qui, du reste, était à peu près la même chose.

L'impôt sur le capital pouvait paraître séduisant; même sous la forme d'impôt réel et proportionnel, qui aurait supprimé un grand nombre des impossibilités matérielles de l'impôt sur le capital personnel et progressif, son application se serait heurtée à de très nombreuses objections. Les contribuables, qui auraient été atteints sans évasion possible, auraient été d'abord les créanciers de l'État, puis les détenteurs d'obligations de sociétés françaises et les actionnaires de ces mêmes sociétés. Les propriétaires d'immeubles et de fonds de commerce n'auraient pu être touchés qu'avec de grandes difficultés, l'assiette même de l'impôt étant malaisée à établir et le recouvrement ne pou-

vant guère être effectué que pendant une longue série
d'exercices. Enfin, pour les détenteurs d'avoirs à l'étranger,
l'impôt sur le capital n'aurait guère constitué qu'une contribution, en fin de compte, volontaire. Ainsi, l'impôt sur le
capital aurait atteint à peu près les mêmes classes qu'une
dévaluation monétaire; il aurait, d'autre part, entraîné de
très graves inconvénients pour le crédit public, de même
que pour la formation de l'épargne et la conservation dans
le pays des capitaux tant nationaux qu'étrangers. Une
pareille opération, à la supposer réussie et d'une ampleur
suffisante, n'aurait d'ailleurs supprimé, pour le retour au
pair de la monnaie, que les difficultés provenant du service
de la dette publique. Elle aurait laissé intactes celles qu'une
politique de déflation doit nécessairement entraîner pour
les débiteurs privés et pour l'économie générale du pays.

En l'absence de toute décision des pouvoirs publics pour
résoudre le problème de la dette, la force même des événements et la loi du moindre effort devaient fatalement provoquer la solution par la dévaluation monétaire. Mais cette
indécision même, la continuation indéfinie de la politique
d'emprunt, l'absence de tout moyen concerté d'intervenir
en cas de besoin sur le marché des changes, l'optimisme
officiel consacré par la Convention de 1920 entre l'État et la
Banque de France, la conviction inspirée au public que toute
augmentation de la circulation amènerait une catastrophe,
la baisse continue des changes et l'élévation du niveau des
prix, contribuaient à créer un péril extrême de dépréciation
monétaire poursuivie bien au delà du point où la charge de
la dette publique deviendrait supportable et qui était susceptible d'aboutir à la faillite monétaire intégrale.

Dès l'instant où les pouvoirs publics avaient décidé des
dépenses excédant aussi largement les rentrées fiscales, la
charge de combler la différence incombait au Trésor, et,
pour la part de cette différence qui dépassait la possibilité
d'émission d'emprunts à long ou moyen terme, il n'y avait
le choix qu'entre deux procédés : recourir comme en Alle-

magne à la Banque d'émission et lui faire escompter des bons
du Trésor contre remise de billets, ce qui constitue une
inflation directe et immédiate avec les conséquences inéluctables qu'elle entraîne ; ou, continuant la politique pratiquée en France pendant la guerre, emprunter à court
terme au public ses disponibilités en créant une inflation en
puissance, mais non immédiatement réalisée. Cette inflation
pouvait être absorbée par la suite en pratiquant une politique
de consolidation, réalisée partiellement toutes les fois qu'une
opération se présentait comme possible et point trop onéreuse. C'est ce second procédé qui a été naturellement
adopté, et il n'est pas douteux qu'aucune autre solution
ne s'offrait à la Trésorerie, étant donnée la tâche qui lui était
imposée par les pouvoirs publics.

La transformation du Trésor en banque de dépôt, avec
des exigibilités qui atteignaient à certains moments 8 à
9 milliards de francs par mois, avait pour première conséquence de faire perdre complètement au gouvernement et à
la Banque de France le contrôle de la circulation. En période
normale, il est possible de restreindre ou d'augmenter la
circulation monétaire : la Banque de France peut, en élevant le taux de son escompte et de ses avances, ou en ration-
nant le crédit, faire rentrer ses billets qu'elle s'abstient de
remettre dans la circulation; le gouvernement peut, par des
impôts plus élevés que des dépenses, ou par des emprunts
à long terme, retirer au public des billets qu'il remet à la
Banque pour être annulés. Mais, lorsque le public détient
des valeurs du Trésor qui lui permettent d'exiger chaque
mois plusieurs milliards de billets, c'est lui qui est le véritable et le seul maître de la circulation : la Banque ou le
gouvernement, s'ils tentaient de restreindre la somme des
billets par les moyens indiqués plus haut, la verrait immédiatement revenir à son niveau antérieur par le remboursement de bons du Trésor effectué au moyen de l'augmentation des avances de la Banque à l'État. En pareil cas,
et si la confiance n'est pas gravement ébranlée, la cir-

culation active (abstraction faite de la thésaurisation) se modèle automatiquement sur les besoins du public, lesquels, à leur tour, sont strictement réglés par le volume des affaires et le niveau général des prix.

Dans ces conditions, et par suite de l'élévation constante des prix, la politique de déflation, telle qu'elle était définie par les Conventions avec la Banque de France, ne laissait aucune sécurité à une Trésorerie suspendue au renouvellement et à l'accroissement d'une dette flottante démesurée. Ce n'est qu'après que cette dette flottante aurait été consolidée pour la plus grande part, et lorsque le problème général de la dette aurait reçu une solution définitive, que la déflation, si elle avait encore été jugée possible et nécessaire, aurait pu être pratiquée sans mettre en péril la solvabilité immédiate de l'État. C'est pourquoi le Mouvement général des Fonds a été amené à préconiser, à plusieurs reprises, une nouvelle Convention avec la Banque, combinée avec des mesures de salut public, destinées à comprimer, dans le plus bref délai et dans toute la mesure du possible, les dépenses de toute nature, pour revenir au plus vite au strict équilibre des recettes et des dépenses réelles de l'État et donner immédiatement à l'extérieur et à l'intérieur l'impression du changement de politique bien net, absolument indispensable pour rassurer l'opinion.

Sans doute la Convention de 1920 était-elle présentée par ses partisans comme ayant pour principal objet d'obliger le gouvernement à suivre une politique de compression de dépenses et d'augmentation de recettes. Le Mouvement général des Fonds était cependant convaincu, à tort où à raison, que cette Convention avait l'effet le plus déplorable sur l'opinion publique en général et l'opinion parlementaire en particulier. Elle entretenait, en effet, un optimisme monétaire qui n'était nullement justifié par la situation réelle; elle laissait croire à chacun que la déflation non seulement souhaitable, mais facilement réalisable par l'exécution d'une Convention que les pouvoirs publics et la quasi-

unanimité de la presse défendaient en toute occasion ; un
simple calcul paraissait démontrer que la seule exécution
de cette Convention pouvait résorber les billets en excédent
et ramener le franc au pair en un certain nombre d'années.
Ainsi, toutes dépenses nouvelles présentées comme indispensables, tout ajournement de réformes fiscales favorable-
ment accueilli par les contribuables éventuels, paraissaient
à l'opinion publique comme susceptibles uniquement de
retarder de quelques mois, ou au pis aller de quelques
années, la restauration du franc à sa valeur d'autrefois,
alors qu'en réalité l'accroissement continu de la dette
publique augmentait chaque jour le sacrifice extraordinaire
qui devait être finalement imposé au pays sous forme de
faillite, d'impôt sur le capital ou de dévaluation monétaire.

L'exécution même de la Convention ainsi considérée
comme seul instrument de salut devait d'ailleurs rapidement se heurter à de très grandes difficultés d'abord, puis
à de véritables impossibilités. Nous avons rappelé plus
haut que cette Convention consistait essentiellement dans
l'engagement de l'Etat de rembourser chaque année 2 milliards de francs à la Banque de France, chaque remboursement donnant lieu à un abaissement de même somme du
« plafond » des avances de la Banque à l'Etat. Cependant
le « plafond » total de la circulation n'était pas affecté. En
réalité, l'Etat avait pris un engagement dont l'exécution
était entièrement hors de son pouvoir ; si, par suite d'une
augmentation des prix ou d'un accroissement du volume
des affaires, le public avait besoin de nouveaux moyens de
paiement, il se les procurait en encaissement des bons de
la défense nationale dont plusieurs milliards venaient à
échéance chaque mois ; le Trésor ne pouvait manifestement
rembourser ces bons qu'en se procurant des billets par
l'augmentation des avances que lui faisait la Banque. Ce
résultat ne pouvait être évité que si l'excédent de circulation, dont le public avait besoin, lui était procuré par la
Banque de France, au moyen d'augmentation de son porte-

feuille commercial, ou de ses avances sur titres. Entre les trois parties en cause, public, Banque de France, Trésor, c'est à la troisième, qui était dans des circonstances normales démunie de tout moyen d'action, qu'on avait fait prendre un engagement formel.

Sans doute, la stagnation des affaires et la stabilité relative des prix ont-elles permis pendant certaines périodes de ne pas dépasser le plafond des avances et d'effectuer certains remboursements. Mais une telle possibilité devait évidemment être éphémère : en l'absence de toute politique résolue à régler définitivement le problème des Finances publiques, une vue pessimiste sur l'avenir du franc devait finalement prévaloir dans l'opinion tant étrangère que nationale. D'où baisse du change, hausse des prix, augmentation fatale de la circulation.

Aussi longtemps que ces accroissements de la circulation n'ont pas dépassé la limite légale d'émission de la Banque, un moyen facile de les faire porter en apparence sur la circulation dite commerciale a été pratiqué : le ministère des Finances demandait aux principaux établissements de crédit d'escompter à la Banque de France une partie de leur portefeuille et d'acheter des bons du Trésor avec le produit de cet escompte. Le caractère fictif de ce mode d'emprunt apparait dès qu'on réfléchit que ces établissements avaient la faculté de faire figurer les effets du Trésor sur leurs bordereaux d'escompte ; l'opération les rendait finalement détenteurs de bons nouveaux d'une valeur égale à son produit et pouvant à leur tour servir de base à de nouvelles ouvertures de crédit de même nature.

De tels procédés ne pouvaient du reste masquer la situation qu'aussi longtemps que le plafond même de la circulation n'était pas menacé, ce qui ne tarda pas à se produire. Toute une série de moyens furent alors mis en œuvre : emprunts répétés sous toutes les formes et de plus en plus onéreux pour restreindre une circulation dont la partie active était, non seulement irréductible, mais en voie

incoercible d'extension par suite de la hausse des prix ;
création d'une Banque d'émission à Madagascar destinée
à restreindre l'étendue de la circulation des billets de la
Banque de France ; propagande pour intensifier les paiements par chèques et virements ; instructions données aux
comptables publics de réduire au minimum leurs encaisses
et de les reverser aux succursales de la Banque de France
à certaines dates, etc. La consolidation forcée des valeurs
du Trésor a même été envisagée. Une telle mesure, comprise dans un ensemble de décisions de salut public et
entourée de nécessaires précautions, a pu être réalisée
dans des pays voisins, à la condition d'être décidée brus-
quement ; sa menace sans exécution ne pouvait avoir en
France, qui se trouvait d'ailleurs dans des conditions très
différentes, que les effets les plus funestes.

Telles ont été les idées fondamentales de la direction du
Mouvement général des Fonds que nous nous sommes efforcé
d'exposer avec la plus rigoureuse impartialité et à un point
de vue purement objectif. Notre récit des principaux événements financiers qui se sont déroulés pendant une période
aussi rude aurait été incomplet et peut-être moins clair, si
nous n'y avions pas ajouté les explications qui précèdent.
Les hauts fonctionnaires qui avaient assumé la lourde charge
de la Trésorerie aux heures les plus difficiles, ont-ils eu raison et leurs avis auraient-ils dû être mieux écoutés ? Quoi
qu'on en pense, on ne saurait contester qu'ils ont agi avec
une bonne foi absolue, avec un désintéressement complet
et avec le souci exclusif de leurs devoirs professionnels. Sans
partager toutes leurs idées et sans prendre parti dans leur
désaccord avec la Banque de France en certaines circonstances, ne doit-on pas rendre hommage à leur dévouement
à l'intérêt général et à leurs efforts de restauration financière plus prompte ? Comment ne pas reconnaître toutefois

que la Banque de France restait fidèle à ses traditions,
en réclamant le remboursement de ses avances au Trésor
dans un délai aussi rapide que possible, afin d'aboutir à un
régime de saine monnaie qui lui aurait permis de remplir
sa mission de régulatrice de la circulation fiduciaire en
dehors de toute ingérence de l'État ? Notre institut d'émission est un établissement privé dont les attributions ne
doivent point se confondre en temps de paix avec celles du
ministère des Finances. Si la Banque de France s'était trouvée en face d'un gouvernement résolu à appliquer un
programme clairement formulé de complète restauration
financière, elle n'aurait guère pu se refuser à une revi-
sion de ses Conventions antérieures avec l'État. Mais ce
n'est que beaucoup plus tard et lorsqu'a éclaté la crise du
change du premier trimestre de 1924 qui a ouvert les yeux
aux pouvoirs publics, qu'un redressement financier et
monétaire a été enfin entrepris.

Si l'exposé du conflit de doctrine jusqu'ici mal connu que
nous venons de faire renferme d'utiles leçons, il n'offre plus
aujourd'hui qu'un intérêt en quelque sorte historique. Le
problème de la Trésorerie et le problème monétaire ont reçu,
sous la pression des événements, des solutions aussi favorables qu'il était permis de l'espérer. La partie essentielle
du programme, envisagé par le Mouvement général des
Fonds et recommandé ensuite par le Comité des experts
présidé par M. Charles Sergent, a été appliquée avec succès.
Le successeur de MM. Parmentier et de Moüy, M. Moret,
dont la clairvoyance ne s'est jamais démentie, a eu l'heureuse fortune de voir s'accomplir les grands desseins qu'il
avait lui-même recommandés avec un souci constant de
l'intérêt public. Après s'être débattu pendant de longues
années dans une situation souvent tragique et presque inex-
tricable, le Trésor traverse, à l'heure où nous écrivons, une
période d'aisance qu'il n'avait jamais connue depuis 1914.
S'il a pu vaincre tant de difficultés accumulées, ce n'est pas

seulement par des procédés techniques, mais grâce à une politique générale et à une politique financière ayant pour but de rétablir la confiance dans le crédit public, d'assurer l'équilibre parfait des recettes et des dépenses réelles de l'État, de stabiliser en fait la monnaie et les prix à un niveau tel que les charges de la dette ne semblent plus excéder les facultés contributives de la nation. Le Trésor et la Banque de France n'ont plus désormais qu'à poursuivre, avec une persistante énergie et en plein accord, l'impérieux dessein que commande le salut public : l'assainissement financier et monétaire définitif, condition de notre prospérité économique et de notre autorité dans le monde.

BATAILLES DU FRANC

CHAPITRE PREMIER

LA CONDUITE FINANCIÈRE ET ÉCONOMIQUE
DE LA GUERRE

Sommaire : *Rôle de la monnaie et du change. — La situation de la Banque de France au mois de juillet 1914. — Le mécanisme de la circulation fiduciaire. — Les effets de l'inflation et la hausse des prix. — Mesures prises pour limiter l'inflation. — Les émissions de bons de la défense nationale. — Les recettes budgétaires pendant la guerre. — Théorie et pratique du change. — Les changes avant et pendant la guerre. — Déficits de la balance des comptes. — Les crédits extérieurs. — La Commission des changes, — Le concours de la Banque de France.*

Qui aurait pu croire, au mois d'août 1914, que la guerre pourrait durer cinquante et un mois ? Elle entraînerait, pensait-on, de telles difficultés financières et économiques ; elle imposerait aux peuples de tels sacrifices et de telles souffrances qu'on serait contraint de cesser les hostilités dès que l'argent et les moyens de subsistance viendraient à manquer. Nous avons cependant réussi, et même au delà de toute espérance, à nous procurer toutes les ressources dont nous avions besoin, les crédits extérieurs qui nous étaient indispensables pour acheter au dehors des vivres et des munitions. Nous avons pu engager des dépenses d'environ 150 milliards jusqu'à la signature de l'armistice et nourrir, en même temps que la population civile, 7 ou 8 millions de mobilisés arrachés à la production et au commerce. Comment un pareil miracle a-t-il pu s'accomplir ?

L'argent est le nerf de la guerre et, lorsque l'Allemagne a déchaîné sur le monde le plus horrible des fléaux, nous n'avions que des ressources insuffisantes pour faire face à nos dépenses normales. Nous n'avions préparé la guerre ni au point de vue financier, ni même au point de vue militaire, ce qui démontre une fois de plus que, loin de songer à la déclarer, nous avions le ferme espoir de l'éviter. En toute hâte, le Trésor à bout de souffle avait émis, le 7 juillet 1914, un emprunt de 805 millions en rentes amortissables dont les versements étaient échelonnés jusqu'au 16 novembre et devaient être bientôt suspendus. Fort heureusement, la Banque de France était dans une situation très prospère ; elle avait préparé avec soin sa mobilisation monétaire et pouvait mettre à la disposition immédiate du gouvernement les billets nécessaires pour la mise en route de nos armées.

Usant de son privilège dans l'intérêt général de l'économie nationale, la Banque de France avait toujours été en mesure de rembourser en espèces et à vue les sommes inscrites sur ses billets qui constituent une promesse de paiement. Quand elle escomptait des effets de commerce, ce qui était son rôle essentiel, elle faisait une simple avance de fonds qu'elle récupérait à l'échéance convenue. Elle pouvait ainsi accroître sa circulation sans mettre en péril ses réserves métalliques. Lorsqu'elle s'apercevait que la limite légale de ses émissions de billets pouvait être dépassée, elle n'avait qu'à élever le taux de ses escomptes pour l'empêcher de s'augmenter ; par contre, elle pouvait abaisser ce même taux, si elle croyait pouvoir le faire sans inconvénient pour son encaisse, et elle favorisait de la sorte l'essor de la production.

Il n'en est plus de même lorsque la Banque de France prête des billets à l'État pour une durée incertaine et d'autant plus longue que le montant de ses avances est plus élevé. Elle ne peut plus alors s'engager à rembourser en espèces sa dette envers les porteurs de monnaie de papier ; l'État doit donc protéger ses réserves en donnant cours forcé à ses billets jusqu'au jour où il sera en mesure de restituer ceux qu'il a empruntés. En attendant, la circulation augmentera d'un chiffre sensiblement égal à celui des avances faites au Trésor ; elle ne pourra diminuer que si le Trésor fait rentrer dans ses caisses, sous forme d'impôts ou d'emprunts, et pour les rendre à la Banque, une partie des billets qui ont servi à ses paiements.

Le mécanisme de la circulation fiduciaire.

Le cours forcé, décrété par l'État français, en même temps que par tous les autres pays, était sans doute inévitable au lendemain de la déclaration de guerre. Il n'en avait pas moins pour effet de bouleverser notre régime monétaire. Le billet de banque est un substitut de la monnaie métallique, un moyen plus commode que les métaux précieux pour s'acquitter d'une dette. Afin de pouvoir remplir son rôle de monnaie *fiduciaire*, ce qui veut dire inspirant *confiance* aux créanciers qui la reçoivent, il faut évidemment qu'il soit gagé sur des réserves d'or destinées à rembourser en espèces la somme inscrite sur le billet qui constitue une promesse de paiement à vue. Lorsque les porteurs de billets s'aperçoivent, au bout d'une expérience assez longue, qu'il suffit de les présenter aux guichets de la Banque d'émission pour obtenir en échange des espèces métalliques, ils ne se hâtent point de réclamer ce qui leur est dû : à quoi bon, puisque leurs billets seront acceptés en paiement par tous leurs créanciers ? Le billet circule donc, de main en main, sans être converti en or ou en argent.

A partir du moment où il a, non seulement cours légal, mais cours forcé, le billet de banque n'a évidemment plus le même caractère. Il sert, comme par le passé, à se libérer d'une dette ; il reste un instrument d'échange, mais il n'est plus qu'un moyen de payer les marchandises ou les services dont son détenteur a besoin. Quelle sera sa valeur exacte ou sa puissance d'achat ? Elle ne changerait pas sensiblement si, au fur et à mesure que sa circulation augmen-

tait, la production s'accroissait dans des proportions analogues. Il y aurait alors une plus grande quantité de
billets de banque pour acheter une plus grande quantité de
produits ; le niveau des prix ne s'élèverait ou ne s'abaisserait
que si les offres et les demandes de telles ou telles marchandises étaient susceptibles de varier, par exemple si les récoltes
étaient plus ou moins abondantes. Mais, en temps de guerre,
l'équilibre entre les moyens de paiements et la production
est fatalement rompu. L'État a besoin de décaisser des
sommes de plus en plus élevées et, pour faire face à ses
dépenses, quand il n'aura plus d'argent, il empruntera à la
Banque d'émission des billets dont il restera par suite en
circulation une masse de plus en plus forte. Les produits
nécessaires à l'existence seront, d'autre part, plus réduits,
en raison de la mobilisation de ceux qui cultivaient la terre
ou qui travaillaient dans les usines. Disposant des nouveaux
moyens de paiements que l'État leur a fournis, certains
consommateurs seront en mesure de payer plus cher les
marchandises dont ils ne pourront ou ne voudront point se
passer. Plus forte sera la quantité de billets dont pourront se
servir les acheteurs, plus s'élèveront les prix des marchandises devenues plus rares. Les pauvres gens et tous ceux
dont les revenus n'auront pas augmenté seront exposés à
subir des privations de plus en plus dures. L'État sera contraint de leur venir en aide, en leur livrant des denrées à
bas prix, en leur distribuant ses allocations, etc. Mais il
accroîtra de la sorte, et de plus en plus, la circulation fiduciaire et fera de plus en plus hausser les prix, ce qui veut
dire que la puissance d'achat des nouveaux billets de banque
diminuera. La monnaie de papier continuera sans doute à
jouer son rôle d'intermédiaire des échanges : elle ne possédera plus, comme la monnaie d'or, sa qualité essentielle,
celle d'un étalon ou d'une mesure de la valeur de tel ou tel
produit, ou de tel ou tel service.

Le problème monétaire qui se posait au début de la guerre ne pouvait être résolu que par un accord constant et fidèle entre le Trésor et la Banque de France. L'État avait le devoir de ne contracter des emprunts à la circulation que lorsqu'il ne pouvait faire autrement et qu'il lui était impossible de prélever sur les revenus diminués des contribuables des ressources suffisantes pour couvrir ses dépenses; il avait même intérêt à ne point accroître sans mesure les émissions de la Banque de France, en faisant revenir dans ses caisses la plus grande partie des billets qui en étaient sortis, par des impôts et par des emprunts directs à l'épargne. La Banque de France avait de son côté le devoir impérieux, qu'elle a d'ailleurs rempli, de mettre tout son crédit à la disposition de la défense nationale, sans cependant entraver, par des restrictions d'escomptes, la production industrielle et agricole dont les efforts étaient indispensables pour satisfaire aux besoins matériels de l'armée et de la population civile. Dans ce but, elle n'a pas modifié au cours des hostilités ses taux d'escomptes et d'avances, afin de rendre, en outre, plus aisés et moins onéreux les emprunts intérieurs de guerre.

Plus la Banque d'émission et le Trésor jetaient de billets dans la circulation, plus augmentaient les disponibilités du public et des établissements de crédit. Mais l'inflation fiduciaire avait pour résultat, en accroissant les moyens de paiement, de faire monter le niveau général des prix qui aurait atteint une hausse bien plus grande encore, si l'État n'avait pas vendu à perte ou sans bénéfice aux consommateurs les denrées de première nécessité qu'il importait des pays neutres. En comparant la moyenne trimestrielle de la circulation de la Banque de France avec les indices des prix de gros pendant la période des hostilités, on se rendra compte des effets de l'inflation. Le tableau ci-dessous a été dressé en prenant pour base le nombre 100, choisi comme indice du dernier trimestre de 1914.

DATES	MOYENNE trimestrielle de la circulation fiduciaire (en millions de francs).	INDICE de la circulation p. 100	INDICE d'ensemble des prix p. 100
4° trimestre 1914.	9.661,2	100	100
1er — 1915.	10.751,0	111,2	115,6
2° — —	11.755,1	121,6	126,7
3° — —	11.844,6	132,0	132,8
4° — —	13.907,9	143,9	148,3
1er — 1916.	14,170,2	146,6	170,6
2° — —	15.439,1	159,8	181,1
3° — —	16.333,6	169,6	176,7
4° — —	16.421,6	169,9	190,7
1er — 1917.	17.700,3	183,2	215,2
2° — —	19.329,0	200,0	247,3
3° — —	20 489,2	212,0	262,6
4° — —	22.212,4	229,8	283,0
1er — 1918.	23.930,5	247,6	308,8
2° — —	27.128,3	280,7	320,3
3° — —	29.394,5	304,2	334,8
4° — —	30.064,3	311,2	343,6

Ces chiffres confirment la théorie si souvent combattue de la théorie quantitative de la monnaie. Ils font apparaître nettement les conséquences de l'inflation qui se traduit par une hausse du niveau général des prix lorsqu'elle n'est pas compensée par un accroissement — impossible en temps de guerre — de la production nationale. On s'aperçoit, en lisant notre tableau, que l'augmentation de la circulation de la Banque de France précède toujours la hausse des prix qui s'accuse, il est vrai, par la suite avec un peu plus d'intensité. Ce mouvement de hausse entraîne fatalement pour l'État, comme pour l'ensemble de la nation, des dépenses plus élevées et particulièrement lourdes pour les familles qui vivent de revenus fixes et dont les restrictions ont, par ailleurs, pour effet d'augmenter la masse des produits disponibles sur le marché. L'État, qui peut se procurer de nouveaux moyens de paiement par les avances que lui fait la Banque d'émission, est toujours prêt à acheter ces produits à des prix plus élevés que ceux que peuvent subir les autres consommateurs ; la concurrence qu'il leur oppose accélère le mouvement de hausse avec d'autant plus de rapidité que s'augmente la pénurie des marchandises et des denrées.

L'effet de l'accroissement de la circulation fiduciaire, provoqué par les besoins du Trésor et qu'on appelle l'inflation, sera par conséquent une dépréciation continue de l'étalon de papier ou, ce qui est la même chose, une hausse des prix sans arrêt. *Les deux expressions de hausse des prix et de dépréciation monétaire sont en effet synonymes*, et ce n'est que par le niveau de hausse des prix qu'on peut évaluer la dépréciation de la monnaie. Si, avec un billet de banque de 100 francs, on ne peut plus acheter qu'une marchandise valant 50 francs avant l'inflation, cela signifie, tout le monde peut le comprendre, que ce même billet ne vaut plus que 50 francs anciens ou que son pouvoir d'achat a diminué de moitié. Malheureusement, le public ne saisit pas tout de suite la portée de ce phénomène monétaire ; pour lui, son billet de banque de 100 francs vaut toujours 100 francs, et, s'il s'aperçoit que les prix ont doublé, il en attribue la cause à la rareté des produits, ce qui est vrai en un certain sens, mais sans se rendre compte que c'est, en même temps, parce que le pouvoir d'achat de son billet de banque a diminué. L'État, de son côté, est entraîné, par les besoins de la défense nationale, à se procurer coûte que coûte l'argent dont il ne peut se passer et, quand il n'en possède plus, il est bien obligé de faire fabriquer des billets de banque. Plus l'inflation s'accroît, plus la hausse des prix s'accentue ; les dépenses augmentent, et les recours aux avances de la Banque d'émission deviennent plus fréquents.

Mesures prises pour limiter l'inflation.

Si le gouvernement s'était borné, au cours des hostilités, à réclamer à la Banque de France tout l'argent qui lui était

nécessaire pour effectuer ses paiements, il aurait par cela
même provoqué une dépréciation persistante de la monnaie
de papier et une hausse des prix dont il aurait été la première victime. Alexandre Ribot, qui avait accepté la charge
de ministre des Finances dans le cabinet Viviani, formé le
27 août 1914, l'avait parfaitement compris et il était, sur ce
point, tout à fait d'accord avec son ami Georges Pallain,
gouverneur de la Banque de France. A peine avait-il pris la
direction des services de la Trésorerie, que le gouvernement se décidait à quitter Paris, menacé de tomber entre
les mains de l'ennemi, pour se réfugier à Bordeaux. Le
ministre des Finances n'avait plus auprès de lui qu'un petit
nombre de collaborateurs occupant les locaux trop étroits
de la Faculté de Médecine. Il devait se hâter de faire face
aux besoins urgents de la défense nationale, se procurer de
l'argent en diminuant le moins possible le crédit du billet
de banque et son pouvoir d'achat. Son antichambre était
envahie par des faiseurs d'affaires auxquels se mêlaient des
mercantis de divers pays, accourus pour pêcher en eau
trouble. Mais Ribot ne recevait que ses amis ; il ne prêtait
aucune attention aux combinaisons singulières et louches
qui lui venaient du dehors. Au surplus, il n'existait guère
qu'un seul moyen de limiter la circulation de la Banque de
France : encourager le public à ne point thésauriser ni à
gaspiller des billets de banque, en lui offrant un mode de
placement à court terme qui serait à la fois commode et
rémunérateur.

Les disponibilités de l'épargne étaient, il est vrai, peu
abondantes, au début des hostilités ; la monnaie d'or et
d'argent se cachait et la monnaie de papier, qui s'y était
substituée, était à peine suffisante pour les transactions
quotidiennes qui ne s'opéraient alors qu'au comptant ; les
dépôts effectués dans les sociétés de crédit étaient mora-
toriés. Mais comme la circulation fiduciaire augmentait en
même temps que les dépenses de l'État, on pouvait espérer
que les habitudes traditionnelles d'épargne de notre pays

permettraient d'en faire revenir une partie dans les caisses du Trésor sous forme de souscriptions à des bons de courte durée.

L'idée, dont bien des gens se sont plus tard attribué le mérite, était évidemment des plus simples et n'avait même rien de nouveau. Depuis longtemps et même depuis toujours, comme dans la plupart des autres pays, le Trésor public, escomptant d'avance la rentrée future des impôts, offrait aux banques et aux grandes sociétés industrielles des bons portant intérêt et remboursables à une échéance fixée d'avance. Quoi de plus naturel que de faire appel au public, jusque-là tenu à l'écart de ces opérations, pour souscrire à des valeurs à court terme qui s'appelleraient des *bons de la défense nationale* ?

Dès le 13 septembre 1914, ces bons furent émis aux guichets des caisses publiques et de la Banque de France ; peu à peu, le public finit par s'habituer à ce mode de placement si aisé. Les Allemands, qui avaient commencé par se moquer des « ribotins », ne tardèrent pas d'ailleurs à imiter le procédé de leur promoteur et beaucoup d'autres belligérants suivirent l'exemple de notre ministre des Finances. En résorbant de la sorte une quantité de billets de banque plus ou moins grande, le Trésor contenait la circulation dans des limites aussi étroites que possibles. Mais il se transformait, du même coup, en une immense banque de dépôts à terme ; il n'était plus seulement le banquier du budget : il devenait le plus grand réservoir de l'épargne française et des disponibilités de tous ceux qui avaient intérêt à ne pas conserver improductifs les billets de banque dont ils n'avaient pas un besoin immédiat.

Le circuit des billets.

Pour se rendre compte du mécanisme de la Trésorerie depuis sa transformation en banque de dépôts à terme, il ne faut jamais oublier la fonction nouvelle dont elle a assumé

les risques en créant les bons de la D. N. A leur origine, ces
bons ont pour but, comme nous venons de l'expliquer, de
contenir la circulation fiduciaire ; ceux qui y souscrivent
contribuent, par suite, à accroître la valeur de la monnaie
qu'ils possèdent ou, tont au moins, à l'empêcher de diminuer. Les billets prêtés au Trésor sortent de ses caisses pres-
qu'aussitôt qu'ils y sont entrés, pour faire face à de nouveaux
paiements, ce qui veut dire qu'ils reviennent dans la circulation qui augmente au fur et à mesure que s'accroissent
les dépenses de l'État. Le circuit des billets se poursuit avec
une rapidité plus ou moins forte ; les billets qui peuvent
être mis de côté viennent se déverser dans les caisses du
Trésor, si les porteurs ont confiance dans la promesse de les
rembourser à l'échéance convenue. Toutefois, par l'effet de
la hausse des prix qui s'accuse d'autant plus fortement que
la production diminue, il est fatal qu'augmente la circulation
des billets, puisque l'État et les particuliers doivent en posséder une quantité plus grande pour effectuer leurs paiements ; comme, d'autre part, le Trésor se trouve dans la
nécessité de faire de nouveaux emprunts à la circulation
pour subvenir à ses dépenses de guerre, il en résulte que
l'inflation augmente et qu'il ne sera possible d'en limiter les
effets que si les citoyens consentent à lui restituer, grâce à
des restrictions, et sous forme d'impôts et de souscriptions
aux emprunts, une partie des billets qu'il a mis en circulation.

Le moratorium des dépôts dans les banques ayant pris fin
dès le 1er janvier 1915, le public a pu disposer de ressources
plus élevées et répondre plus largement aux appels du
Trésor. La liquidation du marché à terme s'étant ensuite
effectuée avec succès le 30 septembre 1915, il était possible
d'envisager un emprunt en rentes perpétuelles qui, quoi qu'on
en ait dit, ne pouvait pas avoir lieu plus tôt. Ceux qui ont
reproché au ministre des Finances de ne pas l'avoir émis au
lendemain de la victoire de la Marne oublient que c'eût été
courir au-devant d'un échec certain et nuisible au crédit

public. Les disponibilités de l'épargne étaient alors, comme
nous l'avons rappelé, des plus restreintes ; dix de nos départements de l'Est et du Nord étaient occupés par l'ennemi ; la
plupart des familles des mobilisés se demandaient comment
elles pourraient vivre ; la production agricole ne pouvait
que diminuer, en raison de l'appel sous les drapeaux des
cultivateurs les plus aptes aux travaux des champs. Pour
souscrire à un emprunt, il faut en avoir les moyens qui faisaient alors défaut. Par contre, un an plus tard, à l'automne
de 1915, des disponibilités avaient pu se reconstituer. La
circulation des bons de la D. N. dépassait alors 7 milliards
environ et celle de la Banque de France s'élevait, le 25 novembre 1915, à 14.278 millions. Il était de la plus haute
importance d'éviter un accroissement trop rapide de valeurs
à court terme qui constituent, évidemment, une circulation
en puissance, puisqu'elles peuvent susciter, à l'heure de
l'échéance, de nouvelles sorties de billets de banque. Mais
si la consolidation de la dette à court terme est un très
grand avantage pour le Trésor, elle n'est pas toujours réalisable. Pour y procéder, il faut attendre que les porteurs de
bons puissent se dessaisir des réserves qu'ils ont réussi à
mettre de côté et ils ne le peuvent pas, lorsqu'ils ont eux-
mêmes à faire face à des engagements venant à la même
échéance que leurs bons. Il faut, en outre, créer une atmosphère favorable au crédit public, inspirer la plus grande
confiance à l'épargne et la solliciter par des moyens de propagande appropriés aux circonstances.

Les emprunts de la défense nationale.

Ces conditions étaient à peu près remplies, lorsque fut
émis, du 25 novembre au 15 décembre 1915, le premier
emprunt de guerre en rentes perpétuelles 5 p. 100, à raison
de 88 francs par 5 francs de rente, soit au taux réel de 5,73
p. 100. Les souscripteurs pouvaient se libérer soit en billets
de banque, soit en bons ou en obligations de la défense

nationale, soit, jusqu'à concurrence du tiers, par la remise
de titres de rentes 3 p. 100 repris à raison de 22 francs par
franc de rente, soit enfin par des prélèvements sur les
livrets de caisses d'épargne. Ribot fit appel à cette occasion
au patriotisme de la nation tout entière et avec une élo-
quence qui n'a jamais été dépassée : « A cette heure,
disait-il, l'égoïsme n'est pas seulement une lâcheté, une
sorte de trahison, mais la pire des imprévoyances. Que
deviendraient ses réserves, si la France devait être vaincue ?
Elles seraient la rançon de la défaite, au lieu d'être le prix
de la victoire. »

L'emprunt en rentes 5 p. 100 fut souscrit avec enthousiasme par plusieurs millions de Français. Les dépenses
croissantes de l'État pour la défense nationale avaient eu
pour effet de jeter dans la circulation une quantité de billets
de banque de plus en plus grande. La plupart de ces billets
nouveaux, dont le public et les commerçants n'avaient pas
besoin pour leurs transactions d'ailleurs réduites, pouvaient
donc revenir dans les caisses du Trésor, sous forme de souscriptions aux titres de rentes 5 p. 100. Mais l'État s'en servait
aussitôt pour effectuer de nouveaux paiements et le circuit
des billets reprenait son cours. C'est ce qui explique pourquoi, en fin de compte, les émissions de bons et de rentes
n'étaient pas suivies d'une forte réduction de la circulation fiduciaire ; elles permettaient toutefois d'en retarder
autant que possible l'accroissement, ce qui était l'unique
moyen d'éviter une inflation et une hausse des prix trop
rapides.

Le résultat du premier emprunt en rentes perpétuelles
5 p. 100 fut des plus remarquables. Les souscriptions s'élevèrent à 6.284 millions en numéraire, à 2.244 millions en
bons de la défense nationale, à 3.316 millions en obligations
de la défense nationale créés depuis le début de l'année, à
1.439 millions de rentes 3 p. 100 et à 22 millions en rentes
amortissables 3 1/2 p. 100, soit au total à plus de 13 milliards.
L'État avait pu diminuer son compte d'avances à la Banque

de France de 2.400 millions et la circulation de ses bons à
court terme d'une somme à peu près égale.

Le second emprunt en rentes 5 p. 100, émis du 5 au
25 octobre 1916, à 87,50 et au taux réel de 5,71 p. 100, donna
des résultats presque aussi favorables pour le Trésor :
5.425 millions en numéraire ; 3.693 millions en bons de la
défense nationale, et 956 millions en obligations 5 p. 100, soit
un peu plus de 10 milliards. Le troisième emprunt en rentes
perpétuelles 4 p. 100, émis à 68,60 du 26 novembre au
16 décembre 1917, au taux réel de 5,83 p. 100, procura au
Trésor des ressources de 10.200 millions. Enfin, le quatrième
et dernier emprunt en nouvelles rentes 4 p. 100, émis du
20 octobre au 25 novembre 1918, à raison de 70,80 pour
4 francs de rente, soit au taux réel de 5,68 p. 100, obtint un
succès beaucoup plus vif en raison de la victoire du Maréchal Foch et de la signature de l'armistice du 11 novembre :
7.240 millions furent versés en numéraire ; 13.263 millions,
en bons à court terme ; 1.412 millions en obligations de la
défense nationale ; 239 millions en coupons de valeurs russes
admis en libération, soit au total un produit dépassant
22 milliards pour 30.690 millions de rentes en capital.

Les recettes budgétaires.

Les ressources fournies à la Trésorerie sous forme d'emprunts intérieurs ont atteint, du 1er avril 1914 au 31 décembre
1918, 77.860 millions ; les avances de la Banque de France
à l'État se sont élevées à 17.150 millions pendant la même
période et celles de la Banque d'Algérie à 215 millions, soit
au total 95.225 millions, sans compter les crédits extérieurs.

Par contre, le produit des impôts a été faible : il n'a pas
sensiblement dépassé 23.270 millions au cours des hostilités.
Sans doute, on peut critiquer l'insuffisance des sacrifices
réclamés, pendant la guerre, aux contribuables français.
Ribot croyait avec raison qu'il fallait ménager le pays pendant la première année de la guerre, mais il a peut-être

attendu un peu trop longtemps pour saisir le Parlement, le
18 mai 1916, d'un projet d'impôts nouveaux. Il se heurtait,
d'autre part, à l'hostilité non déguisée de la Chambre élue
en 1914 sur un programme fiscal d'impôts directs difficile
cependant à appliquer au moment où les contrôleurs et les
divers agents des règles financières étaient en partie mobilisés. Outre l'impôt sur les bénéfices de guerre, qui devait
entrer en vigueur le 1er juillet 1916 et dont l'application était
si compliquée et le contrôle presque impossible, le ministre
des Finances proposait de doubler la part de l'État sur chacune des anciennes contributions directes, sauf celles des
portes et fenêtres ; de porter à 5 p. 100 l'impôt sur le revenu
global établi depuis le 1er janvier 1916, d'accroître les impôts sur les valeurs mobilières, le tabac, les sucres, le vin
et l'alcool. Le produit de ces diverses taxes ou de ces accroissements était évalué à un milliard qui, ajouté au rendement
des impôts qui avait été de 4.113 millions en 1915, n'aurait
couvert qu'une bien faible part des dépenses. C'était, cependant, un premier effort qui devait être encouragé, et la
Chambre des députés aurait rempli son devoir en votant sans
délai toutes les augmentations d'impôts proposées par le
ministre des Finances. Malheureusement, le projet du 18 mai
1916 se heurta tout de suite à la très vive opposition de la
commission du budget de la Chambre et à celle, non moins
ardente, du groupe radical-socialiste.

Au lieu d'accroître les anciennes contributions, il fallait,
à leur avis, se hâter de faire voter la réforme complète des
impôts directs, en instance depuis tant d'années, et com-
pléter l'impôt général sur le revenu par des impôts cédulaires établis sur les diverses catégories de revenus. Le Sénat
se montrait fort opposé à cette modification profonde de
notre régime fiscal ; son opinion devait cependant fléchir et
il finit par céder. Revenu à la Chambre, le projet d'impôts
cédulaires aurait pu être voté assez vite si, selon l'usage,
le rapporteur de la commission du budget n'avait tenu à
rédiger un gros volume sur les mérites et les avantages de

la réforme. Il en résulta que la loi sur le nouveau régime fiscal ne put être promulguée que le 31 juillet 1917, pour être d'ailleurs l'objet, depuis cette époque et de même que la loi de 1914 relative à l'impôt global sur le revenu, d'incessantes modifications.

Quoi qu'il en soit, la Chambre se borna à voter, au cours de sa session ordinaire de 1916, l'accroissement des droits sur l'alcool, sans oser supprimer une fois pour toutes le privilège scandaleux des bouilleurs de cru. Après les vacances parlementaires, il fut cependant possible de faire aboutir la loi du 31 décembre 1916 comportant une augmentation de l'impôt général sur le revenu; le doublement de la taxe sur la redevance des mines, de la contribution sur les chevaux et les voitures, sur les cercles, etc...; une taxe exceptionnelle de guerre frappant tout Français non mobilisé appartenant à une classe appelée sous les drapeaux; une majoration de l'impôt sur les bénéfices de guerre et sur les valeurs mobilières; une taxe sur les spectacles; le relèvement des droits sur les boissons hygiéniques, les sucres, les tabacs, les denrées coloniales et la chicorée, etc.

En 1917 et 1918, suivirent d'autres augmentations d'impôts : accroissement des droits de mutation à titre gratuit (donations et successions); taxe spéciale sur les paiements et les objets de luxe (lois du 31 décembre 1917). La loi de Finances du 29 juin 1918 augmenta les droits d'enregistrement et les droits de douane.

L'insuffisance des recettes budgétaires pendant la guerre n'en a pas moins été des plus regrettables. Elle provient sans doute en partie de la faiblesse des divers gouvernements, mais surtout de la résistance de la majorité de la Chambre à accepter des augmentations légitimes d'impôts indirects, infiniment plus faciles et moins coûteux à percevoir que les impôts directs. C'est en temps de guerre qu'il est plus aisé de faire consentir au pays des restrictions et des sacrifices indispensables; le meilleur moyen d'y par-

venir est évidemment d'accroître les impôts de consommation.

Théorie et pratique du change.

La production agricole a été entravée, dès le début de la
guerre, par la mobilisation de tous les cultivateurs les plus
vigoureux ; la production industrielle l'était d'autant plus
que les grandes usines métallurgiques et les houillères du
Nord et de l'Est étaient tombées entre les mains de l'ennemi. Il fallait donc se procurer au dehors les moyens de
poursuivre la lutte : des denrées alimentaires de toute sorte,
des matières premières (charbon, métaux, laine, coton, etc.),
des fusils, des mitrailleuses, des canons et des munitions.
On n'avait point prévu et on ne pouvait pas prévoir la masse
énorme d'engins de destruction qui serait nécessaire pour
repousser, sur un front aussi étendu, les attaques de l'armée
allemande et préparer l'assaut des tranchées où elle se
terrait. D'autre part, il fallait maintenir le moral de la population civile, en ne lui imposant point de trop dures restrictions, et fournir aux soldats des vêtements et une nourriture
abondante. A cet effet, il était indispensable d'acheter dans
tous les pays neutres une quantité croissante de vivres,
d'armements et de marchandises de toute sorte. L'Angleterre était tenue aux mêmes obligations ; si, ne pouvant
être envahie, elle disposait d'un plus grand nombre d'usines
que la France et d'une flotte marchande puissante, elle
n'avait jamais pu, même en temps de paix, assurer sa
subsistance que par des importations considérables de produits agricoles. Pour acheter au dehors des vivres et des
munitions, il fallait pouvoir les payer et avec quoi ? Le
mécanisme des règlements extérieurs va nous l'apprendre.

Rappelons que le billet de banque ne peut servir de
moyen de se libérer d'une dette qu'à l'intérieur du pays qui
l'émet. Lorsque l'État et les commerçants achètent au
dehors les produits importés en France, ils ne peuvent donc

les payer avec une monnaie de papier qui n'a plus cours
légal au delà des frontières. *Ils doivent, par suite, acheter
des devises étrangères, c'est-à-dire des titres de créances
sur l'étranger et dont ils se serviront pour acquitter leurs
dettes extérieures.* En d'autres termes, ils échangeront ces
titres de créances contre des billets de la Banque de France
ou contre un chèque tiré sur leurs comptes courants dans
les sociétés de dépôt. A cet effet, ils s'adresseront à des
vendeurs de devises étrangères qui fixeront les conditions
de cette négociation d'après les cours pratiqués sur le
marché du change.

Comme sur tous les marchés, la loi de l'offre et de la
demande est souveraine en matière de négociations de monnaies étrangères. Si les offres sont compensées par les
demandes, les cours du change ne subiront, pendant la
séance de la Bourse, que de minimes fluctuations. Mais si
les demandes de devises étrangères sont supérieures aux
offres, parce qu'il y aura ce jour-là plus de dettes que de
créances extérieures à liquider, les cours des monnaies
étrangères s'élèveront dans des proportions correspondantes à l'importance des demandes. Par contre, si les
offres de devises étrangères sont supérieures aux demandes,
les cours fléchiront.

Cette explication habituelle des mouvements du change
est insuffisante pour en comprendre la claire signification.
Ce qu'il importe de connaître, ce sont les *causes* diverses
de ces afflux d'offres ou de demandes qui proviennent, en
dernière analyse, de la situation de la balance des comptes,
c'est-à-dire de l'ensemble des dettes contractées par un
pays donné et de l'ensemble des créances qu'il possède sur
tous les autres. Le déficit de cette balance provoque naturellement des demandes de change plus accusées et l'excédent, des offres de change plus abondantes. Ses éléments
sont nombreux et variés, visibles ou invisibles. L'un des
principaux est, sans doute, le commerce extérieur qui s'opère
par les importations et les exportations de marchandises.

Mais le commerce des capitaux, les échanges de services, les exportations invisibles, etc., pèsent d'un poids plus ou moins lourd dans la balance des comptes. Les emprunts extérieurs, contractés sous telle ou telle forme (émissions de titres, ouvertures de crédits, etc.), constituent une véritable exportation de capitaux pour le pays qui consent à y souscrire et ils ont pour effet de fournir au pays débiteur une créance susceptible d'améliorer, pour un certain temps, sa balance des comptes. Par contre, si le produit de ses emprunts a été employé à payer une partie de ses importations, à éteindre une partie de ses dettes antérieures et à améliorer les cours de sa devise, il devient à son tour débiteur des sommes empruntées dont il doit assurer le service des intérêts et de l'amortissement. Pour faire honneur à ses engagements, il sera, naturellement, obligé d'accroître ses exportations de marchandises et, s'il se heurte à la mauvaise volonté de créanciers qui se refusent à les recevoir, il risquera fort de ne pas pouvoir les payer.

Il faut ajouter au commerce des marchandises et des capitaux d'autres éléments de créances et de dettes qui exercent une nouvelle influence sur la balance des comptes. En ce qui touche la France, ses créances se composent, par exemple, des appoints considérables de change que lui fournissent les touristes étrangers qui séjournent dans ses grandes villes, consomment sur place ses produits et y achètent des marchandises dont les statistiques douanières ne font pas état. Pour effectuer ces dépenses de toute nature, les touristes dont nous parlons doivent nécessairement échanger leurs monnaies contre la nôtre et, par suite, nous approvisionner de devises étrangères. D'autres créances sur le dehors viennent s'y ajouter : les intérêts des valeurs étrangères possédées par nos nationaux ; les échanges de services qui résultent des contrats d'assurances souscrits à l'étranger par l'entremise des compagnies françaises ; les transports terrestres et maritimes des marchandises étrangères qui traversent notre territoire pour être expédiées à l'extérieur, etc.

Sur l'autre plateau de la balance pèse l'ensemble de nos dettes extérieures : les sommes d'argent rapatriées par les ouvriers étrangers travaillant sur notre sol ; les paiements par le Trésor des intérêts des divers emprunts contractés en Amérique, en Angleterre et ailleurs, l'amortissement de ces divers emprunts, sans compter, bien entendu, l'importation des produits étrangers.

Les changes avant la guerre.

Avant la guerre de 1914-1918, notre balance générale des comptes étant largement créditrice, le problème du change se posait pour nous d'une manière très différente de celle d'aujourd'hui. Même après notre défaite de 1871, nous avons pu payer à l'Allemagne une indemnité de cinq milliards sans faire sensiblement baisser les cours du franc. Notre unité monétaire s'était à peine dépréciée, bien que le billet de banque eût cours forcé. Les emprunts destinés à la libération du territoire, et émis par le gouvernement de M. Thiers, avaient été souscrits au dehors pour une assez large part, ce qui nous assurait des crédits extérieurs et nous procurait le moyen de nous approvisionner sans dommage des lettres de change remises à l'Allemagne. L'essor de notre production avait été en outre des plus rapides ; le montant de nos exportations dépassait alors le montant de nos importations. Enfin, nous possédions déjà un portefeuille de valeurs étran-gères appréciable. Les moyens de change ne nous faisaient donc pas défaut au lendemain de la signature du Traité de Francfort.

Quelques années plus tard, notre relèvement économique et financier se manifestait avec un tel éclat, qu'il étonnait le monde entier et notamment les Allemands qui regrettaient déjà de ne pas avoir exigé de nous une indemnité de guerre plus forte. Nos budgets étaient en équilibre ; M. Thiers avait ou la sagesse, en plein accord avec ses ministres des Finances, d'y inscrire les crédits suffisants pour rembourser 200 millions par an à la Banque de France, afin de faire cesser aussi vite que possible le cours forcé des billets qui put d'ailleurs être supprimé, en fait, avant la date prévue pour l'extinction totale de la dette de l'État envers l'institut d'émission. Peu à peu la France pouvait suivre le mouvement général qui entraînait la plupart des pays, à la suite de l'Angleterre, à adopter l'étalon d'or comme commune mesure des prix. Il en était résulté un développement de plus en plus rapide du commerce extérieur et un accroissement continu du bien-être général. Le règlement des échanges de produits s'opérait le plus aisément du monde. La valeur d'une marchandise était-elle exprimée en livres sterling ou en dollars ? Pour la convertir en francs, il suffisait alors de comparer le poids de l'or fin contenu dans une pièce de monnaie anglaise ou américaine avec le poids de l'or fin contenu dans une monnaie française. C'est ainsi qu'une livre sterling valait 25 fr. 22, parce qu'elle contenait une quantité d'or fin équivalant à cette même somme en monnaie française et que, pour la même raison, le dollar valait 5 fr. 18. La monnaie d'or devenait ainsi un mode de paiement international universellement accepté.

Les billets émis par les banques centrales étant, d'autre part, convertibles en or, il en résultait qu'ils avaient la même valeur que l'or. Le problème du change se posait donc très simplement entre les divers pays possédant un étalon d'or et dont la balance des comptes était en équilibre. Lorsqu'un Français avait un paiement à faire aux États-Unis, il se procurait des dollars à un cours se rapprochant du pair de 5 fr. 18 ; si on lui en offrait à un cours dépassant le pair, plus les frais de transport de l'or de Paris à New-York, il pouvait expédier du métal jaune pour se libérer de sa dette. Mais, en fait, ces expéditions d'or étaient assez rares. Les règlements du commerce international s'opéraient par voie d'échanges de traites tirées sur les débiteurs, ce qui était infiniment plus commode et moins coûteux.

La valeur d'une traite tirée par un Français sur un Américain et exprimée en francs équivalait, à une légère différence près, à une somme déterminée de dollars ; elle pouvait donc s'échanger contre une traite tirée par un Américain sur un Français. Cette compensation des dettes et des créances s'opérait ainsi chaque jour d'une manière analogue à l'échange des chèques que font les banquiers pour éviter des paiements compliqués en numéraire : celui qui possède des chèques tirés sur ses confrères pour une somme supérieure à celle des chèques tirés sur lui-même est crédité de la différence par l'entremise de la Chambre des compensations et son compte se trouve réglé par un simple jeu d'écritures.

Lorsqu'un pays ne pouvait pas compenser ses dettes extérieures par ses propres créances, il avait recours à divers moyens de change : exportations de valeurs mobilières ; crédits à court terme dans les banques étrangères ; emprunts à terme plus long contractés dans les pays les plus riches et les mieux disposés à y souscrire. Si, toutefois, la balance de ses règlements extérieurs restait déficitaire, ce qui n'était point le cas de la France, il devait alors modérer ses importations ou exporter son or, ce qui risquait de diminuer trop fortement les réserves métalliques de sa banque d'émission. Mais cette encaisse pouvait être défendue dans une certaine mesure par un relèvement du taux de l'escompte qui avait pour double effet de contenir la circulation des billets et, par suite, d'accroître la valeur de l'unité monétaire ; en second lieu, le change s'améliorait d'autant plus vite que les capitaux étrangers, toujours à la recherche de placements plus rémunérateurs, se portaient de préférence vers les pays dont le taux d'escompte était le plus élevé.

Les changes après la déclaration de guerre.

A partir du moment où l'étalon d'or a cessé d'être la commune mesure des prix internationaux, en raison du cours

forcé du billet de banque, et où la balance des comptes s'est
soldée par des déficits croissants, la stabilité du change ne
pouvait plus être assurée. Rien n'est plus difficile à apprécier
que la valeur réelle d'une monnaie de papier qui n'est
autre chose qu'un bon de marchandises ou de services.
Théoriquement, cette valeur devrait s'établir par le pouvoir
d'achat du billet de banque dans le pays émetteur[1]. Si la
parité du pouvoir d'achat de la monnaie française et de la
monnaie anglaise, par exemple, était la même, le cours de
la livre sterling devrait rester au pair, c'est-à-dire à 25 fr. 22.
Mais si, avec un billet de 100 francs, on ne pouvait acheter à
Paris qu'une marchandise valant 2 livres sterling à Londres,
il était logique d'en conclure que 100 francs-papier valaient
2 livres anglaises et que la livre devrait être cotée 50 francs.
Les vendeurs de change ne s'attachent cependant point à
cette appréciation théorique ; ils ne consultent ni les indices
du niveau général des prix, publiés chaque mois dans les
deux pays, ni même le mouvement du commerce extérieur,
comme on se l'imagine souvent. Ce qui les intéresse, c'est
la circulation monétaire accusée par les bilans de la Banque
d'émission ; ils apprécient la valeur d'une monnaie d'après
les prévisions qu'ils se forment sur les chances d'une diminution ou d'une augmentation de la circulation, sur la situation économique, financière et politique du pays qui leur
achète des devises. En d'autres termes, ils se livrent à une
spéculation qui n'est pas autre chose qu'une prévision anticipée de la valeur de la monnaie échangée et dont les mobiles
peuvent être tantôt d'ordre psychologique et sentimental,
tantôt basés sur l'observation des phénomènes du passé.

Si un vendeur de livres sterling, par exemple, est convaincu
que le montant des avances de la Banque de France à l'État
est susceptible de s'accroître, parce que l'État dépense trop

1. La théorie de la parité du pouvoir d'achat a été clairement for-
mulée par G. Cassel, professeur à l'Université de Stockholm, dans son
livre sur la monnaie et le change dont nous avons publié la traduction
chez Marcel Giard (Paris, 1923).

ou qu'il ne réalise que des recettes fiscales trop faibles pour équilibrer son budget, il n'hésitera pas à réclamer un prix plus élevé pour la monnaie qu'il offre, ce qui signifie qu'il spéculera à la baisse du franc. S'il croit, au contraire, que la situation financière et économique de la France va s'améliorer, que son budget est en solide équilibre et que l'État remboursera peu à peu sa dette envers la Banque de France, au lieu de l'augmenter, il s'engagera alors à la hausse du franc en offrant ses devises à un prix plus bas. Sans doute, ses prévisions peuvent ne pas se réaliser. Mais comme il tient à gagner de l'argent, ce qui est son métier, et non à en perdre, ce qui finirait par le ruiner, il sera naturellement porté à ne s'exposer qu'aux moindres risques. S'il a vendu trop bon marché, il perdra des sommes plus ou moins fortes. Supposons qu'il ait vendu des livres sterling au cours de 100 francs : si la valeur du franc augmente, c'est-à-dire si le cours de la livre baisse à 98 francs, par exemple, il gagnera 2 francs, qu'il perdra au contraire si le cours de la livre monte à 102.

Quelles vont être, d'autre part, les dispositions de l'acheteur ? S'il a un besoin urgent de monnaie anglaise pour effectuer des paiements à Londres, il devra subir la loi du vendeur, parce qu'il ne pourra faire autrement. S'il est moins pressé, il attendra que la livre baisse ; mais quand il s'apercevra qu'elle continue à monter, il se précipitera sur le marché et la plupart des importateurs suivront son exemple, ce qui augmentera la demande et fera encore hausser les prix. Que, par surcroît, s'alarment les Anglais qui ont laissé en dépôt à Paris les francs échangés contre des livres sterling, ils se hâteront de repatrier leurs avoirs en achetant des livres et ils feront ainsi monter les cours de la devise britannique. Enfin les Français eux-mêmes, qui craindront une baisse du franc, exporteront leurs capitaux qu'ils transformeront en monnaies étrangères, ce qui accentuera le mouvement de baisse de la monnaie nationale. Plus on achète du change, plus on en fait monter les cours ; plus on en vend,

plus on les fait baisser : la loi de l'offre et de la demande est,
on le sait, impérative.

Sans pousser plus loin cet exposé sommaire du problème
des changes, dont notre ami regretté Jules Descamps a si
bien approfondi tous les éléments dans son ouvrage devenu
classique[1], nous pouvons en conclure que les cours des
devises se déterminent, en fin de compte, par les mouvements de capitaux qui se produisent dans tel ou tel sens,
sous l'influence de la spéculation ou même, dans la plupart
des circonstances, par le simple jeu des règlements extérieurs. Mais il ne faut jamais oublier cette vérité essentielle :
*un pays ne peut payer ses dettes extérieures que par des
transferts de créances;* il ne peut se libérer que par la remise
de titres représentatifs de la valeur de ses propres créances
sur le dehors, et, en premier lieu, de lettres de change ou de
chèques sur l'étranger qui font l'objet des négociations
habituelles du marché des devises. Sans doute, si le régime
de l'étalon d'or est en vigueur, le débiteur pourra exporter
une certaine quantité de métal jaune qu'il se procurera aux
guichets de la Banque d'émission dont les billets sont librement convertibles en espèces métalliques. Mais ce mode de
paiement sera limité par le montant des réserves d'or que
la Banque centrale se préoccupera toujours de ne pas affaiblir à l'excès. Afin de ne point le diminuer au point de ne
pouvoir tenir ses promesses de remboursement, elle s'effor-
cera de défendre son encaisse par des moyens susceptibles
d'y faire rentrer l'or dont elle s'est dépourvue.

Rien ne sera plus aisé si, à la période de déficit momentané de la balance des comptes, succède une période d'excédent. Si, au contraire, le déficit persiste, la Banque
d'émission pourra se trouver dans l'obligation de recourir
au cours forcé de ses billets. Dès lors, le cours de sa monnaie sera exposé à toutes les fluctuations, à moins que le
pays, dont la balance des comptes est débitrice, parvienne

---

1. Jules Descamps. *Les changes étrangers.* Librairie Félix Alcan.
Paris, 1922.

à se procurer de nouvelles disponibilités de change, soit
par un accroissement de ses exportations, soit par des
crédits extérieurs. Il ne sera plus, dans ce cas, à la merci
des vendeurs de change; il n'aura plus à acheter de monnaies étrangères, puisqu'il en possédera.

Les crédits extérieurs.

Le mécanisme si souple et si commode des paiements
extérieurs devait fatalement se briser au lendemain de la
déclaration de guerre. En ce qui touche la France, ses
exportations, d'ailleurs soumises à une réglementation de
plus en plus étroite, s'affaiblissaient de jour en jour Elle
possédait sans doute un portefeuille de valeurs étrangères
dont la valeur pouvait atteindre une quarantaine de milliards. Mais la majeure partie se composait de fonds d'État
de la Russie, de la Turquie, de la Serbie, de la Bulgarie, de
l'Autriche, c'est-à-dire de pays engagés dans la guerre et
dont les titres ne pouvaient plus se négocier au dehors pour
nous fournir des crédits extérieurs. Le paiement des arrérages avait été suspendu, ce qui diminuait encore nos disponibilités de change. Les étrangers ne séjournaient plus à
Paris et dans nos villes d'eaux. Si nos créances et nos
dettes extérieures avaient pu se compenser pendant le premier semestre des hostilités, grâce à un rapatriement de
capitaux, cette situation favorable ne devait guère se prolonger. Nous ne pouvions plus acheter du change sur des
marchés désemparés ; nos demandes n'auraient trouvé
qu'une contre-partie bien médiocre et elles auraient eu, à la
fois, pour effet de précipiter la chute de notre devise et
d'accroître, de jour en jour, notre circulation fiduciaire.
Notre seule ressource de change consistait, par conséquent,
après avoir aliéné une certaine quantité de valeurs étrangères, à exporter une certaine quantité d'or et surtout à
obtenir des crédits dans les pays qui nous vendaient leurs
produits.

Si, au cours de l'exercice de 1914, le déficit de notre balance commerciale, atteignant 1.533 millions, était un peu moins élevé qu'en 1913, où il avait atteint 1.541 millions, il devait fatalement s'accroître par la suite. Voici, du reste, les chiffres du commerce extérieur français pendant les années de guerre :

ANNÉES	EN MILLIONS DE FRANCS		
	Importations.	Exportations.	Déficit.
1915	11.035,7	3.937,3	7.098,4
1916	20.640,4	6.214,5	14.425,9
1917	27.554,0	6.012,6	21.541,4
1918	22.306,3	4.722,7	17.583.6
Totaux . . .	81.536,4	20.887,1	60.649,3

Ce déficit considérable de plus de 60 milliards ne pouvait être comblé que par trois méthodes : des envois d'or, des ventes de titres neutres, des crédits ouverts soit par des banquiers, soit par des gouvernements étrangers. Il faut y ajouter, en ce qui touche la France, un autre moyen dont on n'a pu calculer exactement l'importance : l'échange de monnaies étrangères contre des francs que faisaient les troupes anglaises et américaines campées sur notre territoire et les remises de monnaie française qui étaient faites à ces mêmes troupes en contre-partie de crédits ouverts au Trésor français par les Trésoreries américaine et anglaise. Au cours des hostilités, les paiements de soldes aux armées alliées par le Trésor français se sont élevés à 4.261 millions pour les troupes britanniques et à 5.611 millions pour les troupes des États-Unis, soit près de 10 milliards de francs qui ont permis d'obtenir des crédits complémentaires à Londres et à New-York.

Les autres moyens de paiements extérieurs ont été simultanément employés par le ministère des Finances, dès qu'il s'est aperçu que le change français avait une tendance marquée à la baisse. Le plus simple a consisté, d'abord, à placer des bons du Trésor en Angleterre et aux États-Unis. Dès le mois d'octobre 1914, 2 millions de livres sterling de bons du Trésor français avaient été émis sur le marché de Londres par l'entremise de la Banque Rothschild et une avance de 10 millions de dollars avait été consentie par la banque Morgan et la National City bank de New-York ; une nouvelle émission de 10 millions de livres avait été réalisée à Londres en janvier 1915. Enfin, dès le début de 1915, la Banque de France s'était approvisionnée de change en achetant des devises étrangères, et elle avait pu ainsi fournir au commerce les moyens de payer ses importations.

Mais ces diverses ressources devenaient de plus en plus insuffisantes pour les règlements français à l'extérieur. Le 30 avril 1915, Lloyd George et Ribot furent amenés à conclure un premier accord dans le but de permettre au Trésor français d'effectuer les paiements qu'il avait à faire jusqu'au mois d'octobre suivant aux États-Unis, au Canada et en Angleterre et qui dépassaient déjà un milliard et demi de francs [1]. En échange d'une remise d'or de 500 millions de francs à la Banque d'Angleterre et prêtée à notre gouvernement par la Banque de France, le ministre des Finances obtenait de la Trésorerie britannique des crédits trois fois plus élevés de 1.550 millions de francs-or. De la sorte, le gouvernement anglais pouvait à son tour soutenir son change aux États-Unis, en se servant de l'or français, et la France pouvait solder ses dettes extérieures par des chèques ou des virements sur la Banque d'Angleterre.

Cet accord d'une durée limitée à six mois ne pouvait évidemment pas se renouveler dans les mêmes conditions,

1. On trouvera le récit des négociations franco-anglaises relatives aux crédits extérieurs dans un ouvrage posthume d'Alexandre Ribot, publié par son fils, quelques mois après le décès de cet homme d'État : *Lettres à un ami. — Souvenirs de ma vie politique.* Éditions Bossard, Paris, 1924.

sans affaiblir à l'excès l'encaisse métallique de la Banque
de France et le crédit de son billet. Il fallait même prévoir
que de nouvelles sorties d'or seraient nécessaires et, afin
de ménager l'encaisse de la Banque de France, une campagne patriotique fut organisée dans le but d'inviter le
public à échanger l'or qu'il détenait contre des billets.
Au lieu de l'y contraindre par de sévères pénalités,
comme on le faisait en Allemagne, on lui demandait, dans
l'intérêt de la défense nationale, de vouloir bien faire
librement cet échange. Cette campagne, qui s'ouvrit le
2 juillet 1915, obtint le plus vif et le plus rapide succès. Le
public avait remis 1.340 millions d'or à la Banque de France,
dès le 24 décembre 1915, et le total de ces échanges d'or
contre des billets devait atteindre plus tard près de
2.400 millions. La réserve métallique-or de la Banque de
France, qui s'élevait à 4.150 millions le 24 décembre 1914,
passait à 5.079 millions le 24 décembre 1915, malgré les
sorties d'or qu'elle avait dû effectuer.

Au mois d'octobre 1915, une loi autorisait le gouvernement français à émettre aux États-Unis, solidairement avec
le gouvernement britannique, un emprunt de 500 millions
de dollars à 5 p. 100, et dont la part de la France représentait 1.243 millions de francs au pair. Grâce à ces divers
procédés, le change français avait pu se maintenir à un
niveau raisonnable. Mais au fur et à mesure que la guerre
se prolongeait et que les dépenses publiques et les importations s'accroissaient, il fallait envisager de nouveaux
moyens de change et s'assurer de nouveaux crédits extérieurs. Le déficit de la balance commerciale ne pouvait être
couvert autrement.

Toutefois, le change français avait pu se stabiliser en 1916;
le cours de la livre sterling, qui était à Paris de 27,80 le
1er janvier 1916, restait à peu près le même à la fin de cette
même année, et le cours du dollar à 6,836 s'abaissait même
à 5,83 le 31 décembre. Cette stabilité étant due aux efforts
communs du gouvernement et de la Banque de France pour

obtenir du change, soit par de nouveaux envois d'or, soit par des ventes de titres, soit par des ouvertures de crédits extérieurs.

Le montant des remises sur l'étranger, livrées par la Banque de France, en 1915, à sa clientèle et au marché, atteignait près de 800 millions. A Londres et à New-York, notre institut d'émission fournissait des garanties de change qui permettaient d'accroître nos disponibilités.

De son côté, le gouvernement ne restait pas inactif. Il concluait à Londres d'autres accords avec le gouvernement britannique en vue d'obtenir de nouveaux crédits qui se sont élevés, en 1916, à 6.968 millions de francs, mais cette fois, ses ventes d'or à la Banque d'Angleterre étaient converties en dépôts remboursables au moment du règlement de la dette. En ajoutant aux crédits anglais ceux qui nous ont été consentis par les États-Unis, au moyen d'emprunts contractés à New-York en faveur des villes de Paris, de Bordeaux, de Lyon et de Marseille et les crédits obtenus d'un consortium de banques américaines, dont le total s'est élevé à 1.624 millions de francs-or ; en y ajoutant, en outre, les crédits obtenus en Espagne, dans les pays scandinaves et quelques autres, on s'aperçoit que, en 1616, le Trésor français a bénéficié d'un total de crédits extérieurs de 8.800 millions de francs au pair qui ont augmenté sa dette en pareille somme, mais sans lesquels il aurait été acculé aux plus graves difficultés.

D'autres mesures ont dû être prises pour éviter une perte au change qui aurait grevé le Trésor de charges croissantes. Le gouvernement français entreprit une mobilisation des titres des pays neutres détenus par ses nationaux, ce qui lui permit d'emprunter contre nantissement de ces valeurs des avances de banques américaines. Mais il pouvait se demander, au début de l'année 1917, comment il ferait désormais face à ses paiements extérieurs, dont le montant ne cessait de s'accroître. La déclaration de guerre des États-Unis à l'Allemagne, au mois d'avril 1917, devait fort heureusement faciliter les règlements extérieurs et aplanir les difficultés de change.

Toutefois, le ministère des Finances institua, le 6 juillet 1917, une commission des changes dont le rôle devait consister à « étudier tous les moyens propres à sauvegarder la valeur d'échange de la monnaie nationale contre les devises étrangères et à parer aux conséquences financières du déficit de la balance commerciale ». Un comité exécutif, qui était en liaison avec la direction du Mouvement général des Fonds, se réunissait chaque jour au ministère des Finances. Il assurait une surveillance sur le marché des changes dont toutes les opérations avaient été centralisées sur le répertoire où les banquiers étaient obligés d'inscrire les ventes et les achats de monnaies étrangères.

Dans le projet de budget ordinaire des services civils pour l'exercice 1918, qui fut déposé le 13 novembre 1917, le ministre des Finances rappelait les mesures prises par le gouvernement pour assurer le paiement des fournitures qui lui avaient été faites par des États étrangers et faciliter les transactions commerciales extérieures.

Les appels que nous avons dû faire au dehors, disait-il, d'abord pour notre matériel de guerre, puis, en outre, pour notre approvisionnement, n'ont cessé de se développer jusqu'à ces derniers mois. Il a été possible au début d'y faire face, grâce aux créances que la France possédait sur l'étranger. A partir de 1915 et, pour ne pas peser sur les cours, l'Etat s'est abstenu presque complètement de chercher sur le marché du change les ressources nécessaires à ses achats et s'est efforcé de se les procurer par des ouvertures directes de crédit. Enfin, élargissant ses opérations, il a dû fournir lui-même la contrepartie de beaucoup d'importations commerciales, afin d'enrayer la dépréciation de notre devise et de prévenir les conséquences fâcheuses qui en eussent résulté pour l'économie générale du pays. C'est là une tâche extrêmement lourde, qu'il importe, dans l'intérêt de notre avenir, d'alléger autant que possible par des restrictions énergiques et dont l'ampleur actuelle est un sujet de légitimes préoccupations.

Il convient toutefois de noter que les moyens de pourvoir à ses charges extérieures ont été obtenus par le Trésor dans des conditions de plus en plus satisfaisantes.

En 1915, les cinq-septièmes des avances consenties par l'étranger l'avaient été sous forme d'effets à court terme dont le remboursement nous laissait exposés à de prochaines difficultés.

En 1916, grâce au concours loyal de nos alliés d'Outre-Manche et au succès de nos négociations dans certains pays neutres, nous avons pu reporter à une date plus éloignée et, dans la majorité des cas, postérieure à la conclusion de la paix, l'échéance de la plus forte part de nos engagements.

En 1917, l'accession des États-Unis à notre cause, en même temps qu'elle nous dispensait dans une très importante mesure des sorties d'or et de titres auxquelles nous avions dû recourir largement et qu'elle nous donnait ainsi la possibilité de ménager les réserves dues à l'empressement patriotique de nos populations, nous permettait de réaliser par l'émission d'obligations trentenaires près de la moitié (45 p. 100) des sommes que nous avons dû emprunter à l'étranger et dont, sauf une fraction minime, tout le surplus n'est remboursable qu'après la fin des hostilités. Ces chiffres montrent quelle stabilité est susceptible de conférer à notre crédit une politique d'accords avec nos alliés et quelle force nous apporte, dans la poursuite de la guerre, la coopération financière des deux nations les plus riches du monde.

Le concours financier des États-Unis s'est, en effet, traduit par des crédits s'élevant à 7.532 millions en 1917, et le Trésor français a obtenu, en outre, pendant cette même année, des crédits de 3.997 millions en Angleterre, de 67 millions en Espagne, de 46 millions en Suisse, de 11 millions dans les pays scandinaves et de 196 millions au Japon, ce qui avait accru sa dette extérieure de près de 12 milliards de francs au pair pendant l'année 1917.

Si le concour des Trésoreries américaine et anglaise a largement contribué à aplanir les difficultés de change qui se sont renouvelées en 1918, il ne pouvait toutefois être suffisant pour couvrir le déficit croissant de la balance commerciale de la France. Du mois d'avril 1917, date de l'entrée en guerre des États-Unis, au 31 décembre 1918, les importations ont été évaluées à 41 milliards de francs, soit à une moyenne de 2 milliards par mois, alors que les exportations ne dépassaient pas une moyenne de 450 millions ; le déficit a donc atteint, pendant cette période si rude, une moyenne de

1.550 millions par mois, que les avances nouvelles de la Trésorerie britannique s'élevant à 290 millions de livres (7.250 millions de francs-or) et celles de la Trésorerie des États-Unis[1] s'élevant à 2 milliards et demi de dollars (12.500 millions de francs-or) n'arrivaient pas à combler. Des accords successifs avec l'Angleterre avaient permis de liquider les achats opérés en commun aux États-Unis. Mais le change français, qui se maintenait à un cours avantageux à New-York et à Londres, subissait, dans les pays neutres, de regrettables fluctuations. Tandis que la livre sterling était cotée 27,15 et le dollar 5,70 sur le marché de Paris jusqu'au mois d'août 1918, la peseta espagnole atteignait le cours de 1,63 ; les couronnes scandinaves bénéficiaient d'une prime de 50 p. 100 et le franc suisse valait 1,48.

Pour enrayer la hausse, il fallut se procurer des crédits de 100 millions de pesos-or en Argentine et de 15 millions en Uruguay ; de 350 millions de pesetas en Espagne ; de 50 millions de yens au Japon, etc. Suivant l'exemple qui lui était donné par tous les belligérants, le gouvernement français décida, en outre, de contrôler plus étroitement les opérations de change, afin de limiter les effets de la spéculation et de réserver à ses nationaux, pour leurs besoins commerciaux, les disponibilités de change du marché de Paris. La loi du 3 avril 1918 avait pour objet de réglementer l'exportation des capitaux et l'importation des valeurs mobilières ; sans aller aussi loin que l'Italie et l'Allemagne, où les achats de monnaies étrangères étaient monopolisés, la commission des changes, qui avait préparé la loi, faisait remarquer que, s'il lui était possible de contrôler, sur le répertoire des opérations de change, les demandes directes de change faites aux banquiers, elle ne pouvait pas aller plus loin. Rien ne s'opposait, notamment, à ce que des sommes en francs (par chèques ou tirages, par virements ou ouvertures de crédit)

1. Les crédits ouverts par les États-Unis aux alliés jusqu'au 31 décembre 1918 ont atteint, en outre, pour l'Angleterre, 4.195 millions de dollars : pour l'Italie, 1.310 millions de dollars, et, pour la Russie, 325 millions, soit au total 8.590 millions de dollars environ.

fussent laissées à la disposition du commerce; rien n'interdisait, non plus, soit l'achat de titres à l'étranger, soit l'envoi à l'étranger de titres français ou étrangers pour y être vendus ou déposés. En conséquence, la commission des changes était unanime à recommander une nouvelle réglementation ayant pour but d'interdire toutes exportations illégitimes de capitaux hors de France et d'assurer, par des sanctions appropriées, le contrôle de cette interdiction[1].

La loi du 3 avril 1918 n'interdisait pas d'ailleurs les ventes, sur les marchés extérieurs, des titres étrangers destinés à se procurer du change pour solder des opérations commerciales. C'est ainsi que l'Espagne, les pays scandinaves, la Hollande et la Suisse purent rapatrier un nombre considérable de leurs valeurs nationales que vendaient des Français pour s'acquitter de leurs achats de marchandises dans ces mêmes pays.

En ajoutant au produit de ces ventes de titres, les avances des Trésoreries anglaise et américaine, qui se sont élevées à près de 7 milliards de francs en 1918, et, en outre, l'appoint considérable de change fourni par les achats de francs effectués par les troupes alliées, soit directement pour leurs dépenses personnelles, soit indirectement par les remises de monnaie française pour leurs soldes en échange de crédits correspondants, on peut donc s'expliquer que, même pendant la dernière année de guerre, la France ait pu couvrir le déficit de sa balance commerciale sans déprécier sensiblement son billet de banque. Par contre, la France avait dû contracter, jusqu'à la fin des hostilités, des dettes extérieures d'environ 27 milliards de francs au pair qui devaient être, par la suite, la source de sérieuses difficultés.

La victoire, acquise au prix de sacrifices sans nombre d'hommes et d'argent, n'en devait pas moins laisser après elle, avec son cortège de deuils et de lourdes dettes, des dommages matériels sans exemple dans l'histoire.

1. Exposé des motifs du projet de loi réglementant l'exportation des capitaux et l'importation des valeurs mobilières.

CHAPITRE II

LES DOMMAGES DE GUERRE ET LE TRAITÉ DE PAIX

Sommaire : *La dette publique au 31 décembre 1918. — L'inflation et la hausse des prix. — Dommages moraux et matériels. — Pertes d'hommes et de capitaux. — Diminution de la production et perte des débouchés extérieurs. — Baisse du change et des valeurs mobilières. — Les ravages dans les régions libérées. — Le Traité de Versailles. — La loi sur les dommages de guerre.*

La vigoureuse offensive du maréchal Foch, commandant en chef des troupes alliées, s'était poursuivie sans répit du mois de juillet au mois de novembre 1918 ; elle devait obliger l'Allemagne à se déclarer vaincue et à solliciter un armistice qui fut signé le 11 novembre 1918, au milieu de l'enthousiasme général de la France dont la victoire définitive faisait oublier, pour un moment, les deuils cruels et les longues angoisses. Paris, qui avait échappé aux horreurs de l'invasion dont il avait été menacé au mois de septembre 1914 et au mois d'avril 1918, avait vécu jusque-là dans la fièvre et dans l'anxiété. Les obus des avions allemands et des canons à longue portée n'avaient jamais, il est vrai, découragé sa population frémissante et avaient provoqué contre les agresseurs une indignation croissante. Aussi, lorsque fut annoncée la nouvelle de la capitulation de l'armée ennemie et son départ précipité des régions envahies, ce fut un véritable délire ; sur les boulevards et les principales avenues, les soldats américains et anglais en permission étaient acclamés avec les mêmes transports

de joie que les soldats français ; les drapeaux tricolores,
rouges et étoilés se hissaient à toutes les fenêtres. Ce fut,
vraiment, un spectacle unique au monde et dans l'histoire,
un réconfort et des espérances sans limite, la fin d'un cau-
chemar. Le souvenir de près de cinquante-deux mois de la
plus horrible des guerres s'effaçait devant la paix victorieuse et les lendemains glorieux qu'elle promettait. L'enthousiasme durait encore lorsque le Président des États-
Unis vint à Paris assister aux délibérations de la Conférence
de la Paix ; il fut accueilli par la population tout entière
avec un enthousiasme reconnaissant et des acclamations
indescriptibles.

Cependant la guerre laissait après elle des ruines matérielles et morales qu'on pouvait oublier au lendemain de la
victoire, mais qui devaient accabler les vainqueurs plus
encore que les vaincus. La France avait accompli, pendant
plus de quatre années, des efforts et des sacrifices sans
exemple dans le passé. Depuis le mois d'août 1914,
1.364.000 de ses jeunes hommes avaient succombé sur les
champs de bataille ; 740.000 étaient mutilés ; 3 millions
avaient été plus ou moins grièvement blessés. Près de
4 millions d'hectares les plus riches de son territoire avaient
été saccagés, incendiés ou bouleversés. Les dettes qu'elle
avait contractées pour poursuivre la guerre jusqu'à la victoire s'élevaient aux chiffres que voici, d'après les statistiques publiées par le ministère des Finances :

SITUATION DE LA DETTE DE GUERRE AU 31 DÉCEMBRE 1919

I. — *Dette flottante.*

Bons ordinaires du Trésor . . .	584.933.000	francs.
— de la Défense Nationale . .	22.334.981.000	—
— à l'étranger	252.200.000	—
Fonds particuliers des Trésore-ries générales	286.502.000	—
Bons émis au Japon	72.802.000	—
A reporter	23.531.418.000	francs.

Report. . . . .   23.531.418.000 francs.

Comptes courants des particuliers :
  au Trésor. . . . .   218.304.000 francs.
  en Espagne . . . .   429.218.000   —
  en Suède . . . .   55.600.000   —
  en Norvège . . . .   69.300.000   —
  en Argentine . . . .   378.149.000   —
  en Suisse . . . .   189.200.000   —

       Total . . . . .   24.871.189.000 francs.

II. — *Dette à terme ou par annuités.*

Obligations de la Défense Natio-
nale à 10 ans . . . .   364.396.000 francs.
Obligations de la Défense Natio-
nale à 5 ans . . . .   166.200.000   —
Bons remis à la Trésorerie bri-
tannique . . . .   10.594.465.000   —
Bons remis à la Banque d'An-
gleterre. . . . .   1.639.300.000   —
Emprunt anglo-français aux
États-Unis. . . . .   1.295.000.000   —
Avance du Consortium. . . . .   518.000.000   —
Emprunt de la Ville de Paris. .   275.000.000   —
  —   de Lyon, Bordeaux,
Marseille . . . .   201.600.000   —
Opération d'avril 1919 . . . . .   575.000.000   —
Avance de la Trésorerie améri-
caine . . . .   10.489.500.000   —
Emprunt émis au Japon . . . .   258.000.000   —

       Total . . . . .   26.376.461.000 francs.

III. — *Dette consolidée.*

Rentes 5 p. 100 1915 . . . . . .   15.204.826.000 francs.
  —   —   1916 . . . . . .   11.513.978.000   —
  —   4 p. 100 1917 . . . . . .   14.780.000.000   —
  —   —   1918 . . . . . .   30.690.456.000   —

       Total . . . . .   72.189.260.000 francs.

IV. — *Avances des banques.*

Banque de France . . . . . .   17.150.000.000 francs.
  —   de l'Algérie. . . . . .   215.000.000   —

       Total. . . . .   17.365.000.000 francs.

       Total général.   140.801.610.000 francs.

A ces 140.801 millions de dettes contractées pendant le cours des hostilités, venait s'ajouter le montant de la dette publique d'avant-guerre que des statistiques récentes évaluent de la manière que voici :

Rentes 3 p. 100	19.749.127.000 francs.
— — amortissables .	2.989.713.000 —
— 3 1/2 p. 100 amortissables.	3.400.000 —
Capital des annuités services par l'État	7.075.622.000 —
Total	29.817.862.000 francs.
Dettes de guerre	140.801.862.000 —
Total général de la dette .	170.619.472 000 francs.

Quelques semaines après l'armistice, le 31 décembre 1918, la dette publique s'élevait donc au total approximatif de 170 milliards et demi (en capital).

Si l'on ne tient pas compte des dettes interalliées, c'est-à-dire des avances de la Trésorerie américaine qui s'élevaient à cette époque à 10.489 millions de francs au pair et celles de la Trésorerie anglaise, à 10.594 millions, on s'aperçoit que la dette totale de la France n'atteignait pas, au lendemain de l'armistice, des chiffres hors de proportion avec les résultats obtenus. Elle pouvait, d'ailleurs, se compenser jusqu'à concurrence de 15 milliards par les avances faites par la France à la Russie et aux autres alliés, la Belgique, l'Italie, la Serbie, le Monténégro, etc...

Dommages matériels et moraux.

Les emprunts de 17.150 millions contractés à la Banque de France n'étaient pas non plus excessifs et la circulation des billets, qui atteignait 30.240 millions le 24 décembre 1918, ne semblait pas dépasser les limites qu'il avait été permis de prévoir. Mais cette augmentation de la circulation fiduciaire, qui se produisait au moment d'une diminution considérable de la production par suite de la mobilisation, n'en avait pas moins eu pour effet de provoquer une hausse générale des prix et, par contre-coup, un accroissement des dépenses publiques. Cette hausse générale des prix, qui devait s'accentuer après la guerre, atteignait, au 31 décembre 1918, 243 p. 100 par rapport à la période des cinq premiers mois des hostilités.

D'autre part, la diminution de la production et les besoins de la défense nationale avaient eu pour conséquence fatale un accroissement continu des importations et, par suite de la réduction, puis de la suppression, des crédits extérieurs, une hausse correspondante des cours du change.

Nous avons rappelé, dans le précédent chapitre, par quels moyens le change français avait pu se maintenir à des cours favorables. Au 31 décembre 1918, le dollar n'était coté que 5,45 sur le marché de Paris et la livre sterling, 25,975. Dès le début de 1919, le dollar montait à 6,645 et la livre à 30,95 pour atteindre, au mois de novembre, 11,885 et 45,15. En avril 1920, la livre était cotée 67,45 et le dollar atteignait, en novembre, 17.40. La France avait dû acheter, en effet, des quantités considérables de devises étrangères pour faire face au lourd déficit de sa balance du commerce qui, en 1919, a dépassé 23 milliards de francs pour s'abaisser, il est vrai, en 1920, à 12.970 millions.

La perte au change subie par la France, au cours des hostilités et surtout après l'armistice, est l'une des conséquences les plus directes de la guerre qui l'avait obligée à décréter le cours forcé des billets et à en accroître la circulation. Et de même que l'accroissement de la circulation, en diminuant la valeur du billet, provoque une hausse des prix, de même la hausse des prix rend un accroissement ultérieur de la circulation inévitable. Or, la seule monnaie en usage dans les transactions quotidiennes était le billet de banque, puisque l'or et même l'argent ne circulaient plus. On pouvait sans doute tenter de limiter la circulation par des emprunts et par un usage plus large des chèques et des virements, et c'est ce que l'on a fait ; mais, en raison de l'insuffisance

de la production et des besoins matériels de l'armée et de
la population civile, il était indispensable d'avoir recours à
de larges importations dont le paiement provoquait à la fois
une augmentation de la circulation et une hausse des
changes étrangers.

La hausse non moins normale du taux d'intérêt de l'argent
devait avoir à son tour pour conséquence une baisse plus
ou moins profonde des cours de toutes les valeurs mobilières françaises. Le *Bulletin de la Statistique générale de
la France* (janvier 1922) évalue à 35 p. 100 la baisse des
valeurs mobilières à revenu fixe qui s'est produite de 1913 à
1921 et qui n'a fait, jusqu'en juillet 1926, que s'augmenter.
En outre, la suspension du paiement des coupons des valeurs
russes, dont le montant a été évalué à 400 millions de
francs-or par an, a privé d'un revenu égal un nombre
important de petits capitalistes français qui avaient souscrit, par patriotisme, à tous les emprunts émis chez nous
par les anciens gouvernements moscovites.

D'autres pertes ont été subies par les chemins de fer dont
la situation financière était si prospère en 1914. A partir du
moment où leur exploitation a été remise à l'administration
militaire, où les transports de troupes et de matériel de
guerre ont pris d'énormes proportions, le déficit n'a cessé
d'augmenter. Après la bataille de la Marne, qui avait été
précédée d'un refoulement des troupes françaises et de la
capture par l'ennemi d'un nombre considérable de locomotives et de wagons, il ne restait plus aux six grands réseaux
que 11.000 locomotives sur 14.000 en service au début de
la guerre, 25.000 voitures à voyageurs sur 31.000 et 280.000
wagons à marchandises sur 375.000. C'est avec ce matériel
diminué que les chemins de fer devaient faire face à un
accroissement de trafic dont on peut à peine se faire une
idée. Pour le seul ravitaillement en vivres des sept armées
françaises du front de bataille, il fallait 42 trains par jour,
sans compter ceux qui ravitaillaient l'armée anglaise et plus
tard l'armée américaine. Il y avait trois millions de lettres à

transporter chaque jour ; les colis postaux, les journaux et autres publications périodiques exigeaient l'emploi journalier de 200 wagons. De 1914 à 1920, le déficit d'exploitation des six grands réseaux a dépassé 5 milliards et demi, dont 1.608 millions pour les chemins de fer de l'État, 1.186 pour le Paris-Lyon-Méditerranée, 1.063 pour le Nord, 825 pour l'Orléans, 503 pour l'Est et 388 pour le Midi.

La marine marchande, dont la capacité s'élevait à 2.556.000 tonnes le 30 juillet 1914, était réduite de 37 p. 100 par le fait des torpillages de l'ennemi.

Mais à toutes les dettes nouvelles de la France s'ajoutaient les pertes matérielles visibles et invisibles, telles que l'affaiblissement de son commerce extérieur, les difficultés croissantes des transports terrestres et maritimes, l'usure de son matériel industriel, mal entretenu pendant la guerre, la diminution sensible de sa production, etc. Il faut ajouter enfin et surtout les ruines accumulées par l'ennemi dans les régions envahies depuis le début de la guerre.

Les ravages dans les régions libérées.

De la mer du Nord aux Vosges et à la frontière suisse, les troupes allemandes ont creusé des tranchées, et même de véritables forteresses. Il a été impossible, faute de munitions, après la victoire de la Marne, de les chasser du territoire français qu'elles ont envahi ; mais on a réussi à leur barrer la route de Paris et à les fixer sur un front de bataille dépassant 600 kilomètres. Elles vont continuer, pendant plus de quatre années, à occuper dix départements : l'Aisne, les Ardennes, la Marne, la Meurthe-et-Moselle, la Meuse, le Nord, l'Oise, le Pas-de-Calais, la Somme, les Vosges. C'est la région la plus riche du sol français ; elle comptait, avant la guerre, plus de 6 millions d'habitants, environ 16 p. 100 de la population totale de la France, supportant près du cinquième des impôts.

La production du territoire envahi représentait, par rapport à la production totale de la France, pour la houille, 55 p. 100; le minerai, 90 p. 100; la fonte, 83 p. 100 ; le sucre, 70 p. 100; les cotonnades, 60 p. 100 ; l'énergie électrique, 43 p. 100; les betteraves à sucre, 25 p. 100; les avoines, 10 p. 100; le blé, 9 p. 100, etc.

Les usines métallurgiques, textiles, verrières et autres, formaient un total de près de 26.000 établissements. La surface dévastée représentait 3.800.000 hectares dont 1.750.000 en terrains de culture. Les tranchées avaient bouleversé 330 millions de mètres cubes de terres; les réseaux de fil de fer barbelé s'étendaient sur une surface de 373 millions de mètres carrés.

Pendant cinquante et un mois, le sol français avait servi de champ de bataille aux armées alliées qui défendaient contre l'agresseur la liberté et la civilisation du monde. Les engins de destruction les plus perfectionnés, les canons à longue portée, les obus du plus gros calibre détruisaient de fond en comble 285.244 maisons d'habitation; 162.266 étaient gravement endommagées et 248.525 un peu moins; 6.186 édifices publics, écoles, églises, mairies et hôpitaux, étaient réduits en cendre ; 5.990 gravement atteints et 6.868 étaient à réparer; 56.130 kilomètres de routes, 5.101 ouvrages d'art, 4.034 kilomètres de voies ferrées, 1.112 kilomètres de voies navigables étaient à reconstruire en entier. L'ennemi s'était emparé, en outre, de 525.000 vaches laitières, de 469.000 chèvres et moutons, de 367.000 chevaux, ânes et mulets, etc., et de tout le mobilier qu'il avait pu emporter, quand il ne l'avait pas incendié, de tout le matériel agricole et industriel qu'il avait eu le temps d'expédier en Allemagne.

Les deux tiers du bassin houiller du Nord et du Pas-de-Calais étaient détruits; dans certaines concessions, tous les ouvrages souterrains avaient été démolis. L'industrie sidérurgique avait perdu, en Meurthe-et-Moselle, 50 hauts fourneaux gravement endommagés ou totalement détruits. Dans le Nord, les Forges et Aciéries de Denain-Anzin avaient été, parmi tant d'autres, totalement mises hors de service. Dans les industries textiles, les ravages s'étendaient à 90 p. 100 des usines. Les fabriques de sucre, les raffineries et les distilleries avaient subi le même sort[1].

Pour apprécier le dommage, écrivait M. Louis Dubois, dans son rapport sur le projet de loi relatif à la réparation des dommages de guerre, il faut avoir vu ces plaines autrefois si riches, aujourd'hui mornes et désolées; ces champs bouleversés jusque dans les profondeurs du sous-sol; ces corps de ferme effondrés, dispersés avec leur attirail en d'innombrables débris; ces arbres coupés, arrachés ou déchiquetés; ces usines foudroyées, dynamitées, amas informes de moellons, de briques, de fers tordus, de machines brisées, de carcasses vides ouvertes à tous les vents; ces voies ferrées, ces gares, ces ponts, ces canaux effondrés ou saccagés; ces monuments publics anéantis, ces églises éventrées; ces amoncellements de décombres qui furent de gracieux villages ou de fières cités...

Les ruines accumulées par les Allemands dans dix départements français n'étaient point seulement les conséquences d'un long et effroyable conflit ; elles résultaient aussi d'une volonté systématique de destruction. Dans tous les ouvrages écrits en Allemagne par des chefs militaires et même dans les proclamations de Guillaume II, on retrouve cette horrible idée que la guerre doit être aussi cruelle et aussi terrifiante que possible, afin d'obliger l'ennemi à faire la paix à bref délai et d'abréger ainsi la durée des hostilités. Dans un mémoire de 482 pages, le Quartier-Maître général des armées allemandes expliquait à son tour, en février 1916, les raisons économiques « de la dévastation des industries françaises du Nord et de l'Est ». Les chemins de fer français, disait-il avec cynisme, seront contraints, par suite des détériorations des usines de wagons, de « se fournir en Allemagne ». Pour le tissage, « la reprise du travail sera des plus difficiles et un débouché énorme sera, de ce fait,

1. Rapport de M. Maurice Pain, secrétaire général du ministère des Régions libérées.

ouvert aux usines allemandes ». Et pour les mines, « les bassins immobilisés pour des années par le déménagement de l'outillage et l'inondation des fosses, la France devra acheter des machines en Allemagne ». Mais les militaires ne sont pas nécessairement des économistes et ils ne comprennent pas, du moins en Allemagne, que le meilleur moyen d'ouvrir des débouchés à l'industrie ne consiste pas à ruiner ses clients.

On a vainement essayé, après l'armistice, d'évaluer les dommages causés à la France par les dévastations qu'ont subies ses richesses matérielles sur les champs de bataille de l'Est et du Nord de son territoire et dans la zone des armées. Il était impossible d'aboutir à des chiffres exacts et définitifs. Les prix de la reconstruction des immeubles, des matériaux, du déblaiement, des machines, de la main-d'œuvre, avaient triplé, quadruplé ou quintuplé. L'étalon monétaire, qui fixait la mesure des valeurs, n'étant plus qu'un étalon de papier, soumis aux fluctuations du change et sans cesse déprécié, faisait d'ailleurs varier à l'infini les prix que la production intérieure, si insuffisante, ne parvenait plus à niveler.

Comment n'a-t-on pas compris, en préparant le Traité de Versailles, que la réparation de tant de dommages matériels devait être assurée le plus vite possible par la fixation d'une indemnité forfaitaire et susceptible d'être versée dans le plus court délai possible par l'Allemagne vaincue ?

Le Traité de Versailles.

De tous les problèmes financiers et économiques qui se posent au lendemain d'une victoire militaire, il n'en est certainement pas de plus compliqué à résoudre que la réparation des dommages de guerre. Étroitement rattaché aux questions du change, de la circulation monétaire, du transfert des capitaux d'un pays à l'autre, il soulève des difficultés d'ordre technique dont bien peu de Français se rendaient compte, lorsque s'ouvrit à Paris, le 18 janvier 1919, avec une solennité impressionnante, la Conférence de la Paix. Les avis des hommes compétents ne furent jamais écoutés. La mentalité des hommes politiques est d'ailleurs très différente de celle des techniciens : les premiers envisagent nécessairement les conséquences parlementaires — et même électorales — que pourront avoir leurs décisions ; les seconds ne s'attachent qu'aux solutions pratiques et réalisables. Comment les uns et les autres pourraient-ils s'entendre ? Ils partent de points de vue souvent opposés et ne parlent point la même langue. C'est ainsi que lorsqu'un des experts britanniques, M. Keynes, voulut soumettre à la Conférence un programme technique de réparations, il se heurta tout de suite à la violente opposition non seulement des délégués français, mais de leurs collègues anglais, et finit par reprendre sa liberté en donnant sa démission.

Le droit à la réparation des dommages de guerre avait été formellement stipulé dans le protocole d'armistice signé le 11 novembre 1918. Avant d'être signé par les représentants des gouvernements alliés, il avait été soumis au Président Wilson dans un mémoire dont le dernier paragraphe était ainsi conçu :

> Lorsqu'il a formulé les conditions de paix dans son adresse au Congrès du 8 janvier dernier, le Président des États-Unis a déclaré que les territoires envahis doivent être non seulement évacués et libérés, mais restaurés. Les Alliés pensent qu'il ne faudrait laisser subsister aucun doute sur ce qu'implique cette stipulation. Ils comprennent par là que l'Allemagne devra compenser tous les dommages subis par les populations civiles des nations alliées et par leurs propriétés, soit sur terre, soit sur mer, soit en conséquence des opérations aériennes.

En réponse à cette note, M. Lansing, secrétaire d'État du Président des États-Unis, fit connaître que M. Wilson « était en plein accord avec cette interprétation ». Il n'était cependant pas aisé de formuler, dans un texte précis, les revendications des puissances alliées. La réparation des dommages devait-elle s'étendre, par exemple, aux charges des pensions militaires, des allocations aux familles des mobilisés et à d'autres encore ? Les délégués français et anglais y étaient fort disposés, tandis que les délégués américains ne le croyaient pas possible. Les partisans d'une indemnité de guerre élargie étaient sous l'impression bien naturelle des dévastations causées par l'Allemagne, de la cruauté avec laquelle elle avait poursuivi les hostilités. L'ennemi avait fait périr des millions d'êtres humains sous les coups de ses canons et de ses mitrailleuses, de ses obus lancés sur les villes ouvertes, de ses torpilles dirigées contre les navires de commerce. Les peuples qui avaient subi tant de deuils et de misères pourraient-ils comprendre que le vaincu ne fût pas contraint de payer la rançon de ses crimes contre l'humanité ?

Les alliés étaient d'autant plus portés à exagérer la capacité de paiement du vaincu que, dans toutes les études qu'ils avaient publiées, les écrivains financiers allemands avaient commis à cet égard les plus lourdes erreurs. Lansburg, Riesser et Sartorius avaient soutenu, dès 1915, cette thèse étrange qu'une indemnité de guerre pouvait être sans limite. Lansburg, par exemple, avait déclaré dans la revue *Die Bank* que, « si élevé que fût le chiffre de l'indemnité, une nation moderne, pourvue de valeurs mobilières, pouvait toujours la payer ». Une indemnité en numéraire peut même être fixée très haut, pourvu qu'elle soit répartie sur une période assez longue. Et si les versements sont effectués en titres, la capacité du vaincu n'a pour ainsi dire plus de bornes.

C'est donc une hypothèse à écarter d'emblée, concluait Lansburg, que celle où une grande puissance victorieuse serait amenée à renoncer au paiement d'une indemnité par le vaincu, sous le prétexte avancé par celui-ci qu'il est hors d'état de fournir matériellement l'indemnité et de l'exécuter techniquement. L'indemnité à payer par l'un des belligérants à l'autre a beau être aussi grande que l'on voudra, elle pourra s'effectuer à chaque instant sans trouble et sans effort pour les deux parties, à la condition que le vainqueur soit disposé à accepter des promesses de paiement et des titres de créances ou de propriété, au lieu de versements en numéraire. Une fois adoptées des méthodes financières raisonnables, la fourniture de n'importe quelle indemnité de guerre est possible.

De telles affirmations renferment autant d'erreurs que de mots. M. Charles Rist, à qui nous avons emprunté ces citations, a clairement exposé les données du problème de l'indemnité de guerre — ou des réparations, ce qui revient au même —, dans son livre sur *les Finances de guerre de l'Allemagne*[1].

Le capital allemand, a-t-il expliqué, quelle que soit sa valeur en francs, marks, ou livres, n'est pas une somme d'argent liquide, mais un ensemble de biens matériels dont la plus grande partie n'est pas transférable et se trouve par cela même hors de notre atteinte. A part les stocks de matériel, de marchandises, de navires, etc..., à part l'or (qui figurait au 30 juin 1921, pour un total de 1.092 millions de marks dans le bilan de la Reichsbank), à part encore les titres neutres, le reste du capital allemand se compose de terres, d'usines, de maisons, etc..., qu'il est vain de vouloir déplacer. Seul, le revenu de ce capital est intéressant, car lui seul représente une richesse véritable, c'est-à-dire des biens directement utilisables pour la production ou la consommation. Ce revenu se compose, cela va de soi, des outils, matières premières, denrées, marchandises de toutes sortes que créé chaque année le travail allemand. Le revenu de l'Allemagne, c'est sa production annuelle. Pas plus que le capital, le revenu d'un pays ne consiste en monnaie. Son expression monétaire n'est qu'une évaluation. Le vrai revenu, ce sont les biens et les services que les marks ou les francs se bornent à chiffrer. La seule chose que l'Allemagne puisse nous livrer à titre d'indemnité, ce sont donc ces mêmes denrées, machines, services, etc..., soit qu'elle nous les livre directement, soit qu'elle nous en remette simplement la valeur. C'est en lettres de change que la France de 1871 a versé la plus grande partie des 5 milliards au vainqueur de cette époque.

Telle est la théorie économique de l'indemnité de guerre si remarquablement exposée par M. Charles Rist à diverses reprises. Elle est indiscutable et certaine. Elle a été con-

1. Payot et Cⁱᵉ. Paris, 1921.

firmée par les événements qui ont suivi la signature du Traité de Paix. Mais il a fallu une longue suite de désillusions pour que soit enfin comprise la difficulté de transférer des capitaux d'un pays à l'autre. La capacité de paiement d'une nation résulte de la situation de sa balance des comptes dont l'excédent est seul susceptible d'être utilisé pour effectuer, à titre d'indemnité, des versements à une autre nation. Cet excédent peut alors être transféré à son créancier sans péril pour la stabilité de la monnaie du pays débiteur. Si, au contraire, ce pays est obligé de se procurer des monnaies étrangères pour se libérer, il fera nécessairement baisser les cours de sa propre devise et il arrivera un moment où il ne pourra plus trouver de contre-partie à ses demandes qu'à des conditions ruineuses. Comme, d'autre part, il sera obligé de jeter dans la circulation une quantité de plus en plus grande de ses billets de banque pour acheter du change, il sera condamné à une inflation continue et qui accentuera la baisse de sa monnaie.

En résumé, on ne pouvait concevoir pour l'Allemagne d'autres moyens de paiement que la cession de bonnes valeurs étrangères, aisément négociables sur tous les marchés, et la remise de lettres de change tirées sur ses débiteurs du dehors pour ses ventes de marchandises et sur les soldes créditeurs qu'elle possédait dans les banques étrangères. On aurait donc pu exiger d'elle, immédiatement après l'armistice, la livraison des valeurs des pays neutres ou autres que détiennent ses capitalistes et qui n'ont pas tardé à être mises en sécurité dans les banques hollandaises, scandinaves et suisses. On pouvait, en outre, exercer un contrôle sur ses exportations et une saisie sur ses droits de douane, puis surveiller de très près les émissions de la Reichsbank, comme on devait d'ailleurs le faire six années plus tard.

Ces précautions immédiates étaient d'autant plus indispensables que la situation financière de l'Allemagne n'avait cessé de s'aggraver depuis le début des hostilités. Con-

vaincue qu'elle en sortirait triomphante et qu'elle récupére-
rait ses pertes sur les vaincus, elle n'avait créé aucun impôt
nouveau et faisait face à ses paiements par des expédients
de trésorerie. Sa circulation fiduciaire s'était accrue, du
mois d'août 1914 à novembre 1918, de 25 milliards de
marks et n'était plus couverte par des réserves d'or que
dans la proportion de 9 p. 100. Sa dette intérieure dépassait
169 milliards de marks, dont 45 milliards se composaient
de bons du Trésor escomptés par la Reichsbank. Elle subissait une crise de confiance dont l'intensité s'était accrue,
dès les premiers symptômes de sa défaite, par des retraits
considérables de dépôts dans les banques et les caisses
d'épargne. Les cours de ses valeurs mobilières s'étaient
effondrés et son change s'était déprécié de 42 p. 100 à la
Bourse de Genève en novembre 1918. Enfin, son budget de
79 milliards en 1919 ne s'était équilibré que par des procédés de fortune, avances de la Reichsbank et emprunts
intérieurs contractés par des jeux d'écritures sur les livres
des établissements de dépôts, au lieu d'être prélevés sur
les réserves de l'épargne, d'ailleurs diminuées par la crise
économique.

Aucun examen sérieux n'a cependant été fait de cette
situation lamentable quand on a essayé d'évaluer la capacité de paiement de l'Allemagne. On partait de cette idée
simple qu'elle devait payer et qu'elle payerait sous la
menace de la force. Son territoire avait été à peine envahi
au début de la guerre par les armées russes ; ses usines
étaient intactes et sa puissance de production se trouvait
même accrue par les progrès de sa technique industrielle
réalisés au cours des hostilités. Pour donner une idée des
exagérations auxquelles se sont laissé entraîner les alliés,
il suffira de rappeler que Lloyd George s'était engagé, au
cours de la campagne électorale anglaise de décembre 1918,
à faire supporter aux « Huns » la totalité des dépenses de
guerre. Pendant la discussion du Traité de Paix devant la
Chambre des Députés, notre ministre des Finances devait

à son tour, dans la séance du 5 septembre 1919, faire les déclarations que voici :

> Fixons par hypothèse la dette de l'Allemagne à 200 milliards pour la France et à 375 milliards pour toutes les puissances ; supposons qu'il faille trente-six ans pour que l'Allemagne puisse s'acquitter de l'intégralité de cette dette : l'annuité, en ce qui concerne la France, serait de 13.040 millions et le total des versements effectivement faits s'élèverait à 463 milliards en chiffres ronds...

Un autre ministre évaluait à 18 milliards de marks-or par an l'excédent futur de la balance commerciale de l'Allemagne et dont le vaincu pourrait par suite verser le montant aux alliés. Mais comment supposer qu'un pays fût capable d'exporter une aussi grande quantité de marchandises ? Il faut acheter pour pouvoir vendre, afin de fournir à ses clients le moyen de vous payer. Le commerce international n'est autre chose qu'un échange de produits et la monnaie n'intervient que pour en déterminer les conditions. Un tel développement des exportations, s'il était possible, aurait pour effet de ruiner le commerce des autres peuples qui, d'ailleurs, n'attendraient pas, les bras croisés, que leurs industries fussent réduites au chômage pour se défendre par des droits de douane prohibitifs. Les hypothèses de nos ministres reposaient sur la confusion de la monnaie de papier et de l'étalon d'or ; mais, en Allemagne, comme en France, il n'existait plus qu'un étalon de papier, dont les fluctuations étaient incessantes et agissaient sur le niveau général des prix. L'excédent de sa balance du commerce extérieur était d'autant plus difficile à prévoir que la détresse des voisins de l'Allemagne était au moins égale à la sienne et que les alliés, tout en lui réclamant d'énormes indemnités, avaient le secret dessein de restreindre ses débouchés.

Les clauses financières du Traité de Paix.

Les considérations d'ordre politique n'en devaient pas moins dominer les considérations d'ordre économique. On fut cependant obligé de reconnaître que « les ressources de l'Allemagne n'étaient pas suffisantes pour assurer la complète réparation de toutes les pertes et de tous les dommages » qu'elle avait infligés aux puissances alliées et associées. Il fallait donc réduire l'indemnité à des versements annuels aussi élevés que possible, mais susceptibles de ne pas dépasser la future capacité de payement du vaincu. Mais cette capacité de payement, qui donc pouvait l'évaluer au lendemain d'une guerre qui avait bouleversé l'économie de l'Europe et du monde ? Les délégués américains faisaient remarquer, avec raison, qu'il n'était pas possible de la chiffrer. Ils proposaient, par conséquent, un forfait, dont le montant serait affecté à la réparation des dommages causés à la population civile et à ses biens.

M. J. M. Keynes, l'un des conseillers britanniques, soutenait également la thèse américaine du forfait, mais tandis que les Américains proposaient de la fixer à 15 milliards de dollars, ou 75 milliards de francs-or, il l'abaissait à 40 milliards de marks-or, avec, il est vrai, une contre-partie très intéressante : remise complète des dettes interalliées et priorité accordée, sur les versements de l'Allemagne, à la réparation des dommages matériels dans les régions dévastées. Cette combinaison aurait eu pour effet de nous dégager des dettes de guerre contractées envers les trésoreries anglaise et américaine, et de nous permettre de procéder à la reconstitution de nos départements du Nord et de l'Est au moyen de prélèvements sur la créance allemande. De la sorte, les pays qui, comme l'Angleterre et les États-Unis, n'avaient subi que des dommages matériels insignifiants, n'auraient probablement pas touché la moindre indemnité.

Les événements devaient démontrer plus tard que M. Keynes et les Américains avaient raison. Mais les délégués français et anglais se plaçaient à un tout autre point de vue. Dans l'histoire de la Conférence de la Paix par les délégués américains, publiée par le colonel House[1], on trouve l'explication de leur attitude. « M. Clemenceau fut le premier, y est-il écrit, à déclarer, sur les conseils de son ministre des Finances, M. Klotz, que, quelle que pût être la somme fixée par les experts, elle serait encore très éloignée des espérances de la population française et qu'aucun gouvernement acceptant à l'avance une pareille somme n'aurait de chance de durer. » M. Llyod George se rangea à cet avis avec d'autant plus d'empressement que, pendant sa campagne électorale du mois de décembre 1918, « son parti s'était livré à des estimations si excessives du chiffre total qu'aurait à payer l'Allemagne, qu'il craignait lui aussi, comme Clemenceau, d'être chassé du pouvoir si le chiffre fixé par la Conférence était trop inférieur — et il le serait forcément — aux promesses qu'il avait faites à ses électeurs ».

Les délégués américains n'en persistèrent pas moins à défendre une opinion opposée. Un règlement rapide et définitif aurait à leur avis l'avantage « d'exercer une influence favorable sur les conditions financières de la France, de la Belgique et des autres nations alliées qui toutes, en fait, se trouvaient dépendre des payements à effectuer par l'Allemagne pour équilibrer leurs budgets ».

Quoi qu'il en soit, l'idée du forfait fut définitivement repoussée. De guerre lasse, les délégués finirent par se rallier à un compromis qui constituait un ajournement de la fixation de la dette allemande et qu'une Commission, dite des réparations, devrait déterminer avant le 1er mars 1921, c'est-à-dire dans un délai de moins de deux ans, et dont elle arrêterait, sous sa responsabilité, les modalités de paiement. Faisons remarquer que cette Commission internationale ne comprenait qu'un seul membre français sur cinq, alors que nos intérêts dépassaient évidemment ceux de tous les autres pays qui s'y trouvaient représentés. Le

1. Un volume in-8°, publié chez Payot, Paris, 1913, sous le titre : *Ce qui se passa réellement à Paris en 1918 et 1919.*

problème des dettes interalliées avait été totalement écarté ;
c'est à cette condition que les Américains avaient consenti
à accepter le compromis. Eût-il été cependant impossible de
les convaincre ? Si Clemenceau et Lloyd George avaient
défendu avec énergie contre le Président Wilson la thèse
opposée et s'ils avaient proposé un règlement définitif de
toutes les dettes de guerre, n'auraient-ils pas réussi à triompher de l'obstination des délégués américains ? Peut-être,
mais à la condition d'envisager, dans un large esprit de réalisation pratique, l'ensemble du problème qui se posait. On
nous demandait, d'un côté, de fixer un forfait pour la dette
allemande. En l'acceptant, nous nous placions sur un terrain solide, comme le faisait Keynes, pour réclamer l'annulation des dettes interalliées ou tout au moins pour obtenir
un autre forfait. Lorsque la France et la Grande-Bretagne
avaient emprunté aux États-Unis des sommes en vérité considérables, elles y avaient été obligées par la nécessité de
poursuivre la guerre jusqu'à la victoire et, à partir du
moment où leurs associés s'étaient unis à eux pour combattre un ennemi commun, ils devaient partager les risques
de la guerre. Si le désintéressement qu'affichaient les Américains en ce qui touche l'indemnité à payer par l'Allemagne ne s'appliquait plus aux dettes des alliés, il n'était
alors qu'un moyen détourné d'obtenir des avantages mieux
garantis.

Mais, dans la hâte d'en finir, les délégués de la Conférence de la Paix ont mieux aimé ajourner la solution de
toutes les questions délicates que régler d'un seul coup des
difficultés qui, plus tard, ne pouvaient manquer de s'aggraver. Tous se sont d'ailleurs trompés, aussi bien les Américains et les Anglais que les Français ; les Allemands n'ont
point fait preuve, par la suite, d'une clairvoyance plus
grande. Résoudre sans délai et d'un commun accord le problème des réparations était cependant le meilleur moyen
d'assurer, pour l'avenir, une paix définitive et complète.

La loi sur les dommages de guerre.

Avant même que fut signé le Traité de Versailles, si contraire à nos intérêts et dont les clauses les plus importantes devaient entraver pendant de longues années notre relèvement financier et économique, la loi du 17 avril 1919 avait accordé aux sinistrés des régions libérées des droits déterminés à la réparation des dommages matériels dont ils avaient souffert. Présenté d'abord sous une forme modeste, dès le 11 mai 1915, le projet de loi sur les dommages de guerre avait fait l'objet, dans ces deux Chambres, de longues discussions. « La Nation, disait l'exposé des motifs, a le devoir d'exercer un droit de contrôle et même un droit de suite sur les indemnités versées. L'indemnitaire, dont le droit aura été constaté, aura-t-il la latitude de réclamer une indemnité pour lui fournir telle destination qui lui agréera ? Nous nous élevons très nettement contre cette éventualité... Il ne pourrait donc être admis que, désertant demain la fonction économique ou sociale qu'il occupait avant la guerre, un indemnitaire obtint une indemnité soit pour vivre du capital, soit pour vivre du revenu. L'emploi des fonds sera dicté par la raison même de leur dation : restaurer les forces économiques, industrielles, agricoles détruites... » Le dispositif de ce projet était donc très simple. En voici les deux articles principaux :

ARTICLE PREMIER. — Les dommages causés aux immeubles et aux meubles par les faits de la guerre (occupation, attaque et défense) seront réparés, pourvu que ces dommages soient matériels, certains et directs.

ARTICLE 2. — L'octroi de l'indemnité sera subordonné à des conditions de remploi répondant à l'affectation des biens détruits.

Ce raisonnable projet de loi ne devait pas tarder à être complètement transformé. Le groupe interparlementaire des représentants des régions envahies, la Fédération nationale des associations départementales des sinistrés, le Conseil national d'action pour la réparation intégrale des dommages causés par la guerre, multiplièrent leurs efforts en vue de faire adopter un texte de loi beaucoup plus large. On s'est demandé, il est vrai, jusqu'au dernier moment, s'il serait possible de satisfaire d'aussi impérieuses revendications. Mais, lorsque la victoire militaire a été enfin acquise, il ne pouvait plus y avoir la moindre hésitation. Les clauses de l'armistice du 11 novembre 1918 étaient d'ailleurs formelles : l'Allemagne devait réparer les dommages causés par la guerre qu'elle avait volontairement déchaînée. On s'est donc empressé d'élargir le projet sur les dommages de guerre et de le rendre aussi favorable que possible aux sinistrés. Ne serait-ce pas le meilleur moyen de faire payer par l'Allemagne une indemnité accrue ? C'est dans une atmosphère de confiant optimisme, ou pour mieux dire d'illusions, qu'a été définitivement adoptée et promulguée la loi du 17 avril 1919.

La gestion des finances publiques qui a suivi l'armistice serait incompréhensible, si l'on ne se rendait pas compte, tout d'abord, des deux causes essentielles qui ont provoqué, avec un déficit budgétaire énorme, l'inévitable dépréciation de notre monnaie : le Traité de Versailles et la loi sur les dommages de guerre. Les erreurs commises à cet égard ont pesé et pèseront longtemps encore sur notre état financier et sur notre régime monétaire[1]. Elles proviennent d'une série d'illusions sur la capacité de paiement de l'Allemagne et qui, d'années en années, devaient se dissiper sous l'action de lois économiques inéluctables. On pouvait sans doute obtenir du vaincu une assez large indemnité et le chiffre forfaitaire

1. Un tableau annexé au projet de budget de 1928 fait connaître l'ensemble des payements effectués par le Trésor pour la réparation des dommages de guerre jusqu'au 31 décembre 1926. Le montant s'est élevé à 44.433 millions en ce qui touche les dommages aux personnes et à 85.701 millions en ce qui touche les dommages aux biens, soit au total 130.134 millions.

de 40 milliards de marks-or, indiqué par Keynes, était loin
d'être excessif. Mais, pour réaliser cette indemnité, dont le
montant se serait d'ailleurs élevé à 150 milliards de francs-
papier, au cours du change de la fin de 1919, il eût fallu s'y
prendre tout autrement et commencer par où l'on a bien dû
finir par la suite, c'est-à-dire par l'application rigoureuse et
immédiate d'un programme analogue à celui qui n'a été élaboré qu'au printemps de 1924 et dont nous parlerons plus
loin. Il était inévitable que l'Allemagne se dérobât à ses engagements et que des mesures de contrôle sévères auraient pu
seules l'obliger à remplir. Au lieu de protester sans cesse
contre ses défaillances et sa mauvaise foi, il eût, évidemment,
mieux valu les prévoir et y opposer des moyens de contrainte
plus efficaces, au point de vue financier, que l'occupation
militaire.

Dans l'espoir de faire payer plus tard à l'Allemagne les
lourdes dépenses de reconstitution des régions libérées et
des pensions militaires, nos gouvernements se sont bornés
à vivre au jour le jour de ressources exceptionnelles de Trésorerie de plus en plus difficiles à se procurer. L'équilibre
du budget annuel n'a été préparé qu'en mars 1924 sous la
pression de la crise du change et l'équilibre de la Trésorerie
n'a été envisagé qu'en août 1926 à la suite d'une crise monétaire bien plus grave encore que la précédente.

CHAPITRE III

LA TRÉSORERIE ET LE BUDGET

Sommaire : *L'accroissement des dépenses publiques en 1919. — La débâcle financière de l'Allemagne. — La gestion financière de la douzième législature. — Les emprunts du Trésor. — Le mécanisme de la Trésorerie. — Un programme de salut. — L'état des paiements du 28 avril 1921. — Le budget de 1923. — Causes de la crise du change de 1923-1924.*

Nous avons rappelé, dans le chapitre précédent, quel était notre état financier et économique au lendemain de l'armistice. La plus élémentaire prudence commandait des mesures d'assainissement aussi rapides que possible. La dette publique s'élevait à 170 milliards, dont une partie importante, environ 23 milliards, se composait d'engagements à vue et à court terme ; ses arrérages devaient peser lourdement sur nos budgets et il s'y ajoutait la charge des pensions civiles et militaires. L'œuvre de reconstitution nationale exigeait de longs efforts de travail et d'épargne. Il fallait se préoccuper en premier lieu d'assurer notre essor économique, en réparant nos routes et nos voies ferrées, en agrandissant nos ports, en améliorant nos services postaux, télégraphiques et téléphoniques, et en réalisant, en un mot, tous les progrès indispensables au développement de notre agriculture, de notre industrie et de notre commerce.

Tout le monde reconnaissait et affirmait que nous ne pourrions venir à bout des difficultés qui nous assaillaient que par des efforts de production ayant pour but de créer des richesses nouvelles susceptibles de remplacer les richesses détruites par le conflit mondial. Pour restaurer les finances publiques et fortifier le crédit de l'État, dont le crédit public est solidaire, il n'existait pas d'ailleurs d'autre méthode que d'accroître notre puissance de production et nos bénéfices, afin de pouvoir supporter sans fléchir de plus lourds impôts. Mais ces vérités essentielles ne tardaient pas à être méconnues. Au moment même où retentissait de toutes parts « l'hymne à la production », le Parlement n'avait pas hésité à diminuer la durée légale du travail, en la limitant à huit heures par jour. Il croyait ainsi mettre fin à l'agitation syndicaliste. Sans doute, la hausse du niveau général des prix devait entraîner une augmentation correspondante des salaires ; mais il importait avant tout que la production pût s'accélérer. Or, en réduisant la durée du travail quotidien, à l'heure où se faisait sentir un besoin de détente, après les angoisses de la guerre, et où déferlait une « vague de paresse », on mettait certaines industries, comme celle des chemins de fer, dans l'impossibilité de se réorganiser aussi vite que l'exigeait la situation économique.

Loin d'empêcher les grèves de se propager, le vote de la loi dite des huit heures ne fit que les encourager. Dès le 21 janvier 1919, éclatait la grève des transports parisiens, bientôt suivie, après la manifestation violente du 1ᵉʳ mai, de celles des employés de banques et des grands magasins, des métallurgistes, des mineurs, des électriciens, des blanchisseurs, des garçons de café, des typographes, etc. La victoire nous avait d'ailleurs grisés. A quoi bon faire de nouveaux efforts de travail et d'épargne ? On proclamait sans cesse que les « Allemands payeraient », qu'il ne serait pas nécessaire de créer de nouveaux impôts pour équilibrer le budget.

On songeait bien moins encore à réduire le montant effroyable des dépenses publiques qui fut plus élevé au cours

de l'exercice 1919 que pendant la dernière année de guerre.
Le budget ordinaire des services civils, qui ne fut voté
qu'au mois d'août et après huit douzièmes provisoires, comportait des crédits de 10.431 millions ; mais les prévisions
de dépenses militaires et de dépenses exceptionnelles des
services civils dépassaient 30 milliards et il s'y ajoutait les
déficits des comptes spéciaux, des crédits additionnels et
tant d'autres. Les dépenses de l'exercice 1919 devaient
atteindre d'ailleurs près de 55 milliards, tandis que les
recettes normales ne devaient s'élever qu'à 11.627 millions.
On dilapidait des milliards en prébendes électorales : primes
de démobilisation, allocations aux familles qui avaient perdu
leur fils à la guerre, aux réfugiés de tous les pays et à tous
ceux qui, restés dans la zone des armées, s'étaient enrichis
en exploitant les soldats du front ; vente du pain au-dessous
de son prix de revient ; échange des marks, en Alsace-
Lorraine, contre des francs au taux de 1,25, alors que
l'unité monétaire allemande était à peine cotée 80 centimes
à la Bourse de Genève ; accroissement des traitements et
des pensions ; maintien de tous les services nouveaux créés
pendant la guerre ; etc.

C'est en vain que le Sénat s'alarmait du déficit croissant,
du désordre des finances publiques. Les gaspillages continuaient, et la Trésorerie se trouvait aux prises avec des
embarras croissants. Pour faire face à ses payements, elle
avait dû faire appel aux avances de la Banque de France
qui, de 17.150 millions au 26 décembre 1918, s'étaient élevées, un an plus tard, à 25.500 millions, en augmentation
de 8.350 millions. Les émissions de bons à court terme se
poursuivaient ; aucun emprunt de consolidation n'était préparé. Dans cette seule année 1919, la dette publique devait
s'accroître de 47 milliards. Les ressources générales de la
Trésorerie, entièrement dépensées au cours de l'exercice et
dont le montant exact n'a point encore été établi, ont été
évaluées aux sommes que voici :

Obligations du Crédit National (net)	3.960.000.000 francs.
Obligations des Chemins de Fer de l'État (net)	654.663.000 —
Bons de la Défense Nationale (net) .	23.805.332,000 —
— du Trésor (environ)	1.214.845.000 —
Obligations de la défense nationale (net)	433.833.000 —
Avances de la Banque de France et de la Banque d'Algérie . .	8.370.000.000 —
Emprunts extérieurs (en francs au pair)	6.368.689.000 —
Produits des impôts	11.627.491.000 —
Total	56.434.853.000 francs.

La plupart de ces chiffres purement statistiques n'ont pu être contrôlés par les services désorganisés de la Comptabilité publique. On s'est aperçu plus tard que, en ce qui touche les émissions de bons de la D. N., il s'était glissé des erreurs de plusieurs milliards. A peine réalisées, les ressources du Trésor s'épuisaient et il fallait sans cesse imaginer de nouveaux procédés d'emprunts. Il n'y avait plus qu'un fantôme de budget et l'on s'habituait à vivre au jour le jour, à persister dans l'illusion que l' « Allemagne paierait », bien que sa propre débâcle diminuât sans cesse sa capacité de payement.

L'incertitude que le Traité de Versailles avait fait peser sur le montant des dommages de guerre n'était point en effet de nature à encourager l'Allemagne à remettre en ordre ses finances délabrées. C'est en vain que, dès juillet 1919, Erzberger avait sonné l'alarme et dénoncé, comme autrefois Mirabeau, les périls de la hideuse banqueroute. Pour l'éviter, il fallait sans délai équilibrer le budget et commencer l'amortissement de la dette publique. La contribution extraordinaire de guerre qui devait frapper la richesse acquise pendant la guerre et le *Notopfer*, que le ministre allemand appelait un « sacrifice pour la détresse de l'Empire », s'appliquant à l'ensemble des capitaux mobiliers et immobiliers, fut loin de produire les ressources espérées. Le déficit budgétaire était comblé à l'aide d'emprunts à la *Reichsbank* sous forme d'escomptes de bons du Trésor. Au fur et à mesure que s'accroissaient ainsi les sorties de billets, la hausse des changes et des prix suivait la même marche ascendante. Au lendemain de l'armistice de novembre 1918, le montant des bons du Trésor allemand en circulation s'élevait à 50 milliards de marks, et il s'y ajoutait 8 milliards de bons des caisses de prêt ; la masse du papier-monnaie était huit fois supérieure à celle de l'avant-guerre et la perte au change s'élevait à 40 p. 100. Dès le mois de janvier 1920, le mark, dont le pair s'élevait à 23,82, n'était plus coté à New-York que 1,645 cents ; la circulation totale de la *Reichsbank*, des caisses de prêts et des billets du Trésor atteignait 50.004 millions de marks et l'indice des prix de gros accusait déjà 1.256 par rapport au nombre 100 en 1913. Comment cette dépréciation continue du mark, qui devait se poursuivre jusqu'à la faillite monétaire, aurait-elle pu permettre à l'Allemagne de s'acquitter de ses obligations envers les alliés et de leur verser 20 milliards de marks-or à l'échéance, fixée par le Traité de Versailles, du 1er mai 1921 ? Son insolvabilité devenait de plus en plus évidente et il était chimérique de supposer qu'elle ferait honneur à sa signature.

La gestion financière de la XII° législature.

La nouvelle Chambre, élue le 16 novembre 1919, ne devait pas tarder à perdre les illusions que la victoire militaire avait fait naître. Réunie le 8 décembre suivant, elle ne songea tout d'abord qu'à l'élection présidentielle qui devait suivre les élections sénatoriales du 11 janvier 1920. Le projet de budget de 1920 ne fut déposé qu'après l'ouverture de l'exercice, le 13 janvier 1920 et ne devait être voté, après sept douzièmes provisoires, que le 31 juillet suivant. Le budget des dépenses ordinaires comportait des crédits de 17.861

millions qui ne pouvaient être couverts que jusqu'à concurrence de 9.368 millions par des recettes normales. Les dépenses dites extraordinaires s'élevaient à 7.368 millions ; elles étaient compensées par le produit éventuel de la liquidation des stocks de guerre évaluée à 3 milliards, le déficit de 4.586 millions devant être comblé par l'emprunt. D'autre part, il était établi un « compte des dépenses recouvrables sur les versements à recevoir en exécution des traités de paix », dont les crédits atteignaient 24.089 millions et demi. Ce compte spécial devait, en vertu de la loi du 31 juillet 1920, changer de nom et s'appeler le « budget spécial des dépenses recouvrables ».

Pour faire face aux dépenses de l'exercice 1920, il était donc à prévoir des emprunts dépassant 35 milliards, en admettant même que les crédits proposés pour les trois budgets ne fussent pas dépassés. Dans son exposé des motifs, le ministre des Finances reconnaissait d'ailleurs que « l'exécution financière des traités de paix » nécessiterait certains délais. Il était donc impossible « d'inscrire en recettes, au compte des dépenses recouvrables, en exécution des traités de paix, des prévisions de recettes pour 1920 ». Il ne disait plus, comme avant les élections, que « l'Allemagne paierait », mais il déclarait que la France devait trouver « en elle-même les ressources nécessaires pour subvenir aux dépenses qu'elle ne peut différer sans se condamner à la ruine ». Il ajoutait : « C'est à la contribution volontaire, patriotique et, au surplus, rémunérée par un intérêt équitable, que nous nous adressons en réalisant l'équilibre du compte des dépenses recouvrables par des appels au crédit... Jamais recours à l'emprunt ne fut plus justifié... »

Mais en attendant que les clauses financières du traité de Versailles fussent exécutées — et elles ne devaient l'être pour une faible part qu'à partir de 1924-1925 —, il devenait indispensable de créer des ressources fiscales nouvelles, ne fût-ce que pour assurer le paiement des arrérages des

emprunts à contracter. La loi du 25 juin 1920 créa un
ensemble de taxes dont le produit était évalué à 7.752 millions.

Après l'élection de Paul Deschanel à la Présidence de la
République, le 17 janvier 1920, le cabinet Clemenceau
donna sa démission et fut remplacé par le cabinet Millerand,
dont M. François-Marsal était ministre des Finances. La
Commission des Finances de la Chambre, présidée par
M Raiberti, réclamait impérieusement des économies. Le
nouveau ministre lui en apporta quelques-unes dans son
projet rectifié du 12 avril 1920 : le total des dépenses était
réduit, sur le papier, à 44.789 millions. Mais les « comptes
spéciaux » du Trésor exigeaient, en outre, des ressources
d'environ 4.500 millions et diverses dettes extérieures,
notamment l'emprunt Anglo-Français contracté en 1915
aux États-Unis, venaient à échéance au cours de l'exercice.

Au surplus, le projet du budget de 1920 devait subir de
nouvelles modifications. Il comportait, après son vote par
les deux Chambres, les crédits que voici :

Budget ordinaire. . . . . 21.761 millions.
    --- extraordinaire . . . . 5 420 —
    — spécial des dépenses recou-
vrables . . . . 20.751 —
            Total . . . . 47.932 millions.

Mais, au cours de l'exercice, il fallut voter des crédits
nouveaux qui en portèrent le total à 52.064 millions, sans
compter le déficit des comptes spéciaux et le remboursement des dettes extérieures. En faisant le total des ressources générales de la Trésorerie entièrement dépensées
en 1920, on aboutit aux résultats suivants :

Ressources d'emprunts. . . . . 38.820 millions.
Recettes et impôts. . . . . 19.122 —
        Total . . . . 57.943 millions.

Cette somme formidable de près de 58 milliards est,

comme on le voit, encore supérieure à celle de l'année
1919, dont nous avons évalué les dépenses à 56.200 millions
environ en nous servant de la même méthode de calcul [1],
mais il y a lieu de tenir compte de la dépréciation de la
monnaie.

Les emprunts.

Obligée de faire face à des décaissements aussi considérables, la Trésorerie a dû recourir aux procédés les plus
variés pour se procurer de l'argent, ce qui ne l'a pas empê-
chée d'éprouver, à certaines périodes de l'année 1920, les
plus sérieux embarras. Au 31 décembre 1919, le montant
des bons du Trésor et de la D. N. s'élevait à près de 48 milliards [2], les avances de la Banque de France atteignaient
25.835 millions et le maximum, fixé par les dernières Conventions à 27 milliards, ne laissait donc plus au Trésor
qu'une marge de 1.165 millions. Il était impossible de différer l'émission d'un emprunt consolidé qui fut autorisé par
la loi du 30 décembre 1919.

Ce cinquième emprunt était émis au pair en rentes
5 p. 100 amortissables par tirages semestriels, en 60 années,
à raison de 150 francs pour 100 francs de capital nominal. Les
souscriptions eurent lieu du 19 février au 20 mars 1920.
Une propagande fort habile en favorisa le succès : les
souscriptions en numéraire atteignirent 7.035 millions ;
8.799 millions en bons de la D. N. et en bons du Trésor
ordinaires furent convertis en rentes nouvelles. En ajoutant

1. Les chiffres accusés par l'inventaire de la situation financière
de la France au début de la treizième législature (distribué en
décembre 1924) sont un peu différents des nôtres; il faut d'autant
moins s'en étonner que les comptes définitifs des budgets de 1919 et 1920
n'ont pas encore été dressés et que les situations provisoires sont
sans cesse rectifiées. Quoi qu'il en soit, l'inventaire de 1924 évalue
les dépenses totales de 1919 à 54,2 milliards et celles de 1920, à
58,1 milliards (page 21).

2. Ce chiffre est d'ailleurs inexact. Nous expliquons plus loin que
des erreurs graves se sont produites dans la comptabilité des bons à
court terme et qu'elles n'ont été rectifiées qu'à partir de 1923.

à ces chiffres le montant de diverses autres valeurs du Trésor acceptées en payement, on aboutit à un total de rentes de 15.940 millions en capital. Toutefois la circulation fiduciaire n'a pour ainsi dire pas varié en février 1920 et la moyenne des avances de la Banque de France à l'État s'est même augmentée de 500 millions en mars. Qu'étaient devenus les 7.085 millions versés en numéraire ?

Une partie de ces versements avait été sans doute opérée par des prélèvements sur les dépôts à terme effectués dans les caisses du Trésor, sous forme de remboursements de bons venus à échéance. L'autre partie avait servi aux paiements de l'État; les billets de banque sortaient donc des caisses du Trésor aussitôt qu'ils y étaient rentrés. En sorte que, après l'émission des rentes 5 p. 100 amortissables 1920, la situation du Trésor ne s'était nullement améliorée et que, à peine cet emprunt était-il clos, il fallait en préparer un autre qui eut lieu du 20 octobre au 30 novembre suivants.

Émises au pair, les nouvelles rentes 6 p. 100 offraient des avantages nouveaux. Les souscripteurs pouvaient se libérer non seulement par des versements en numéraire et en bons et obligations de la D. N., mais en titres des précédents emprunts en rentes 3,50 p. 100 amortissables, 5 p. 100 1915 et 1916, 4 p. 100 1917 et 1918 et même 5 p. 100 amortissables. Les versements en numéraire s'élevèrent à 11.278 millions ; les versements en bons et obligations, à 4.506 millions et le reste en conversions d'anciennes rentes, ce qui portait le total de l'émission à 28.088, 8 millions en capital. Mais la même remarque doit être faite en ce qui concerne les résultats de l'emprunt en rentes 6 p. 100 qu'en ce qui concerne les résultats de l'emprunt en 5 p. 100 amortissable. La moyenne des avances de la Banque de France à l'État n'a guère varié en octobre, novembre et décembre 1920 : elle est restée stationnaire à 26.600 millions. Par conséquent, le numéraire employé aux souscriptions a été prélevé par des remboursements de bons ou dépensé au fur et à mesure qu'il était versé au Trésor. Toutefois la circulation fiduciaire avait un peu baissé et revenait à peu près, en décembre 1920, à la moyenne de 37.921 millions du mois de juin précédent.

Harcelé par ses échéances, le Trésor avait d'ailleurs accordé aux souscriptions anticipées à l'emprunt 6 p. 100, qui pouvaient avoir lieu dès le 25 août 1920, des intérêts complémentaires de 5,75 p. 100 l'an, à compter du lendemain de la souscription jusqu'au 30 novembre 1920. En souscrivant dès le 25 août, on percevait donc des intérêts de 5,75 pendant plus de trois mois. Cette combinaison avait évidemment pour but d'attirer des souscriptions aussi rapides que possible, afin de faire face à la crise de Trésorerie qui se produisait, comme toujours, pendant la période de vacances, en raison de la diminution du rendement des bons de la D. N. et du produit des impôts. Elle ne suffit cependant pas pour assurer l'échéance de la fin de septembre et, afin de se procurer des disponibilités urgentes, le ministre des Finances dut prier les grandes banques de faire au Trésor une avance d'un milliard à valoir sur les souscriptions à l'emprunt. Cette demande, qui n'offrait aucun danger, fut naturellement agréée, et c'est ainsi que le Trésor put traverser la crise du mois de septembre 1920.

Le mécanisme de la trésorerie.

La gestion financière qui suivait l'armistice ressemblait donc, à s'y méprendre, à celle qui avait été pratiquée au cours des hostilités. Sans doute, la loi du 25 juin 1920 avait créé des ressources fiscales nouvelles qui avaient permis d'accroître le produit des impôts; les recettes budgétaires se sont élevées, en 1920, à 20,1 milliards contre 11,6 milliards en 1919. Mais le déficit n'en est pas moins resté considérable : de 42,6 milliards en 1919, il ne s'est abaissé, en 1920, qu'à 38 milliards pour diminuer ensuite, il est vrai, progressivement jusqu'en 1924.

Le rôle de la Trésorerie a donc consisté à émettre des

emprunts à jet continu pour se procurer ce qu'on appelle des « ressources exceptionnelles », sauf à payer de plus en plus cher l'argent qu'on lui prêtait et à grever le budget de charges d'intérêts croissantes. On sait d'ailleurs que les services du Trésor avaient subi, depuis le mois de septembre 1914, une complète transformation. Ils étaient déjà, avant la guerre, distincts des services du budget et l'on profitait parfois de cette division arbitraire pour laisser en dehors des crédits normaux certaines dépenses, sous prétexte qu'elles constituaient une charge spéciale du Trésor. Mais comme, d'ordinaire, la presque totalité des crédits annuels figurait dans la loi de finances, il n'en résultait pas de sérieux inconvénients.

Dans d'autres pays, les services du budget et du Trésor sont, au contraire, confondus, ce qui permet une gestion plus saine et plus claire des finances de l'État. [En Angleterre, le ministère des Finances s'appelle la Trésorerie (Treasury) et son chef unique est le Chancelier de l'Échiquier. Assisté de plusieurs secrétaires généraux permanents et largement rémunérés (leur traitement s'élève à 2.000 livres sterling par an) et d'un petit nombre de commis, le ministre du Trésor prépare le budget annuel où doivent figurer obligatoirement tous les crédits affectés aux services publics de quelque nature qu'ils soient. Sa mission se borne ensuite à répartir, chaque mois, les crédits votés par le Parlement entre les divers départements ministériels, y compris le sien ; mais il doit soumettre ses propositions à l'approbation du Contrôleur et Auditeur général qui s'assure, avant de donner son visa, de leur régularité et qui le refuserait, s'il s'apercevait que les crédits réclamés dépassent le montant autorisé par la loi de finances. Ce contrôle préalable une fois opéré, l'Auditeur général fait virer au compte du Payeur général, sur les livres de la Banque d'Angleterre, les sommes nécessaires à ses décaissements mensuels. De la sorte, les entrées et les sorties des deniers publics peuvent être connues à tout instant et la Trésorerie est en mesure de publier, chaque semaine, l'état des recettes et dépenses publiques [1].

La Trésorerie fonctionne, en France, d'une tout autre manière et ses états de paiement ne sont pas publiés à des intervalles réguliers. Selon l'excellente et claire définition de Léon Say, le « Trésor n'est pas seulement le réservoir où viennent converger toutes les recettes de l'État en attendant leur emploi »; il est aussi « une banque immense qui prépare les fonds de tous les budgets et alimente, outre les services budgétaires, les nombreux services spéciaux et extraordinaires dont les ressources sont parfois bien inférieures aux charges qu'on leur fait supporter. Cette banque s'alimente avec le produit des ressources du budget, incessantes ou périodiques, comme une récolte annuelle de fruits ; en cas d'insuffisance, elle a recours à l'emprunt sous les formes les plus variées. Quand le besoin s'en fait sentir, elle met sa signature en circulation et négocie des valeurs. »

Depuis la guerre, le rôle du Trésor s'est naturellement élargi dans des proportions considérables. Il a mis sans cesse sa signature en circulation et il a négocié des valeurs de toute nature : rentes perpétuelles ou amortissables, bons et obligations à échéance plus ou moins longue. Enfin, ce qui était surtout dangereux, il s'est transformé en une véritable banque de dépôts ; il a attiré dans ses caisses les réserves de l'épargne et même une large part des disponibilités des sociétés financières et industrielles. Mais, en s'assurant ainsi d'énormes ressources, le Trésor a nécessairement contracté de lourdes obligations. Il s'est engagé, en effet, à rembourser, à des dates fixées d'avance, les bons à court terme qui n'étaient pas renouvelés et à faire honneur aux chèques ou aux mandats de virement tirés sur les dépôts à vue effectués dans ses caisses. La politique de la Trésorerie, exposée dans notre préface, n'en était pas moins commandée par les événements. Elle constituait le seul

1. Nous avons expliqué ce mécanisme dans notre volume sur les *Finances britanniques* (Librairie du recueil Sirey. Paris, 1926).

remède à des emprunts continus à la circulation qui, à aucun moment, n'ont été considérés par les hauts fonctionnaires placés à la tête du Mouvement général des Fonds comme un procédé normal d'approvisionnement des caisses publiques,

Sous un régime d'instabilité monétaire, économique et politique, la situation du Trésor peut se modifier de jour en jour et créer les plus sérieux embarras. Les fonds déposés dans ses caisses seront plus ou moins abondants selon que l'activité économique sera plus ou moins grande. En période de dépression et de baisse des prix, il recevra, en dépôts à vue et à terme, toutes les disponibilités qui n'ont pas trouvé à s'employer dans les entreprises commerciales, industrielles ou agricoles. L'excès de circulation, provoqué par les décaissements continus du Trésor, se résorbe par des souscriptions à ses emprunts à terme plus ou moins long et par un accroissement des dépôts à vue. Par contre, en période de hausse des changes et des prix, le Trésor est obligé de rembourser une partie des dépôts qui lui ont été confiés et, s'il n'a pas pris, ou n'a pas pu prendre, la précaution de s'assurer des réserves, il devra faire appel à de nouvelles avances de la Banque d'émission.

C'est ce qui s'est produit au cours de l'exercice 1919 et ce qai a failli se produire en 1920. La hausse des prix, qui sévissait partout et poussait à une production intensive, avait déclenché, au printemps de 1920, une crise économique mondiale, suivie de liquidations des stocks, de faillites et de chômages. Si cette crise n'avait pas pris en France les mêmes proportions qu'à l'étranger, c'était en raison des travaux considérables de reconstitution des régions libérées et de l'outillage économique dont le Trésor faisait d'ailleurs tous les frais. Mais la baisse des prix avait fini par succéder à la hausse à partir des mois de juin et juillet 1920; par suite, le phénomène inverse avait pu se manifester par un abaissement de la circulation et un accroissement des souscriptions aux bons à court terme.

Les cours du change étranger ont toutefois continué à monter pendant l'année 1920. Notre commerce extérieur, dont les importations ont atteint près de 50 milliards et les exportations 27 milliards, laissait par conséquent un déficit de 23 milliards. Il fallait donc nous procurer des devises étrangères par nos propres moyens, puisque nos crédits extérieurs étaient épuisés et que les armées alliées avaient quitté notre territoire. Mais l'affluence des étrangers, venant visiter nos champs de bataille, nous procurait des moyens de change appréciables. D'autre part, les francs échangés contre des devises étrang'res, pour payer nos importations, ne passaient évidemment pas la frontière ; ils restaient en France sous forme de dépôts dans les banques pour compte étranger et ces dépôts se transformaient, à leur tour, en placements productifs d'intérêts, notamment en bons du Trésor à court terme, ce qui revient à dire que, après avoir été versés par les importateurs aux vendeurs de change, ils retournaient dans les caisses du Trésor. Il en résulte que la circulation fiduciaire ne s'est augmentée que pendant la période qui a précédé l'émission des rentes 6 p. 100 et qu'elle est revenue, en fin d'année et après le succès de ce dernier emprunt, au même niveau qu'au début de l'exercice. En outre, les ressources de l'épargne, augmentées des bénéfices réalisés par la production et par le commerce, étaient assez abondantes pour venir en aide au Trésor. Mais, comme par le passé, le produit des emprunts sortait des caisses du Trésor aussitôt qu'il y était entré ; il était même parfois dévoré d'avance, par exemple à l'automne de 1920 où le ministre des Finances demandait aux sociétés de crédit des versements anticipés sur l'emprunt en rentes 6 p. 100.

Les dépôts effectués dans les banques pour compte étranger constituent, il est vrai, pour notre devise, un danger permanent. Ils peuvent être rapatriés à chaque instant et provoquer ainsi des achats de monnaies étrangères qui en font nécessairement monter les cours ou, ce qui est la même chose, baisser les cours du franc. Il ne faut donc pas s'étonner des mouvements désordonnés du change en 1920 ; la livre sterling atteindra le cours moyen de 63,93 en avril et le dollar, 16,25, au lieu de 43,16 et 11,74 en janvier.

A partir du troisième trimestre 1920, les effets de la crise économique s'accentuent et les cours des devises étrangères fléchissent pour remonter ensuite à la fin de l'année. La circulation de la Banque de France continue à s'accroître jusqu'en novembre, pour diminuer ensuite en décembre. L'État se livre à d'énormes dépenses et opère des sorties de billets considérables. Au surplus, la réduction de la circulation ne s'opère que lentement; il s'écoule un certain délai entre la période de baisse des prix et celle de la diminution de la circulation ; ayant à faire face à de lourdes échéances et redoutant une restriction des crédits ouverts par les banques, les commerçants conservent une quantité de billets plus grande ou des comptes courants créditeurs plus élevés qu'il ne serait nécessaire en temps normal. Mais, si la thésaurisation des billets prive le Trésor de certaines ressources, en diminuant le montant des dépôts à terme effectués dans ses caisses, il n'en est pas de même des dépôts en comptes courants conservés dans les sociétés de crédit qui les placent dans la plus large mesure possible en bons du Trésor à court terme.

Le circuit rapide des billets de banque sortis des caisses de l'institution d'émission, puis des caisses de l'État pour y revenir ensuite, explique, en fin de compte, pourquoi, au cours d'un exercice aussi chargé, le Trésor a pu solder des dépenses aussi élevées sans éprouver de sérieux embarras, sauf vers la fin de l'année où ils ont d'ailleurs assez vite cessé.

La crise économique et la baisse des prix, qui s'accroissaient à partir du second semestre de 1920, ont eu pour effet de donner à la Trésorerie une aisance de plus en plus grande. L'indice des prix de gros, qui avait atteint son maximum au mois d'avril, commence à fléchir en mai. En prenant pour

base le nombre 100 au quatrième trimestre de 1914, on
s'aperçoit, en effet, que l'indice 566 du mois d'avril tombe à
520 en mai, à 474 en juin pour descendre à 418 en décembre.
Le mouvement de baisse continuera à s'accélérer au cours
de l'année 1921 et la circulation fiduciaire baisserait assez
rapidement si, par ailleurs, le montant des dépenses de
l'État n'avait pas pour effet d'en maintenir le niveau pendant
une certaine durée.

Il résulte des chiffres provisoires publiés par les services
du budget que, en 1921, les dépenses ont atteint 51,1 milliards
et les recettes fiscales 23,1 milliards. Le déficit de 28 milliards n'a donc pu être couvert que par des emprunts dont
les émissions ont été d'autant plus aisées que la baisse des
changes et des prix avait créé des disponibilités abondantes.
Un emprunt en bons du Trésor 6 p. 100 à deux ans (au taux
réel de 6,28 p. 100) a procuré, en mai-juin 1921, 5.495 millions d'argent frais, déduction faite de 170 millions représentant le premier coupon payé d'avance ; un second emprunt.
émis, en octobre-novembre, par le Crédit National, sous
forme d'obligations 6 p. 100 à lots (au taux réel de 6,52 p. 100),
a donné un produit de 1.820 millions en numéraire et de
1.140 millions versés en bons de la D. N., soit au total
7.315 millions. Le complément du déficit de 1921 a dû, par
conséquent, être couvert par des avances de la Banque de
France dont le montant a été d'ailleurs résorbé assez vite
par l'émission à jet continu des bons à court terme ; le total
de la circulation des bons s'est ainsi largement accru au
cours de l'exercice 1921. On n'en connaît pas le chiffre exact
et on ne le connaîtra même jamais en raison des erreurs commises dans le passé et qu'expliquent les complications de la
comptabilité des bons de la D. N. Les émissions ont lieu
aux guichets d'une quarantaine de milliers de caisses
publiques, des sociétés de crédit et de plusieurs catégories
d'intermédiaires, agents de change, notaires, etc... Les
émetteurs ont à tenir compte des remboursements ou des
renouvellements de bons venant à échéance et de la diffé-

rence des intérêts payés d'avance pour les bons à trois mois, six mois et un an. L'insuffisance du personnel des Trésoreries générales ne permettait pas de procéder au contrôle assidu des comptables si nombreux qui étaient à la fois inexpérimentés et surchargés de besogne.

L'inspection des finances s'est aperçue, en janvier 1921, que le montant de la circulation des bons devait être diminué d'au moins 7 milliards et ce n'est qu'à la fin de 1922 que les services de la comptabilité publique ont réussi à établir des chiffres exacts.

En dépit de l'énormité des dépenses de l'État, les ressources du Trésor étaient toutefois assez élevées pour qu'il pût exécuter, à la fin de l'exercice 1921, les clauses de la Convention conclue avec la Banque de France et approuvée par la loi du 17 juillet 1920. Cet accord fixait à 2 milliards par an l'amortissement de la dette de l'État envers l'institut d'émission. L'amortissement s'effectuait par une diminution du montant des avances. Le maximum de ces avances, étant de 27 milliards, fut ainsi abaissé à 25. Par contre, le Trésor était crédité du montant du compte spécial de réserve et d'amortissement qui figurait au passif de la Banque de France (au bilan du 29 décembre 1921) pour une somme de 1.263 millions. Ouvert en exécution des articles 2 et 3 de la Convention du 26 octobre 1917, ce compte spécial était alimenté par le remboursement fait à l'État de la plus large part des intérêts de 3 p. 100 affectés aux avances de la Banque de France un an après la fin des hostilités. Il en résultait que, en fin d'année, la plus grande partie des intérêts payés par le Trésor à la Banque était affectée à l'amortissement de sa dette.

La Convention de 1920 a fait plus tard l'objet d'ardentes discussions. Il était imprudent, disait-on, de s'engager d'avance à réduire, chaque année, de 2 milliards le montant des avances à l'État. Cette réduction ne serait possible que si le Trésor pouvait conserver à son crédit une marge suffisante pour faire face à des paiements dont il était même incapable de prévoir le chiffre. A la fois banquier de l'État et dépositaire des réserves de l'épargne, il pouvait, à chaque instant, être exposé à des décaissements inattendus causés soit par le déficit du budget, soit par les remboursements de bons à court terme[1].

La Banque de France répondait, à son tour, que la limitation des avances était un frein nécessaire aux prodigalités de l'État et que la réduction progressive du montant de sa dette permettrait seule de revenir à un régime de saine monnaie. L'inflation fiduciaire, provoquée par les besoins du Trésor, avait produit dans l'économie nationale des bouleversements dangereux : la hausse des changes et des prix en avait été la conséquence et, pour en atténuer les périls, ou tout au moins pour ne pas les aggraver, il était indispensable que le Trésor fît tous ses efforts pour réduire sa dette envers la Banque de France, comme il en avait pris d'ailleurs l'engagement formel dès le début de la guerre[2].

Pour que l'État pût tenir ses promesses, il fallait qu'il en eût le moyen, en s'appliquant, au cours de l'exercice, à obtenir un excédent de ressources suffisant pour rembourser la Banque de France. Il avait pu, en 1921, et grâce à l'abondance des souscriptions aux bons à court terme, diminuer de 1.650 millions sa dette qui s'élevait à 26.250 millions au 6 janvier ; le montant des avances s'était ensuite abaissé à 24.600 millions le 29 décembre. Comme, d'autre part, le compte d'amortissement affecté au remboursement de la dette s'élevait à 1.264 millions, il avait semblé possible de consentir à une réduction des avances fixée à 2 milliards. Il est toutefois à remarquer que cette politique exposait à certains risques le banquier de l'État ; elle avait pour effet de diminuer les disponibilités du Trésor au moment même où,

1. Cette opinion est exposée en détail dans notre préface.

2. Dans le dernier discours qu'il a prononcé avant sa mort, Alexandre Ribot a déclaré que l'État aurait dû se borner à rembourser à la Banque le montant du compte spécial d'amortissement affecté à la réduction des avances.

par ses émissions de bons, il venait d'accroître la somme de
ses exigibilités.

Cette politique de remboursement des avances pourrait-
elle être poursuivie dans l'avenir? Oui, mais à la condition
que le Trésor cessât de vivre d'emprunts continus qui le gre-
vaient de charges d'intérêts croissantes et dont le produit
était toujours incertain. Si, à la période de dépression économique et de baisse des prix succédait une période plus
active et qui se traduirait par un mouvement de hausse du
niveau général des prix, comment le Trésor pourrait-il à la
fois rembourser à ses déposants à vue ou à terme les sommes
qu'il leur devait et diminuer sa dette envers la Banque de
France ? Il n'en savait d'ailleurs absolument rien et il vivait
au jour le jour. Le budget ordinaire des dépenses ne comportait même pas les crédits nécessaires à la réduction des
avances de la Banque de France ; son équilibre était toujours
menacé par la hausse des changes et des prix, c'est-à-dire
par les variations incessantes de la valeur de l'unité monétaire. En ce qui concerne le second budget des dépenses
dites « recouvrables », bien qu'elles ne le fussent pas, il
n'était alimenté que par des ressources exceptionnelles
d'emprunts qui s'épuisaient dès qu'elles avaient pu être réalisées avec plus ou moins de facilité. On bouchait un trou,
selon l'expression populaire, pour en ouvrir un autre ; la
dette s'enflait à vue d'œil et l'on prélevait même parfois sur
les emprunts nouveaux les arrérages des anciens, ce qui
était le pire des expédients.

La situation financière au début de l'exercice 1922.

Loin de s'améliorer depuis l'armistice, la situation financière n'avait donc cessé de s'aggraver, et le regretté M. Léon
Bourgeois ne fit que traduire le sentiment général lorsqu'il
prononça, en janvier 1922, un éloquent discours, en prenant
possession de son fauteuil de Président du Sénat.

Nous devons, disait-il, prendre l'engagement d'honneur de
ne pas nous écarter de la voie désormais tracée :

Compression des dépenses, non seulement par une rigoureuse recherche des réductions réalisables dans chaque service, mais par la réforme hardie des cadres et des méthodes
de l'administration, dans un esprit de simplification et de
décentralisation véritables.

Organisation de la responsabilité à tous les degrés dans
tous les services publics, le fonctionnaire étant fait pour la
fonction et non celle-ci pour le fonctionnaire.

Remise en ordre d'une comptabilité publique que la guerre
et l'excès des services temporaires de toute nature avaient
bouleversées.

Utilisation de toutes les réserves, de tous les biens inem-
ployés de l'État, de ces immeubles inoccupés dont on n'a pas
même dressé l'inventaire prescrit par la loi.

Restauration des services d'assiette et de perception, afin
de porter à leur plein rendement l'impôt sur le revenu et
l'impôt sur le chiffre d'affaires.

Répression impitoyable des fraudes, des abus et privilèges
de toute nature.

Enfin et surtout, refus absolu de continuer la politique des
emprunts à jet continu, qui est la pire de toutes les méthodes,
qui dissimule au pays sa situation véritable, lui inspire une
confiance sans raison et lui prépare, au fond d'un gouffre, le
plus cruel des réveils.

Voilà nos impérieux devoirs.

Messieurs, il ne faut voir aucun pessimisme dans mes paroles.
Elles sont graves, mais le contrôle financier est le devoir
essentiel du Parlement; c'est la condition suprême de la prospérité et de la sécurité intérieure d'une démocratie. Nous ne
devons jamais oublier que c'est par les crises fiscales et financières que se sont, en tous pays et en tous temps, annoncées
les révolutions.

Ce programme de bon sens et de salut, dont l'affichage
avait été voté par le quasi-unanimité des membres du
Sénat, fut malheureusement loin d'être appliqué par le
cabinet Poincaré qui avait remplacé, le 15 janvier, le
cabinet Briand. Son chef avait mieux aimé prendre le portefeuille des Affaires Étrangères que celui des Finances. Il
s'était montré hostile à la politique extérieure de son prédécesseur qui, à son avis, n'était pas assez ferme vis-à-vis
de l'Allemagne dont tous les efforts tendaient à se dérober
aux justes obligations que lui imposait le Traité de Versailles. M. Raymond Poincaré avait le dessein bien arrêté

de l'y contraindre, ce qui était fort légitime ; mais peut-être
n'envisageait-il pas le côté technique du problème des
réparations avec la même clairvoyance. Il suffisait cependant de se rendre compte de la situation financière et monétaire de l'Allemagne pour s'apercevoir que sa capacité de
paiement ne cessait de diminuer. Elle n'avait ni la volonté
d'équilibrer ses budgets ni le courage de mettre fin à une
inflation continue. Sans doute, elle avait dû accepter les
conditions que lui imposait l'état des paiements arrêté,
le 28 avril 1921, par la Commission des réparations et qui
fixait le montant de sa dette envers les alliés à 132 milliards
de marks-or. Mais si elle avait cédé, le 5 mai, à l'ultimatum
de Londres, elle n'avait nullement le dessein d'exécuter
les clauses du nouvel état des paiements.

La modalité de ces paiements consistait à mettre à la
charge de l'Allemagne les intérêts et l'amortissement de
trois séries d'obligations. Les deux premières séries A et B
de ces obligations s'élevant ensemble à 50 milliards de
marks-or devaient être émises, au plus tard, le 1ᵉʳ novembre
1921 ; mais la troisième série C, d'un montant de 82 à
85 milliards, ne serait émise que plus tard et au fur et à
mesure que les versements de l'Allemagne paraîtraient suffisants pour assurer le service des intérêts et de l'amortissement d'une tranche plus ou moins élevée des obligations
de cette dernière série. Un nouvel organisme, le « Comité
des garanties », devait surveiller l'application des mesures
destinées à assurer le paiement d'une annuité fixe de
2 milliards de marks-or et d'une annuité mobile égale à
26 p. 100 du produit des exportations allemandes, sans être
autorisé, il est vrai, « à intervenir dans l'administration
des services fiscaux de l'Allemagne ». Pendant les premiers
mois de son fonctionnement, le Comité des garanties réussit
toutefois à faire comprendre au Chancelier Wirth la nécessité de remettre un peu d'ordre dans les finances du Reich
et à lui faire verser un milliard de marks-or le 31 août 1921.
Mais dès le 14 décembre suivant, l'insuffisance du produit

des impôts était évidente ; une demande de moratorium fut donc adressée à la Commission des réparations par le gouvernement allemand qui se déclarait incapable de faire face aux quatre prochaines échéances des 15 janvier, 15 avril, 15 juillet et 15 octobre 1922, s'élevant chacune à 500 millions de marks-or. A ce moment-là, le change allemand continuait d'ailleurs à s'effondrer ; le dollar était coté, à Berlin, 184 marks-papier par suite de l'inflation fiduciaire qui avait atteint, en 1921, 40 milliards[1].

Cette situation, qui s'aggravait de jour en jour, aurait bien dû ouvrir les yeux et dissiper les illusions sur la capacité de paiement de l'Allemagne. Il était téméraire, en tous cas, de compter sur ses versements pour équilibrer le budget et faire face aux intérêts de la dette intérieure qu'augmentaient sans cesse les dépenses de reconstitution des régions libérées et des pensions militaires figurant dans le budget spécial. Les événements devaient démontrer combien il était chimérique d'espérer une solution satisfaisante ; bornons-nous à rappeler que les échecs successifs des diverses conférences interalliées devaient nous obliger plus tard à examiner enfin le problème des réparations au point de vue technique et à accepter les solutions pratiques du plan Dawes.

Le budget de 1923.

La retraite du cabinet Briand au début de 1922 fut suivie de la constitution d'un cabinet Poincaré dont M. de Las-

---

1. Vers la même époque, le directeur du Mouvement général des fonds, M. Jean Parmentier, n'avait pas manqué de signaler au ministre des Finances, M. Paul Doumer, les difficultés croissantes du problème des réparations étroitement lié au problème du transfert des capitaux. Dans les circonstances actuelles, ce transfert ne semblait guère possible. Il fallait envisager de nouvelles modalités de payement, des livraisons en nature et des travaux exécutés par la main-d'œuvre allemande, par exemple ; il fallait surtout contraindre notre débiteur à assainir ses finances et son régime monétaire. En accroissant en outre sa production et ses échanges, l'Allemagne pourrait améliorer progressivement sa balance générale des comptes dont l'excédent lui permettrait seul de faire face aux payements des réparations.

teyric devenait le ministre des Finances. Pendant que le nouveau Président du Conseil, ministre des Affaires Étrangères, déployait toute son activité à mettre fin à ce qu'il appelait la « carence de l'Allemagne », il négligeait nécessairement le problème financier qui faisait apparaître, dès le 15 janvier 1922, de redoutables périls. La préparation du budget de 1923 soulevait de sérieuses difficultés. Selon la méthode adoptée depuis 1921, les crédits réclamés au Parlement se divisaient en deux parties : le budget ordinaire et le budget des dépenses recouvrables restaient distincts. Les versements de l'Allemagne, absorbés par la priorité belge, ne pouvaient nous laisser, en 1922 et 1923, que le médiocre produit de quelques livraisons en nature. Dans ces conditions, les dépenses dites recouvrables ne l'étaient point et les crédits de 13.314 millions affectés au budget spécial de l'exercice 1923 ne pouvaient être couverts que par de nouveaux emprunts venant s'ajouter aux émissions du Crédit National et des sinistrés.

En ce qui touche le budget ordinaire de 1923, on ne parvenait même pas à l'équilibrer. Malgré les compressions qu'il avait subies, il comportait des dépenses de 23.180 millions, non compris celles des P. T. T. qui devaient former un budget annexe, alimenté par ses propres ressources. Les recettes normales ne dépasseraient pas probablement 18.000 millions et les recettes exceptionnelles (liquidation des stocks et impôt sur les bénéfices de guerre), 1.225 millions : le déficit à prévoir atteindrait donc 3.900 millions à couvrir par l'emprunt.

A peine saisie de ce projet, la Commission des Finances de la Chambre manifesta un profond étonnement et une vive indignation. Comment ! le budget ordinaire se soldait par un déficit de 3.900 millions? Aux emprunts à contracter pour couvrir les crédits du budget spécial allaient s'ajouter d'autres emprunts pour faire face aux dépenses du budget ordinaire ? Le ministre des Finances et le Président du Conseil lui-même furent entendus à maintes reprises par la

Commission des Finances. Mais il ne résultait aucune solution de ces conversations à bâtons rompus. Tandis que la Commission insistait auprès du gouvernement pour qu'il réalisât des économies immédiates et créât de nouvelles ressources, le gouvernement répondait qu'il pouvait sans doute effectuer de nouvelles compressions d'ailleurs peu importantes, mais que, si la Commission en avait d'autres à lui suggérer, il les examinerait avec le plus vif désir de se mettre d'accord avec elle. Et la Commission des Finances, qui siégeait alors pendant les vacances parlementaires, n'aboutissait qu'à des décisions incohérentes et souvent contradictoires.

Les rapporteurs généraux du budget, M. Bokanowski à la Chambre et M. Henry Bérenger au Sénat, se livraient à des commentaires souvent exagérés de notre situation financière et répandaient dans les couloirs des rumeurs pessimistes. Mieux eût valu, dès ce moment-là, se rendre à l'évidence et renoncer aux expédients qui devaient se prolonger jusqu'au premier trimestre de 1924. Certes, M. de Lasteyrie, le nouveau ministre des Finances du cabinet Poincaré, comprenait fort bien qu'il était nécessaire d'équilibrer solidement le budget par des économies et par des augmentations d'impôts. Mais ses collègues ne semblaient guère disposés à le suivre et à l'aider ; la Chambre elle-même continuait à se bercer d'illusions, sans s'inquiéter des embarras de Trésorerie qui devaient finir, un jour ou l'autre, par éclater à tous les yeux.

**

M. de Lasteyrie s'était assez vite décidé, dès son arrivée au ministère des Finances, à prendre deux mesures hardies : la réduction d'un demi pour cent des intérêts des bons de la D. N. et la liberté du marché des rentes émises depuis 1915. Les circonstances semblaient, en effet, des plus favorables. Le ministère Poincaré et surtout son chef jouissaient d'une autorité considérable, dont le crédit public ne pouvait manquer de profiter. La situation financière, mal connue du public, n'inspirait alors aucune inquiétude sérieuse. La crise économique persistait, à ce moment-là, de même que la baisse normale du niveau des prix et la baisse des devises étrangères. La livre sterling devait tomber, de 53,07 en décembre 1921, à 47,89 en avril 1922 et la circulation fiduciaire atteignit, en mai, son chiffre le plus bas de 35.955 millions. Dans ces conditions, la réduction du taux d'intérêt des bons à court terme ne fut suivie d'aucune diminution immédiate de leur produit net. Le marché des rentes, rendu à son activité, fut tout d'abord d'une fermeté remarquable. La rente 3 p. 100 regagnait le terrain qu'elle avait perdu ; son cours moyen de 58,98 en décembre 1921 s'élevait à 59,27 un an plus tard. La rente 6 p. 100 ne fléchissait que de quelques points depuis que les transactions étaient devenues libres.

A certains indices, il était cependant possible de s'apercevoir que les ressources exceptionnelles du Trésor ne tarderaient pas à diminuer. En 1922, les emprunts directs de l'État ne purent atteindre que 9.581 millions, dont 8.491 millions en bons du Trésor 6 p. 100, émis en octobre, au taux réel de 6,38 p. 100 à échéance de 3 ans, et de 6,54 p. 100 à échéance de 5 ans. D'autre part, et sous la garantie de l'État, le Crédit National avait emprunté 7.822 millions (produit net de ses deux émissions de bons) et les sinistrés, 2.360 millions. Ces deux catégories d'emprunts formaient donc un total de 19.763 millions, inférieur de 6 milliards environ aux produits de 1921 [1].

Pourquoi le Trésor n'avait-il pas réussi à emprunter davantage? C'est évidemment parce que les réserves de l'épargne étaient moins abondantes qu'on ne l'avait supposé.

---

1. D'après les chiffres de l'inventaire de la situation financière, publié à la fin de 1924, les dépenses se seraient élevées, en 1922, à 48,0 milliards et les recettes normales, à 24,2 milliards ; le déficit aurait donc atteint 24,7 milliards, au lieu de 28, en 1921.

Les bénéfices de la production et du commerce diminuaient
et les impôts avaient été déjà augmentés. Toutefois, en raison même de la dépression économique, les disponibilités
du public étaient encore assez fortes pour combler par des
souscriptions aux emprunts le déficit des deux budgets.
Mais, à partir du milieu de l'année, la reprise des affaires
allait provoquer des remboursements de bons de la D. N.
auxquels on ne pouvait faire face que par des emprunts à
plus long terme et d'un taux d'intérêt plus élevé. La hausse
des changes et la hausse des prix suivaient, au même moment,
une courbe ascendante et bien naturelle. En se reportant
aux dates d'émission des bons à 6 p. 100 du Trésor et du
Crédit National, on s'aperçoit d'ailleurs que les ressources
fournies par les divers emprunts ont été inférieures de près
de 4 milliards pendant le second semestre de 1922 à celles
du premier semestre de la même année. La principale
réserve, sur laquelle on s'était habitué à compter, les souscriptions aux bons de la D. N., avait largement fléchi. Émis
sans restriction aux guichets des caisses publiques et des
établissements de crédit, ces bons d'un mois à un an
offraient au Trésor un moyen commode de se procurer de
l'argent. Mais au fur et à mesure que les émissions s'accroissaient, les échéances devenaient plus lourdes et elles
l'étaient d'autant plus que la hausse des prix s'accusait
avec plus de force, exigeait des disponibilités plus élevées
que le public pouvait toujours se procurer en se faisant
rembourser les billets de banque prêtés à l'État à titre temporaire.

De 295 en février 1922, l'indice du niveau général des
prix montait progressivement à 313 en juin et à 348 en
décembre. Les cours de la livre sterling s'élevaient d'une
moyenne de 47,89 en avril à 65,88 en novembre; la rente
6 p. 100 perdait 12 points en fin d'année. Les embarras de
Trésorerie suivaient, comme toujours, la hausse des changes
et des prix. Au 31 décembre 1922, l'État pouvait d'autant
moins rembourser 2 milliards à la Banque de France que

son compte d'avances, fixé à 25 milliards au début de l'année, aurait légèrement dépassé le maximum le 27 septembre, s'il n'avait pas emprunté aux sociétés de crédit 300 millions, d'ailleurs remboursés sur le produit de l'émission des bons 6 p. 100 1922 à 3 et 5 ans. Comme le montant des avances atteignait, fin décembre, 24.198 millions, il était évidemment impossible de le réduire à 23 milliards. Le maximum fut toutefois abaissé à 25 milliards, c'est-à-dire d'un milliard, dont 800 millions étaient prélevés sur le compte d'amortissement. Mais, dès le début de l'année 1923, il fallut faire un nouvel appel de 525 millions aux sociétés de crédit.

La baisse des cours du franc aurait bien dû, dès cette époque, attirer l'attention du gouvernement et des Chambres. N'était-elle pas provoquée par le déficit budgétaire et l'abus des emprunts dont le directeur du Mouvement des Fonds n'avait cessé de signaler le péril jusqu'au moment de sa démission (février 1923)? On n'en persistait pas moins à en attribuer la cause essentielle à l'attitude de la spéculation étrangère. Mais ce n'était pas seulement parce qu'elle était hostile à notre politique extérieure que cette spéculation prenait position à la baisse du franc; c'était aussi parce qu'elle s'alarmait de notre situation financière ou qu'elle en profitait pour nous vendre des devises de plus en plus cher. On nous reprochait de persister à croire que l'Allemagne payerait, alors qu'il était évident que la crise monétaire dont souffrait notre débiteur devait l'empêcher de payer, et l'on ajoutait que nous ne faisions aucun effort suffisant pour améliorer l'état de nos finances.

Les avertissements ne nous manquaient donc pas et nous aurions bien dû en tenir compte. Le ministre des Finances en avait certainement l'intention et il proposa à ses collègues de combler le déficit du budget de 1923 par une augmentation de deux décimes portant sur la plupart des impôts. Mais le Conseil des Ministres lui refusa l'autorisation de poser à ce sujet la question de confiance : dans ces conditions, la Commission des Finances du Palais-Bourbon et la Chambre elle-même n'hésitèrent pas à repousser le projet qui se heurtait à une résistance générale. M. de Lasteyrie n'était pas plus heureux en essayant de réduire et de mieux contrôler les dépenses des régions libérées dont le Président du Conseil défendait avec ténacité les intérêts, croyant pouvoir obtenir le règlement de la dette allemande. Désemparée et ne sachant plus quel parti prendre, la Chambre finit par voter, le 8 mars 1923, une motion de M. Em. Brousse ainsi conçue : « Il sera pourvu au déficit de l'exercice 1923 par une émission de bons du Trésor ». C'était une solution commode, mais qui ne pouvait avoir d'autre résultat que d'ajourner les décisions de salut qui devaient être prises un an plus tard.

La discussion du budget de 1923 s'est prolongée, au Palais-Bourbon et au Luxembourg, jusqu'au 30 juin. Elle n'avait abouti, en fin de compte, qu'à une augmentation des dépenses publiques; dans le projet de budget ordinaire, les crédits proposés étaient de 23.180 millions : la loi de finances du 30 juin 1923 les portait à 23.402 millions, soit à 222 millions de plus. Les économies réalisées se trouvaient compensées, et bien au delà, par des accroissements de crédits indispensables. Il convient, en outre, de rappeler que ces crédits de 23.402 millions ne comprenaient pas ceux des P. T. T. qui formaient un budget annexe et que les diminutions opérées sur l'ensemble des crédits de 1923 par rapport à ceux des exercices antérieurs portaient presque exclusivement sur le ministère des Travaux Publics en raison des nouvelles conventions relatives à l'exploitation des grands réseaux de chemins de fer. Le déficit de ces réseaux, y compris celui de l'État, était en effet couvert par un fonds commun alimenté au moyen d'émissions d'obligations dont le Trésor ne supportait que les charges d'intérêts.

Au surplus, les économies réalisées ne pouvaient compenser les dépenses nouvelles qui résultaient de l'accroissement des dettes contractées pour combler le déficit du budget spécial. Lorsqu'on emprunte, à cet effet, directement ou indirectement, une vingtaine de milliards, on augmente par celà même, au taux d'intérêt de 6 p. 100, les crédits de la dette publique de 1.200 millions.

Dès le mois de mars 1923, le Trésor avait été obligé de relever le taux d'intérêt des bons de la D. N. à 5 p. 100 pour les bons à un an, à 4,50 pour les bons à six mois et à 4 pour les bons à trois mois. Son compte d'avances à la Banque de France ne lui laissait qu'une marge de quelques centaines de millions et, pour ne pas dépasser le maximum légal, il était obligé de continuer à emprunter dans des conditions de plus en plus onéreuses.

Le taux réel d'intérêt des 3 milliards de bons du Crédit National, émis en janvier-février 1923, ressort à 6,48 p. 100: celui des bons du Trésor 6 p. 100, à 3, 6 ou 10 ans, émis en avril 1923, et qui s'est élevé en capital à 10.090 millions, monte à 7,23 p. 100 et le taux d'intérêt de ces mêmes bons de la seconde série, émise en octobre, et qui représentent un capital de 6.189 millions, atteint 7,61 p. 100 pour les bons remboursés au bout de trois ans.

Les ressources exceptionnelles obtenues par les emprunts directs ou indirects du Trésor, sont inférieures de 5 milliards environ en 1923 à celles de 1922. C'est à péine si, au cours de ces diverses émissions, on relève une légère diminution de la circulation fiduciaire qui, au cours de l'année, augmente ensuite de 600 millions. Les souscripteurs ont, par conséquent, opéré en grande partie leurs versements en se faisant rembourser leurs bons venant à échéance, afin de placer leurs disponibilités en valeurs d'un taux d'intérêt plus élevé.

Les causes générales de ce fléchissement des émissions du Trésor sont assez claires. D'un côté, les impôts perçus par l'État, les départements et les communes sont devenus beaucoup plus lourds et absorbent, par conséquent, une part plus grande des réserves de l'épargne ; de l'autre, la

hausse des prix, qui a suivi assez exactement la courbe
ascendante des cours du change, réduit plus fortement
encore les possibilités de placement. Toutefois, la production est plus active et le commerce voit augmenter ses
bénéfices, exprimés, il est vrai, en francs d'une valeur
moindre. Le crédit de l'État est nécessairement lié au crédit
du franc, c'est-à-dire à la valeur de l'unité monétaire. Or,
du 1er janvier au 31 décembre 1923, notre monnaie de papier
a perdu, par rapport au dollar, plus de 50 p. 100. Dans la
crainte de voir diminuer sans cesse la valeur du franc, le
public achète des valeurs réelles, marchandises ou autres,
et il exporte ses capitaux, s'il le peut. Les vendeurs de
change s'alarment de la dépréciation continue de la monnaie
française et, afin de ne pas s'exposer à des risques de perte,
ils exigent des prix plus élevés pour les monnaies appréciées
qu'ils nous cèdent. L'exportation des capitaux français et le
rapatriement des avoirs étrangers ont le même effet sur les
cours du change : les deux opérations se traduisent par des
achats de monnaies étrangères qui en font monter les cours.
Enfin, si, par surcroît, la spéculation étrangère entre en
ligne, en vendant des francs à découvert, comme elle le fait
à partir d'octobre 1923, notamment sur le marché d'Amsterdam, la baisse de notre monnaie s'accentue encore,
entraînant à sa suite une hausse continue des prix, une
baisse des cours des valeurs françaises à revenu fixe, une
hausse des valeurs étrangères à change et des embarras
croissants de Trésorerie.

Ces divers phénomènes, qui ont la même origine, ne
paraissent pas avoir été toujours bien compris par les pouvoirs publics. Pour rassurer le public contre la baisse du
franc, on lui disait qu'elle résultait des manœuvres de la
spéculation étrangère; on affirmait que notre situation financière et économique ne justifiait certainement pas les mouvements de hausse des changes appréciés. Le produit des
impôts ne continuait-il pas à s'accroître et ne devait-il pas
dépasser, en 1923, 23.496 millions ? Nos exportations ne

s'étaient-elles pas élevées, de 21.376 millions en 1922, à 30.430 millions en 1923, tandis que nos importations passaient de 23.930 millions à 30.608 millions? Le déficit de notre balance commerciale était certainement comblé par les exportations invisibles, intérêts de nos placements extérieurs, séjour des étrangers dans nos villes d'eaux, etc... Ce raisonnement n'était que partiellement vrai. Pour calculer, en effet, le déficit ou l'excédent d'une balance des paiements extérieurs, il faudrait connaître le montant des exportations de capitaux ainsi que celui des retraits divers de fonds étrangers opérés dans les banques, etc.

Les fluctuations des cours de nos rentes n'ont pas d'autre cause que le fléchissement de la valeur du franc. Au fur et à mesure que baissent les cours de notre devise, le 3 p. 100 tombe de 5 points dans l'intervalle de douze mois, et la rente 6 p. 100, de 7 points. L'action du Suez est cotée 9.700 francs, en décembre 1923, contre 7.070 en décembre 1922. Le produit des bons de la D. N. diminue à son tour, mais dans des proportions moins grandes, en raison de la persistance des habitudes d'épargne et des profits réalisés par les commerçants.

Nous avons rappelé plus haut que les avances de la Banque à l'État, réduites au maximum de 24 milliards à partir du 1er janvier 1923, avaient été insuffisantes pour faire face aux besoins du Trésor et que, dès le début de l'année, des avances de 525 millions étaient réclamées aux sociétés de crédit. Elles furent du reste remboursées assez vite, le solde étant versé le 12 avril 1923, par imputation sur le produit de l'émission des bons à 3, 6 ou 10 ans. Le maximum des avances de la Banque de France est de nouveau à la veille d'être dépassé le 4 octobre 1923, et les sociétés de crédit versent au Trésor une nouvelle somme de 525 millions remboursées sur le produit de la seconde série de bons 6 p. 100 émis en octobre. Il eût été dangereux, toutefois, au moment où la hausse du change battait son plein, d'interrompre les remboursements à la Banque de France. Le compte d'avances fut donc abaissé au maximum de 23.200 millions prélevés sur le compte d'amortissement d'égale somme. Mais la Banque de France devait souscrire 700 millions de bons afin de laisser au Trésor une certaine marge pour l'année suivante.

CHAPITRE IV

LE PROBLÈME DES RÉPARATIONS ET LE PLAN DAWES

SOMMAIRE. — *Les erreurs de notre politique des réparations. — Demandes de moratorium. — Conclusions des experts de Berlin. — L'occupation de la Ruhr et la résistance passive. — Effondrement du mark. — Le plan Dawes et le problème des transferts de capitaux. — Les conditions de l'assainissement monétaire et de la stabilité des changes. — Règlement de la question des réparations.*

Aux inquiétudes que provoquait la gestion des finances publiques s'ajoutaient les déceptions causées par les échecs de notre politique des réparations et les mécontentements que faisaient naître à l'étranger les procédés de contrainte adoptés, de guerre lasse, pour obliger l'Allemagne à remplir ses justes obligations. Nous n'avions point compris, en 1922 et 1923, de même que pendant la préparation du Traité de Versailles, que la solution du problème des réparations était liée au relèvement financier, économique et monétaire du Reich. L'effondrement du mark s'était cependant accéléré en 1922 : de 70 marks-papier en janvier, les cours du mark-or étaient montés à 1.832 en décembre. Cette faillite, disait-on, avait été organisée par un débiteur résolu à ne pas s'acquitter ; on ne pouvait admettre qu'elle portât le moindre préjudice à ses créanciers extérieurs. Volontaire ou non, la débâcle monétaire avait cependant pour effet de réduire la capacité de paiement du vaincu. Comment se procurer des devises étrangères, lorsqu'on ne possède plus qu'une monnaie dont la valeur est sans cesse diminuée?

Pour opérer des transferts de capitaux, sans précipiter la chute de la monnaie, il faut que la balance générale des comptes accuse un excédent dont le solde est alors susceptible d'être employé au règlement des dettes extérieures. Encore faut-il que ces transferts ne dépassent pas certaines limites et qu'ils ne puissent, à aucun moment, exercer sur le change une influence déprimante.

Ces principes n'ont été appliqués pour la première fois que par le Comité Dawes dont nous examinerons plus loin les conclusions. Méconnues par les négociateurs du Traité de paix et plus tard par la Commission des réparations elle-même, elles n'en sont pas moins décisives. Depuis l'armistice, l'Allemagne n'avait fait aucun effort pour restaurer ses finances délabrées et n'avait eu recours qu'à la planche à billets pour combler le déficit de ses budgets. Dès le mois de novembre 1921, l'état des paiements, qu'elle avait accepté à Londres le 5 mai précédent, n'était plus exécuté et l'Allemagne réclamait le bénéfice d'un moratoire : elle n'était pas en mesure, disait le chancelier Wirth à la Commission des réparations, de payer 500 millions de marks-or à la date prévue du 15 janvier 1922, pas plus que les 235 millions venant à échéance le 15 février suivant. Le change allemand s'effondrait et le cours du dollar s'élevait déjà, en décembre 1921, à 184 marks-papier.

Après avoir accordé à l'Allemagne, le 13 janvier 1922, un délai provisoire, la Commission des réparations fut obligée, le 21 mars suivant, de lui consentir un nouveau délai et elle fixa, pour l'année en cours, les versements en espèces à 720 millions de marks-or et les livraisons en nature à 1.450 millions dont 950 pour la France. Les versements en espèces étaient échelonnés par quinzaine jusqu'au 15 décembre et la priorité en était réservée à la Belgique. Toutefois le sursis était subordonné à l'application par le gouvernement du Reich, avant la date du 31 mai, d'une série de mesures destinées à assainir sa situation financière et monétaire.

Après avoir accepté un programme de réformes fiscales
et s'être résigné à subir le contrôle d'un Comité des garanties nommé par la Commission des réparations, le chancelier Wirth demanda, non sans raison, « qu'une aide fût
donnée à l'Allemagne par un emprunt extérieur », afin
qu'elle pût mettre fin à l'inflation et stabiliser son change.
Un Comité de banquiers, siégeant à Paris le 24 mai, fit connaître que tout emprunt extérieur serait impossible jusqu'au jour de la fixation définitive de la dette allemande.
Notre délégué, sur l'ordre de son gouvernement, ayant
affirmé que la France ne pourrait consentir à aucune réduction de sa créance, le Comité se sépara. Pour en finir, la
Commission des réparations accepta que les paiements en
espèces, dont le dernier versement de 50 millions de marks-
or avait été effectué le 15 juillet, fussent remplacés, du
15 août au 15 décembre, « par des remises de bons du Trésor à six mois et dotés de garanties au sujet desquelles
l'Allemagne et la Belgique se mettraient d'accord ».

Comme l'effondrement du mark ne s'arrêtait point, le
délégué anglais à la Commission des réparations fit à ses
collègues, le 6 octobre 1922, une déclaration fortement
motivée sur la situation créée par la crise du change allemand et les pria d'y réfléchir. A la fin d'octobre, des experts
financiers furent convoqués à Berlin pour faire connaître
leur avis sur la nouvelle demande de moratoire de l'Allemagne et les moyens de faire cesser la crise monétaire dont
elle souffrait. Deux rapports séparés furent déposés : l'un,
le 6 novembre, par MM. Brand, Cassel, Junks et Keynes ;
l'autre, le 9 novembre, par MM. Vissering, Léopold Dubois
et B. Kamenka. L'un et l'autre sont intéressants, mais con-
çus dans un sens un peu différent.

Rapports des experts de Berlin.

Le rapport Brand-Cassel-Keynes déclare que la stabilisation immédiate du mark « est la condition essentielle pour

sauver l'Allemagne de l'effondrement complet qui la menace ». Mais, dans les circonstances actuelles, la stabilisation monétaire serait impossible pour deux raisons : « raisons intérieures, notamment les résultats des méthodes financières adoptées par le gouvernement allemand pendant et après la guerre; raisons extérieures, particulièrement les charges résultant du Traité de Versailles ».

En ce qui touche les charges extérieures, tant que l'Allemagne n'en serait pas dégagée pendant un certain délai, « toute tentative faite pour stabiliser le mark resterait vaine et ne pourrait aboutir qu'à gaspiller les dernières ressources de l'Allemagne ». Revenant sans cesse sur la question du moratorium, le même rapport insistait toutefois sur cette idée juste que « le succès de la stabilisation dépendait nécessairement de l'équilibre du budget ». Cette stabilisation comporterait en outre un certain appui de l'étranger. Il ne paraissait cependant pas exact de croire que le déficit de la balance des comptes fût aussi élevé qu'on le supposait. La situation passive de son bilan résultait surtout des paiements découlant du Traité de paix et de l'évasion des capitaux. Le rétablissement de l'équilibre ne serait nullement impossible, si le commerce extérieur de l'Allemagne n'était pas entravé par des tarifs de douane exagérés et si, « en même temps que la stabilisation du mark, la concurrence de l'Allemagne sur les marchés étrangers prenait un caractère plus normal ». Il est du reste certain « qu'une monnaie saine est par elle-même un correctif puissant à un déficit commercial et mettra en œuvre bien des forces au profit de l'établissement de l'équilibre budgétaire ».

La dépréciation du mark dépasse de beaucoup sa véritable valeur. « Au taux de 3.500 marks pour un dollar, l'or de la Reichsbank s'élève à environ le double des billets émis ». Il n'en serait pas moins « imprudent de tenter la stabilisation du mark à un taux autre que modeste, bien que ce taux puisse être sensiblement supérieur à celui d'aujourd'hui ».

Pour le moment, ajoutait le rapport, « il est impossible de dire quel pourrait être ce taux. L'effondrement auquel nous venons d'assister doit principalement être attribué au manque de confiance et, si les mesures indiquées ci-dessus étaient prises, une grande amélioration pourrait se produire immédiatement. Nous estimons, par exemple, que dans les circonstances actuelles (7.000 marks pour un dollar), un cours entre 3.000 et 3.500 marks pourrait être considéré comme approprié. Mais il ne faudra pas oublier qu'un pareil taux rendra nécessaire une augmentation progressive des billets au fur et à mesure que les affaires redeviendront normales. Le cours définitif à adopter devrait être fixé en tenant compte de la puissance d'achat intérieure du mark et des cours pratiqués sur les marchés étrangers. »

En échange d'une suspension des paiements résultant du Traité de Versailles « pendant une durée de deux ans », le gouvernement allemand devait offrir à la Commission des réparations certaines garanties : création d'un office autonome de contrôle des devises et auquel la Reichsbank devrait fournir une partie de ses réserves d'or, afin que les cours du change puissent être régularisés ; limitation de la dette flottante, les autres crédits dont le gouvernement pourrait avoir besoin devant être couverts par des emprunts consolidés. Mais l'appui d'un consortium international serait indispensable pour fournir des crédits extérieurs à l'office des devises qui serait ainsi en mesure de vendre des monnaies étrangères en échange de marks et de bons du Trésor émis dans le but de couvrir le déficit du budget pendant la période de transition. Il serait d'ailleurs entendu que ces bons ne devraient être mis en circulation que pour une somme aussi restreinte que possible et à des échéances ne dépassant pas six mois.

*
* *

Le second rapport de MM. Vissering-Léopold Dubois-B. Kamenka ne fait, au contraire, que des allusions indi-

rectes au moratorium. Il part de cette idée vraie que la stabilisation est impossible aussi longtemps : « 1° que l'on
n'aura pas mis un frein à l'inflation fiduciaire dont la cause
principale actuelle est le déficit du budget allemand et de
ses services de régie ; 2° que la balance des paiements restera passive, par suite d'un excédent d'importations, de la
fuite des capitaux à l'étranger, de la désaffection du mark à
l'intérieur et des versements à faire, en espèces et en
nature, au titre des réparations ».

L'inflation fiduciaire, expliquait le rapport, a commencé à
produire ses effets détestables en Allemagne, comme ailleurs,
quand, au cours de la guerre, on a pourvu aux dépenses,
non par des recettes régulières provenant de l'impôt, mais par
des emprunts mal classés et surtout en ayant recours à la
dette flottante ; elle s'est accrue plus tard par la nécessité du
ravitaillement et enfin par les déficits du budget ordinaire et
du budget extraordinaire du Reich.

Or l'inflation est en elle-même une cause de nouvelle inflation, car à chaque amoindrissement du pouvoir d'achat du
mark-papier, il en faut un montant plus grand pour satisfaire
aux mêmes opérations d'échange.

Pour que des mesures de stabilisation aient un effet durable,
il faut que les causes d'inflation d'origine gouvernementale
disparaissent, c'est-à-dire que l'équilibre budgétaire soit réel,
que les dépenses effectives se maintiennent dans les limites
de prévisions aussi modérées que possible ; que, si les recettes
sont insuffisantes pour couvrir les dépenses, il soit fait appel
à de nouvelles sources de revenu ; qu'enfin le budget extraordinaire ne soit pas chargé de dépenses d'immobilisation qu'on
peut éviter ou renvoyer à des temps meilleurs, ni que ce
budget contienne des prévisions de paiement au titre des réparations dépassant les excédents éventuels de recettes pré-
sentés par le budget ordinaire.

Pour atteindre ce but, il faut obtenir la plus stricte économie
dans le ménage de l'État, réduire le personnel des administrations publiques et des services de régie et supprimer graduel-
lement les subventions directes ou indirectes de ravitaillement.

Sans pouvoir connaître le montant du déficit de la balance
des comptes, qui paraît devoir être considérable (contrairement à l'avis exprimé dans le rapport précédent), il est
incontestable qu'il provient d'un fléchissement des exporta-

tions qui résulte de la diminution de la production « dont la force doit être recouvrée grâce aux efforts du gouvernement et de la population tout entière ». Si, d'autre part, l'on persistait, à l'étranger, à entraver le développement des exportations allemandes, il serait impossible d'aboutir à l'équilibre de la balance des paiements extérieurs. Une autre cause du déficit de cette balance, l'évasion des capitaux, disparaîtrait le jour où la stabilisation, en voie de réalisation, favoriserait les rapatriements successifs de capitaux allemands, à la condition toutefois de ne pas exagérer les impôts sur la fortune et les revenus.

En supposant remplies les conditions indiquées — équilibre du budget, suspension provisoire des versements à la C. D. R. et rapatriement des capitaux —, on peut recommander diverses mesures en vue de la stabilité monétaire. Il faut tout d'abord créer un étalon de valeur constante. c'est-à-dire un nouveau mark-or qu'il serait pratique de baser sur une unité plus petite et équivalente à un montant partiel de la valeur des monnaies appréciées, soit, par exemple, à un demi-shilling ou à un dixième du dollar.

Une banque d'émission serait constituée pour introduire dans la circulation le nouveau mark-or. Son capital initial serait fixé à 100 millions de marks-or versés par la Reichsbank qui recevrait en contre-valeur les actions de cette banque. Les premières opérations tendant à la stabilisation pourraient être faites par un comité composé de représentants du ministère des Finances, des bailleurs de fonds étrangers et de la Reichsbank. Mais cette stabilisation ne pourrait se réaliser « qu'à l'aide d'un crédit extérieur s'élevant à 500 millions de marks-or consenti sous forme de traites acceptées auprès des banques étrangères ». Un comité international de banquiers aurait pour mission d'organiser un consortium « pour examiner, d'accord avec la C. D. R. et le gouvernement allemand, la question du crédit dans ses rapports avec les garanties à donner ».

La stabilisation définitive devrait être précédée, en attendant qu'en soient remplies les conditions essentielles, d'une stabilisation provisoire impliquant la mise à la disposition de la banque d'émission de l'ensemble des crédits extérieurs et d'un montant en or, aussi élevé que possible, provenant de la Reichsbank. A l'aide de ces ressources, la nouvelle banque achèterait, principalement sur les marchés étrangers, les avoirs en marks et la monnaie fiduciaire allemande. Il en résulterait assez vite une amélioration des cours du mark-papier qui aurait pour effet d'empêcher une dépréciation continue du mark et des avoirs en marks. « Plus le cours de stabilisation choisi sera haut, plus la circulation actuelle de billets suffira aux besoins du pays. »

Lorsque ce cours de stabilisation semblera assez élevé, on employera tous les moyens pour le maintenir, en achetant des devises étrangères, quand le mark sera en hausse et en les vendant, lorsqu'il sera en baisse. Pendant la période de transition, le mark-papier resterait en circulation et le mark-or serait adopté comme monnaie de compte. Les marks-papier en circulation seraient ensuite progressivement échangés contre des marks-or ou des devises-or et, l'opération une fois accomplie, « la banque d'émission serai liquidée et c'est à la Reichsbank seule qu'incomberait de nouveau l'émission des billets ». Mais, en tout état de cause, l'exécution des mesures à prendre devrait être immédiate, « sinon il serait à craindre qu'une action ne vienne trop tard pour avoir des chances de succès ».

*
* *

Les deux rapports des experts désignés par le gouvernement allemand ne devaient d'ailleurs avoir aucune suite. Le montant de la circulation fiduciaire s'était élevé de 115 milliards, en janvier, à 582 le 15 novembre et cet accroissement démesuré provoquait une dépréciation continue de l'unité monétaire. Après l'échec du Conseil suprême, réuni à Londres le 9 décembre, et où M. Bonar

Law remplace M. Llyod George, qui a donné sa démission
le 19 octobre, une autre conférence eut lieu à Paris le
2 janvier 1923 et se termina sans résultat. L'Angleterre proposait de réduire l'ensemble de la dette allemande à 50 milliards de marks-or et d'accorder un moratoire de quatre ans ;
pendant ce délai, un conseil étranger des finances siégera
à Berlin et contrôlera les mesures prises par le débiteur en
vue de la stabilisation de sa monnaie.

La France ne voulait au contraire accepter qu'un moratoire de deux ans, à la condition que se poursuivent les
livraisons en nature prévues par les accords de M. Loucheur
et de M. Gillet et évaluées à 540 millions de marks-or. Les
efforts de conciliation de M. Bonar Law auraient dû, semble-
t-il, aboutir à un compromis dont la contre-partie pouvait
être trouvée dans un nouvel aménagement des dettes interalliées. Mais le gouvernement et le Parlement étaient
fatigués de tant de lenteurs et de vaines négociations.
L'Allemagne, disait-on, avait manqué à tous ses engagements ; elle n'avait fait, par exemple, que des livraisons de
bois et de charbons inférieures à celles qui lui avaient été
demandées. Ses « manquements volontaires » ayant été
constatés par la C. D. R. le 27 décembre 1922 et le 9 janvier 1923, le bassin de la Ruhr fut occupé le 11 janvier par
les troupes franco-belges.

Il est à retenir que, pendant l'exercice 1922, la France
n'avait même pas exigé de l'Allemagne la livraison de
950 millions de réparations en nature dont la C. D. R. avait
fixé le chiffre le 31 mars 1922. Elle n'en avait demandé que
pour une somme totale de 273 millions et n'en avait reçu
que pour 209 millions. Il est possible que les livraisons en
nature aient soulevé diverses protestations de la part des
producteurs français. Mais il semble bien démontré que les
conditions exigées par les fournisseurs allemands dépassaient celles que pouvaient obtenir les régions libérées en
s'adressant à nos propres industriels.

L'occupation de la Ruhr ne pouvait être, en tous cas, qu'un moyen d'obtenir un règlement définitif, d'obliger nos alliés à nous y aider et de faire capituler l'Allemagne. Envisagée au point de vue purement économique, cette prise de gage ne pouvait causer que des déboires. Les résultats financiers paraissent avoir été des plus médiocres. Si l'occupation de la Ruhr a provoqué l'effondrement complet du régime monétaire allemand, bien difficile d'ailleurs à éviter au mois de janvier 1923, elle n'en a pas moins eu pour effet d'acculer l'Allemagne aux pires expédients et à de dures privations qui devaient la contraindre à céder. Le 7 juin 1923, elle proposait une solution qui, par la suite, devait être retenue par le Comité des experts : une émission de dix milliards d'obligations des chemins de fer du Reich et une hypothèque de dix autres milliards sur l'ensemble de l'économie allemande. Les intérêts de ces obligations seraient gagés sur les droits de douane et les impôts de consommation sur le tabac, le vin et le sucre. Mais la France et la Belgique ne pouvaient accepter ces propositions avant que cessât, dans le bassin de la Ruhr, la « résistance passive » ordonnée par le Président Ebert dont la décision fut du reste annulée le 26 septembre. L'Allemagne cédait sur ce point, parce qu'elle ne pouvait faire autrement; elle ne pouvait pas non plus s'opposer à la proposition de conférence faite par le Président Coolidge et acceptée par M. Raymond Poincaré.

Les experts, nommés par la C. D. R. le 20 novembre 1923, devaient se réunir à Paris le 14 janvier suivant, pour « rechercher les moyens d'équilibrer le budget et de stabiliser la monnaie de l'Allemagne ». Les deux délégués de la France étaient M. Jean Parmentier, ancien directeur du Mouvement des Fonds, inspecteur des Finances, et M. Edgar Allix, professeur à la faculté de droit de Paris. Les autres délégués étaient : pour les États-Unis, le général Charles C. Dawes, qui devait être nommé Président du Comité, et M. Owen D. Young; pour l'Angleterre, Sir Robert M. Kindersley et Sir Josiah C. Stamp; pour l'Italie, M. Alberto

Pirelli et le professeur Frédérico Flora ; pour la Belgique,
M. E. Franqui et le baron Maurice Houtart. L'autorité de ces
divers délégués était indiscutée dans tous les milieux, aussi
bien chez eux qu'au dehors, et elle n'a fait du reste que
grandir depuis cette époque par l'éclat des nouveaux services qu'ils ont rendus à leur pays ; elle constituait donc,
pour le Comité des experts, le meilleur gage du succès.

Le choix même des représentants français démontre que
le gouvernement de M. Raymond Poincaré n'a été ni surpris
ni mécontent des dispositions générales de ce qu'on devait
appeler plus tard le « plan Dawes ». En effet, la nécessité,
pour que des réparations importantes puissent être obtenues, d'établir en Allemagne la stabilité monétaire et l'équilibre budgétaire, qui d'ailleurs se conditionnent réciproque-
ment ; — de comprendre dans le budget équilibré les
charges des réparations ou d'en demander une partie à
l'économie allemande en dehors du budget ; — de procurer
à cette économie par un emprunt international la base
même de la stabilisation monétaire ; — de reconstituer une
banque d'émission indépendante ; — de faire verser les
sommes destinées aux réparations en monnaie allemande
à un compte spécial géré par la C. D. R. ou par un organisme particulier créé à cet effet ; — de faire à cet organisme une obligation de n'acheter des devises étrangères
pour les remettre aux gouvernements créanciers que dans
la mesure où le change allemand n'en serait pas déprécié ;
— d'appliquer les surplus éventuels de la caisse des réparations à des achats ou à des investissements en Allemagne
pour le compte des créanciers de telle nature qu'ils créent
un poste actif, supplémentaire et permanent dans la balance
allemande des payements : cette nécessité, disons-nous,
avait été constamment soutenue par M. Parmentier en sa
qualité de directeur du Mouvement général des Fonds. On
savait, en outre, dans les milieux du ministère des Finances,
que M. Edgar Allix, tant comme professeur à la Faculté
de droit de Paris et écrivain financier que comme ancien

chef du cabinet de M. Paul Doumer, partageait les mêmes opinions. Ajoutons que, fin novembre 1923, une première application des principes, dont devait sortir plus tard le comité des transferts, était faite dans le programme de restauration de la Hongrie dressé par le comité financier de la Société des Nations dont M. Parmentier était membre.

Au surplus, *la Revue Politique et Parlementaire* du 10 novembre 1923 a publié sur le problème des réparations une étude anonyme, mais que les personnes informées savaient avoir été écrite par M. Parmentier. Au moment de la nomination des délégués au Comité des experts, le gouvernement français n'ignorait ni cette étude ni le nom de son auteur. Il nous paraît donc intéressant d'en citer quelques extraits.

Il convient de rappeler, écrivait M. Parmentier, que le problème des payements à faire par l'Allemagne, peut, *grosso modo*, se subdiviser en trois problèmes secondaires :

1° Imposer au gouvernement allemand la volonté de se libérer;

2° Déterminer dans quelles limites et par quels procédés ce gouvernement, ayant rétabli la stabilité monétaire et financière, pourra annuellement recouvrer sur ses contribuables, sans compromettre l'équilibre de son budget, des sommes en monnaie nationale destinées à acquitter sa dette de réparation ;

3° Convertir en devises étrangères, pour parvenir au payement, les sommes ainsi réalisées en monnaie nationale, sans provoquer une dépréciation du change qui compromettrait à la fois la situation financière allemande et les payements ultérieurs de réparations.

Faisant ensuite état des récentes études belges sur le problème des réparations, M. Parmentier rappelait qu'un certain nombre de ressources pourraient être utilisées pour constituer une annuité à percevoir par les créanciers de l'Allemagne : affermage de l'exploitation de ses chemins de fer ; produit de certaines taxes de consommation; prestations de charbons, etc. N'était-il pas du reste d'un intérêt vital « pour les nations industrielles d'éviter le dumping colossal et permanent qui se prépare et d'imposer à l'Allemagne sous forme de dettes des réparations un fardeau qui vienne remplacer celui dont l'organisme économique allemand a été soulagé par l'annulation des dettes publiques et privées »? L'auteur de cette étude se livrait ensuite aux iustes réflexions que voici :

Sans doute le retour de l'Allemagne à une situation financière et monétaire saine parait-elle actuellement très problématique à de nombreux esprits. Ce retour deviendra cependant de plus en plus indispensable à une population qui ne peut vivre indéfiniment dans le chaos actuel. D'ailleurs, les mesures nécessaires, sans comporter aucune atténuation de la politique de coercition et de recouvrement partiel actuellement mise en œuvre par certains alliés, ne paraissent pas excéder ce qu'on peut attendre de la collaboration de la Commission des Réparations avec un gouvernement à la fois fort et clairvoyant.

Ces mesures devront tendre en premier lieu à la stabilité du mark ou à l'institution d'une monnaie nouvelle stable, dans laquelle les anciennes créances en marks seraient obligatoirement converties, soit à un taux officiel déterminé une fois pour toutes, soit au cours librement pratiqué sur le marché. Si l'on peut concevoir que la stabilité ou la conversion aient lieu à un cours relativement plus élevé que le cours actuel, ce cours devra, de toute façon et sous peine d'entraîner des embarras inextricables, être extrêmement bas et consacrer d'une façon définitive la spoliation des anciens créanciers de marks et la libération quasi totale de leurs débiteurs. La libération des débiteurs dégagera une nouvelle et très importante matière fiscale qu'il sera du devoir du gouvernement allemand, surveillé par la Commission des Réparations, d'exploiter de la façon la plus énergique. Quant aux créanciers, leur malheureux sort pourra seulement être atténué par des mesures d'assistance qui, si elles ne sont pas caractérisées par une excessive prodigalité, n'imposeront au Trésor allemand qu'une fraction infime des charges qu'aurait comporté l'accomplissement normal de ses obligations. Ainsi se trouvera définitivement ruiné le postulat de la valeur constante du mark, postulat sur lequel a été édifiée toute la civilisation matérielle de l'Allemagne; avec lui auront succombé les classes sociales qui ont le plus contribué à l'organisation moderne et au progrès scientifique et intellectuel; leur désastre aura été l'aboutissement logique de la politique suivie depuis l'armistice par les divers gouvernements allemands.

L'Allemagne n'a d'ailleurs aujourd'hui d'autre alternative que le chaos économique dont la permanence serait fatale dans un pays dont la population ne peut subsister que grâce à un très haut degré d'organisation, et le rétablissement rapide de la confiance dans la stabilité de la nouvelle monnaie. Seule cette confiance permettra de contracter en devises stables (dont d'ailleurs les particuliers allemands sont abondamment pourvus) l'emprunt indispensable à la période de transition pendant laquelle le gouvernement allemand devra comprimer ses dépenses et accroître ses recettes pour parvenir à un équilibre comprenant l'annuité nécessaire aux réparations. Il va sans dire que l'amère expérience, que viennent de faire la population allemande et les détenteurs de marks, rendra particulièrement difficile l'établissement nécessaire du crédit de la monnaie nouvelle. Peut-être faudra-t-il chercher la solution de ce problème singulièrement délicat dans des dispositions spéciales mettant cette monnaie à l'abri de la réquisition des pouvoirs politiques. L'installation de la nouvelle banque d'émission hors du territoire allemand et sous une surveillance internationale pourrait, par exemple, être envisagée.

Si le rétablissement en Allemagne d'une situation financière normale et la perception annuelle en monnaie allemande de sommes très importantes destinées à acquitter la dette des réparations apparaissent comme possibles, le transfert au dehors des capitaux allemands ainsi obtenus risquerait de déprécier la monnaie allemande dans des conditions désastreuses, s'il n'était effectué avec les plus grandes précautions.

La vente de monnaie allemande (comme d'ailleurs celle de toute unité monétaire lorsqu'elle est poursuivie après absorption de la réserve-or qui la garantit) contre des devises étrangères, ne pourra se faire sans dommage pour le change que dans la mesure où elle trouvera une contre-partie normale dans les remises que les étrangers auront à faire en Allemagne. En d'autres termes, les sommes qu'il est possible de transférer au dehors sans dépréciation monétaire sont définies par la balance des paiements.

Pour réorganiser sur une base stable l'économie allemande et la rendre susceptible d'importants paiements au titre des réparations, il sera donc nécessaire de surveiller de très près la balance des paiements et d'instituer un contrôle très sérieux pour la faire bénéficier de tous les éléments actifs qui doivent normalement lui revenir. L'exportation des capitaux et le repatriement des devises procurées par la vente à l'étranger devront être strictement réglementés. On devra s'efforcer d'autre part d'obtenir le retour en Allemagne des très importants capitaux détenus au dehors par des Allemands, et de favoriser l'achat par des étrangers de valeurs ou de propriétés allemandes.

Ainsi les réparations pourront sans doute profiter d'un.

excédent actif de la balance des paiements. Pour le surplus, les créanciers de l'Allemagne se trouveront détenteurs de monnaie allemande qu'ils ne pourront vendre sur le marché des changes, mais dont ils devront faire emploi exclusivement pour des achats ou des paiements en Allemagne, augmentant ainsi l'actif de la balance allemande des payements. Pour éviter des troubles commerciaux et économiques trop faciles à prévoir, la faculté donnée aux alliés d'être ainsi payés en nature devrait être strictement réglementée.

On est donc amené à considérer les paiements en nature et en main-d'œuvre comme devant constituer la plus grande part des règlements de réparations. Ce procédé se heurtera inévitablement dans chaque pays bénéficiaire aux réclamations de la main-d'œuvre et de l'industrie nationales. Il ne semble pas impossible, cependant, d'en faire usage en évitant des critiques justifiées : le problème paraît se ramener à l'établissement d'un programme de travaux et d'entreprises que l'état actuel économique et financier du pays bénéficiaire ne lui permet pas d'effectuer, mais dont le profit économique serait cependant considérable. Pour la France, on aperçoit à première vue, outre une grande partie des réparations à effectuer dans les régions libérées, l'aménagement du Rhône, celui du Rhin, l'inventaire systématique par sondages des richesses minérales de la France, la construction de quartiers suburbains près des villes où les logements font le plus défaut, des dotations en monnaie allemande accordées aux facultés des sciences et aux laboratoires pour leur permettre de se procurer en Allemagne tout le matériel désirable, des travaux publics dans les colonies, etc. Il va sans dire qu'en règle générale le gouvernement français devrait vendre à des entreprises françaises et contre des francs les monnaies allemandes destinées aux emplois désignés ci-dessus ou à d'autres analogues : c'est seulement ainsi que le Trésor français pourra effectivement profiter des paiements allemands. Le système pourrait être d'ailleurs utilement développé hors du territoire national et l'on conçoit que des entreprises françaises achètent en francs à leur gouvernement un pouvoir d'achat en Allemagne pour en faire au dehors un usage approuvé par la Commission des Réparations ou par l'organisme chargé de veiller à la stabilité du change allemand.

Les idées maîtresses de cette étude publiée bien avant la constitution du comité Dawes vont se retrouver dans le rapport des experts choisis pour indiquer, au point de vue technique, la solution du problème des réparations.

Le plan Dawes.

Le rapport du Comité des experts fut déposé le 9 avril 1924. Sa tâche était clairement exposée dans la déclaration qui en précède le développement et les conclusions, et dont voici le texte :

Comme l'indiquent les termes de notre mandat, deux principaux problèmes ont été soumis à notre examen; la stabilisation de la monnaie allemande et l'équilibre du budget allemand. Il est de toute évidence que ces problèmes sont étroitement liés. La monnaie d'un pays ne peut demeurer stable si son budget n'est pas normalement équilibré, car si les dépenses dépassent continuellement les recettes, il viendra un moment où l'émission des billets s'imposera pour couvrir le déficit, et l'inflation entraînerait fatalement la dépréciation de la monnaie. D'autre part, la dépréciation monétaire rend impossible l'équilibre du budget, puisqu'elle empêche de calculer, d'une façon certaine, les recettes et les dépenses, et met perpétuellement le Trésor en déficit du fait de l'intervalle qui sépare forcément l'assiette des impôts de leur perception. La nature des choses oblige cependant à étudier d'abord ces deux problèmes séparément, tout en ayant continuellement à l'esprit leur interdépendance. Nous avons donc étudié chacun d'eux en supposant l'autre résolu. Nous n'avons, d'autre part, jamais perdu de vue que l'équilibre du budget et la stabilisation monétaire sont des moyens destinés à satisfaire à la fois aux besoins essentiels de l'Allemagne et aux obligations que lui impose le Traité, obligations dont l'exécution est indispensable pour la reconstruction de l'Europe occidentale, et, par conséquent, non seulement pour les pays créanciers de l'Allemagne, mais pour l'Allemagne elle-même. Il est clair, en effet, qu'une Allemagne dont l'économie serait redevenue florissante ne pourrait résister longtemps à une crise financière et économique sévissant chez les nations qui l'entourent. Il faut en un mot, pour que la restauration de l'Allemagne soit définitive, que les autres nations reviennent, elles aussi, à des conditions convenables d'existence financière et économique, et soient également mises à même de procéder aux échanges commerciaux normaux dont dépend la prospérité générale.

A la date du 31 janvier 1924, la circulation de la Reichsbank atteignait le chiffre fantastique de 483,7 quintillions de marks-papier, représentant 483,7 millions de marks-or au cours de 1 trillion de marks-papier pour 1 mark-or. D'autres instruments de paiement, billets de banques privées, monnaies de circonstance (notgeld), monnaies étrangères, etc., s'étaient ajoutés aux anciens, depuis l'été de 1922, pour suppléer à l'insuffisance du numéraire. A la fin de 1923, on se trouvait en présence d'une circulation monétaire des plus hétéroclites comprenant à la fois des monnaies étrangères, les anciens marks-papier, des coupures de bons du Trésor-dollar, des titres d'un emprunt-or, des bons du Trésor 6 p. 100, des rentenmarks, et enfin toute une série disparate de monnaies de circonstance libellées soit en or, soit en marks-papier. Le rentenmark avait été institué par l'ordonnance du 15 octobre 1923 : le montant émis à la date du 31 janvier 1924 s'élevait à 1.374 millions de rentenmarks.

La garantie de cette monnaie était constituée sur les biens fonds et autres actifs plus ou moins réalisables. Les diverses autres monnaies de circonstance ne reposaient, en majeure partie, sur aucune garantie. La réserve-or de la Reichsbank s'élevait à environ 467 millions, dont 200 millions servaient à garantir l'emprunt en dollars émis par le Reich en 1923. Dans son ensemble la couverture liquide de la monnaie était donc tout à fait insuffisante pour garantir un système permanent[1].

Le rentenmark, explique ensuite le rapport, n'était pas en fait une monnaie légale dans le pays et ne pouvait être employé que dans le commerce extérieur. L'ancienne monnaie demeurait la monnaie légale; toutefois les prix étaient exprimés partout en rentenmarks. Il était donc nécessaire que les paiements fussent effectués en rentenmarks ou en reichsmarks fixes. La Reichsbank a, en conséquence, accepté des reichsmarks à raison de 1 rentenmark pour 1 billion (numération allemande), soit mille milliards de marks-papier, et les rentenmarks étaient acceptés également au même taux pour le paiement des impôts.

En dépit du caractère provisoire et précaire du rentenmark, et bien que l'exportation de cette monnaie fût inter-

1. Rapport des experts, page 37.

dite, le change allemand n'en conservait pas moins une stabilité temporaire. L'équilibre résultait-il de facteurs psychologiques et d'un retour de confiance, ou d'une diminution de la consommation intérieure et d'une restriction des importations ? Les avoirs allemands exportés à l'étranger, et qu'on avait évalués un peu au hasard entre 5 et 7 milliards de marks-or, n'étaient-ils point, d'autre part, utilisés pour faire face aux paiements extérieurs ? Ces diverses causes ont pu exercer sur le change allemand une action assez efficace pour empêcher de nouvelles fluctuations. Mais ce qui, par-dessus tout, provoquait la stabilité momentanée du change, c'était évidemment la conviction générale qu'une solution était prochaine et qu'un régime de saine monnaie ne tarderait pas à être institué. En attendant, les industriels pouvaient sans doute obtenir des crédits extérieurs à un taux d'intérêt exorbitant, mais qui leur assuraient un moment de répit.

Quoi qu'il en soit, cette situation ne pouvait guère se prolonger et le Comité des experts avait mille fois raison de proposer la création aussi rapide que possible « d'une nouvelle banque d'émission qui absorberait les monnaies existantes, liquiderait la Rentenbank et la Reichsbank et fournirait, contre une couverture bancaire admise, les devises étrangères nécessaires à 'la reprise du commerce de l'Allemagne ». Sur les ruines accumulées de la faillite monétaire qui avait joué le rôle d'un impôt largement progressif sur le capital et qui avait pratiquement liquidé les dettes intérieures du Reich, on pouvait ainsi édifier une institution « qui serait suffisamment nouvelle dans sa politique et son administration pour se libérer entièrement des erreurs d'un passé récent et rétablir les anciennes traditions de la banque allemande ».

Constituée au capital de 400 millions de marks-or, la nouvelle banque serait organisée par un comité spécial qui

arrêterait le texte des statuts. La banque serait gérée par
un comité de direction dont tous les membres seraient
Allemands. Mais ce comité serait lui-même contrôlé par un
« conseil général » composé de quatorze membres dont sept
seraient Allemands et sept autres étrangers (de nationalité
anglaise, française, italienne, belge, américaine, hollandaise
et suisse). Le président du conseil général serait également
président du comité de direction. Mais le commissaire
devrait être un étranger nommé par le conseil général ; il
aurait pour mission d'assurer « l'exécution de la loi orga-
nique et des règlements statutaires relatifs à l'émission des
billets et au maintien des réserves de la banque garantissant
cette émission ». A cet effet, « le commissaire aura le droit
de se faire fournir toutes les statistiques et documents qu'il
jugera utiles » et de procéder à toutes investigations.

Le comité de direction ne pourrait faire au Reich que des
avances temporaires d'une durée de trois mois et dont le
solde débiteur ne dépasserait pas 100 millions. La banque
aurait le privilège exclusif de l'émission des billets circulant
en Allemagne. En attendant que la convertibilité en or des
billets pût être librement effectuée, la banque devrait toujours avoir une réserve normale d'or ou de devises-or d'au
moins 33 et 1/3 p. 100 de l'ensemble de l'émission des
billets. Les rentenmarks seraient retirés de la circulation
par les soins de la banque. Le gouvernement allemand
abandonnerait tous ses droits sur le produit de la liquidation de la Reichsbank, mais la banque accepterait la responsabilité du remboursement des bons du Trésor libellés
en dollars jusqu'à concurrence de 210 millions de marks-or
et recevrait du gouvernement des bons-or pour un montant
égal. De même la nouvelle banque rembourserait les billets
actuellement en circulation à raison d'un trillion de marks-
papier pour un mark-or.

En ce qui touche la liquidation de la Rentenbank,
700 millions de ses billets avaient été « délivrés à la Reichsbank pour des ouvertures de crédit à consentir par cette

dernière aux industriels et aux commerçants allemands ». Cette somme étant garantie par des traites ou des créances remboursables en rentenmarks, il n'y avait donc pas lieu de s'en occuper. Par contre, 1.100 millions de rentenmarks avaient été remis au gouvernement allemand ; la nouvelle banque les rembourserait aux porteurs dans un délai de dix ans ; à cet effet, la Rentenbank remettrait à la banque d'émission toutes les sommes provenant soit des propriétaires frappés d'hypothèque de la Rentenbank, soit de l'État. Dès que les versements effectués par la Rentenbank ou par le Reich atteindraient le montant de 1.100 millions, le gouvernement et la Rentenbank seraient complètement dégagés envers la banque.

Assurer la stabilité monétaire, en toute indépendance et en dehors de toute ingérence du gouvernement, tel était par conséquent le rôle essentiel de la nouvelle banque. Il était prévu en outre que « tous les fonds réunis en Allemagne au titre du Traité devraient être déposés au crédit d'un compte spécial et ne pourraient être retirés par les nations créancières que sous des conditions et avec des garanties qui protégeraient d'une façon adéquate le marché du change allemand, les intérêts des nations étrangères et l'économie allemande ».

L'équilibre du budget.

Outre la stabilité du change et l'unité économique du Reich, « la réalisation de l'équilibre budgétaire suppose dans l'avenir immédiat un certain allègement des charges du Traité ». Deux questions connexes, mais bien distinctes, ne doivent pas être confondues : 1° celle du montant des sommes que l'Allemagne peut réunir pour les appliquer au compte des réparations ; 2° celle du montant *qui peut être transféré à l'étranger*. Les sommes perçues et transférées aux alliés « ne sauraient être, à la longue,

supérieures aux sommes dont la balance des comptes per-
met le transfert sans compromettre la stabilité de la mon-
naie et du budget ». Deux problèmes restent donc nettement séparés : l'excédent budgétaire produit par l'impôt et
la possibilité de son transfert à l'étranger.

Les réparations constituent au premier chef une charge
du budget allemand. Mais si le budget est un ensemble de
décisions prises par le gouvernement et aisément appréciées par les techniciens, la balance économique d'un pays
ne peut être exactement calculée. Toutefois, les limites
posées par la balance économique sont réelles. « *Pour que
la stabilité de la monnaie soit maintenue d'une façon permanente,* il faut non seulement que le budget du pays soit
équilibré, mais encore que *les recettes qu'il réalise à l'étranger soient égales aux versements qu'il doit y faire,* y
compris à la fois les paiements pour les marchandises
importées et les sommes affectées aux réparations. L'équilibre du budget lui-même ne peut être assuré d'une façon
permanente qu'aux mêmes conditions. Des opérations
d'emprunt peuvent déguiser la situation — ou en ajourner
les conséquences pratiques —, mais elles ne sauraient la
modifier. Si les réparations peuvent et doivent être payées
à l'aide d'un poste compris dans le budget, c'est-à-dire au
moyen de l'excédent des impôts sur les dépenses intérieures, elles ne peuvent être *payées à l'extérieur qu'à
l'aide d'un excédent économique fourni par le travail du
pays.* »

C'est d'ailleurs en s'inspirant de ce principe absolu que
les auteurs du plan Dawes ont recommandé toute une série
de mesures de nature à éviter une nouvelle instabilité monétaire. Pour faire face aux paiements des réparations, il faut
sans doute que l'Allemagne en fasse figurer le montant dans
son budget ; elle devra exclusivement affecter à ces paiements les revenus qu'elle retirera des impôts sur le tabac,
le sucre, l'alcool, la bière et les douanes. Mais ces recettes
seront versées au compte de l'agent des réparations *qui ne*

*pourra en opérer le transfert en devises étrangères qu'après
y avoir été autorisé par le Comité des transferts.* Par
contre, les ayants droit auront la faculté de placer en Allemagne les fonds qui ne seraient pas employés aux livraisons en nature.

Prévues par le Traité de Versailles, ces livraisons en
nature « sont indispensables à certaines puissances et constituent un stimulant pour la production allemande, à la condition d'être limitées aux productions naturelles de ce pays,
charbon, coke, matières colorantes, etc. ». Elles ne pourront être réexpédiées par les créanciers de l'Allemagne que
si le débiteur y consent. « Au point de vue de leurs effets
financiers, ajoute le plan Dawes, les livraisons en nature ne
se distinguent pas en réalité des paiements en espèces et
elles ne peuvent à la longue dépasser l'excédent réel et
exportable de la production allemande, sans qu'il en
résulte une perturbation des changes ou la nécessité de
recourir à des emprunts extérieurs. » Que de précautions
sont ainsi prises pour assurer la stabilité monétaire ! Mais
la solution du problème des réparations « n'implique-t-elle
pas essentiellement une politique du change conduite avec
habileté et persévérance ? »

. .

Outre les revenus gagés du budget, les créanciers de
l'Allemagne recevront, à titre de paiements des réparations,
pour 11 millions de marks-or d'obligations de chemins de
fer représentées par des titres hypothécaires de premier
rang portant intérêts à 5 p. 100 avec une annuité d'amortissement de 1 p. 100. Toutefois, les paiements de ces intérêts
ne s'élèveront qu'à 330 millions de marks-or la première
année pour atteindre progressivement 660 millions en
1927-28. Confiée à une société anonyme, l'exploitation des
chemins de fer sera contrôlée par un conseil d'administration dont neuf membres sur dix-huit seront nommés par le

Trustee des obligations. Enfin 5 milliards d'obligations industrielles portant les mêmes intérêts que les obligations de chemins de fer seront remises au *Trustee*. Pendant les cinq premières années qui constitueront une période de moratoire partiel, les versements affectés aux réparations s'élèveront de 1 milliard de marks-or la première année, et, par accroissements successifs, à 2.500 millions pendant la cinquième. Mais ces versements comporteront la totalité des indemnités au titre des réparations, des restitutions, de l'occupation militaire et des frais des divers comités.

Le contrôle d'exécution du programme des réparations s'exerce, en effet, par plusieurs organismes. L'agent général des réparations en assurera la liaison avec la Commission des réparations ; il sera assisté par les commissaires à la banque d'émission, aux chemins de fer et aux revenus gagés. Le *Trustee* recevra et gérera les obligations industrielles et des chemins de fer dont les intérêts lui seront versés par l'agent général. Le comité des transferts, présidé par ce même agent général, comprendra cinq membres de nationalité différente (un Américain, un Français, un Anglais, un Italien et un Belge).

⁎⁎

Dans son ensemble, le programme des experts renferme la solution la plus raisonnable du problème des réparations et même la seule qui offrit des chances de succès. Nous avons tenu à en rappeler les dispositions essentielles, afin de bien faire comprendre à quelles déceptions on s'expose en se plaçant au point de vue juridique ou politique pour obtenir d'un pays vaincu une indemnité d'autant plus légitime en l'espèce que, après avoir voulu et déclaré la guerre, il avait commis sur le territoire envahi les pires dévastations. Mais la question de justice n'a malheureusement aucun rapport avec la capacité de paiement du débiteur, ni surtout avec le problème si compliqué des transferts des

capitaux. Le plan Dawes constitue à cet égard un document
de la plus haute valeur et renferme des principes d'une
vérité absolue. On n'en avait tenu aucun compte au cours
de l'élaboration du Traité de Versailles, et, ce qui est à peine
croyable, c'est que, à l'occasion des pourparlers relatifs
aux dettes interalliées, ces arguments d'ordre technique
n'aient pas exercé l'influence qu'ils méritaient sur nos
créanciers anglais et américains. Si l'Allemagne devait être
ménagée et ne plus payer qu'une part limitée des dommages
qu'elle avait fait subir à la France, pourquoi la France
aurait-elle à supporter le fardeau des dettes contractées
dans un intérêt commun, sans obtenir des garanties pour la
stabilité de son change et des réductions importantes dans
le cas où son propre créancier n'exécuterait pas ses promesses de paiement ? Le problème des transferts de capitaux se pose de la même manière pour nous que pour l'Allemagne ; nous ne pouvons payer qu'à l'aide des excédents de
notre balance des comptes et par le développement de
notre commerce d'exportation. Il est singulier que les Américains le reconnaissent quand il s'agit de l'Allemagne et ne
veuillent plus y songer quand il s'agit d'une puissance asso-
ciée et amie.

L'adoption du plan Dawes a eu le mérite de régler une
fois pour toutes la question si longtemps et si inutilement
discutée pendant cinq années. L'Allemagne était bien obligée d'en accepter toutes les clauses, de prendre des engagements très nets et de subir un contrôle indispensable à
son application : elle y était acculée par l'effondrement
monétaire et le désordre économique qui avaient été le
châtiment de sa résistance. Pour reconstituer sa banque
d'émission, elle devait contracter un emprunt extérieur de
800 millions de marks-or et elle n'aurait pas obtenu le
moindre concours sans accepter au préalable le programme
d'assainissement financier et monétaire qui lui était imposé.
En ce qui concerne la France, elle aurait eu mauvaise grâce
à repousser un mode de règlement qui lui était, en somme,

aussi favorable que possible, bien que moins avantageux
qu'elle ne l'avait espéré. Avec un peu plus de fermeté et de
compétence technique, nous aurions pu sans doute, au lendemain de l'armistice, arracher à l'Allemagne des promesses
plus étendues et réalisables à plus bref délai. Nous aurions
pu la contraindre, par un contrôle sévère, à éviter les
erreurs financières qu'elle a mieux aimé commettre que
remplir ses obligations. Dans l'intérêt général de l'économie de l'Europe, les États-Unis n'auraient pas pu refuser
leur concours à une œuvre de restauration plus rapide, en
ouvrant à l'Allemagne des crédits qui lui auraient permis de
se libérer en quelques années de sa dette envers les pays
qu'elle avait assaillis. Mais il eût fallu, au lendemain de la
victoire, ne pas trop exiger sous peine de tout perdre. Les
délégués américains à la Conférence de la paix nous avaient
donné à ce sujet les meilleurs conseils que nous avons été
finalement obligés de suivre, après des négociations inter-
minables et des déboires qui ont entraîné, pour nos finances,
les plus regrettables conséquences.

CHAPITRE V

LA PREMIÈRE BATAILLE DU FRANC

Revenons maintenant un peu en arrière pour expliquer les origines de la crise du change qui atteindra son maximum le 8 mars 1924. Les fluctuations des devises étrangères s'étaient déjà traduites, en 1922, par une hausse de la livre sterling d'environ dix points : d'une moyenne de 53,07 en décembre 1921, les cours s'étaient élevés à 63,80 en décembre 1922. L'indice des prix de gros accusait une tendance analogue et, par rapport au quatrième trimestre de 1914, il montait, pendant la même période, de 313,8 à 348,7. Le Trésor avait éprouvé un certain embarras ; il avait été obligé de réclamer aux sociétés de crédit quelques avances assez vite remboursées du reste sur le produit de ses emprunts et, en fin d'année, il n'avait pu diminuer le montant des avances de la Banque de France que de 1.200 millions, au lieu des 2 milliards prévus par la Convention de 1920.

Au début de 1923, la tension des changes se continue pour ne prendre toutefois un caractère plus sérieux qu'au mois d'août. La spéculation étrangère a pris position à la

baisse du franc après l'occupation de la Rhur désapprouvée
par l'Angleterre et les pays neutres. La Belgique ne s'est
décidée à se joindre à nous qu'avec regret et, comme ses
hésitations sont bien connues et qu'on cherche à la faire
reculer, c'est sa devise qui sera l'objet des attaques les plus
prononcées. Le ministère Theunis est troublé par cette
offensive brusquée ; pour l'encourager à rester à nos côtés,
nous l'autorisons à emprunter 400 millions sur la place de
Paris. Mais la Belgique a moins besoin de francs que de
livres et de dollars ; elle échangera donc peu à peu ses
francs contre des devises appréciées dont les cours suivront
une courbe ascendante. Puis, comme la France ne semble
pas disposée à renoncer à l'occupation de la Rhur, immédiatement après la fin de la résistance passive, les banques
anglaises et américaines se retournent contre nous ; elles
dénoncent les crédits qu'elles avaient l'habitude de consentir aux industries françaises et notamment aux chemins
de fer. Tandis que, naguère, les échéances de nos approvi-
sionnements de charbon et autres étaient reportées sans
difficulté à une date ultérieure, les banques étrangères se
refusaient cette fois à en ajourner le règlement. Les débiteurs
se trouvaient par suite acculés à des achats précipités de
livres et de dollars dont les demandes en faisaient monter
les cours.

A la même époque, le cabinet Poincaré subissait les
assauts répétés de l'opposition qui préparait sa campagne
électorale contre la majorité ministérielle. Le cartel déjà
formé entre les radicaux et les socialistes poussait à fond
ses attaques contre les finances publiques, le déficit budgétaire et les gaspillages dans les régions libérées. Exagérées
ou non, mais toujours d'une extrême violence, ces polémiques faisaient le jeu de nos adversaires du dehors et les
amis de l'Allemagne en tiraient parti pour exercer sur les
marchés du change une influence défavorable à notre
monnaie, en même temps que pour nous contraindre à
évacuer la Rhur. La plupart des journaux étrangers, même

ceux qui ne nous étaient pas d'ordinaire hostiles, critiquaient notre gestion financière et nous conseillaient de mettre un terme aux expédients.

Pour repousser l'offensive étrangère dirigée contre le franc, il nous fallait sans doute améliorer notre situation financière, mais aussi obtenir à l'étranger des crédits immédiats. Au mois de décembre 1923, le ministre des Finances, M. de Lasteyrie, engageait des pourparlers pour émettre un emprunt extérieur du Crédit National, puis pour les chemins de fer de l'État. Mais les intermédiaires se dérobaient. S'ils n'osaient pas donner nettement les motifs de leur réserve au ministre des Finances, ils parlaient plus franchement à la Banque de France ; ils affirmaient que toute tentative d'emprunt échouerait dans leurs pays jusqu'au jour où la France serait résolue à changer de politique financière, à équilibrer solidement ses budgets et à amortir sa dette flottante. Quelques-uns ajoutaient même que le problème des réparations devait recevoir une solution rapide.

Pendant que ces conversations s'engageaient dans le plus grand secret, l'offensive contre le franc se poursuivait sans répit. Elle avait pris un caractère aigu après la publication du bilan de la Banque de France du 3 janvier 1924, qui accusait une circulation de 39.114 millions, supérieure de 1.200 millions à celle du 21 décembre précédent. Le poste des avances à l'État atteignait 23.100 millions, ne laissant plus qu'une faible marge de 100 millions sur le maximum de 23.200 fixé le 31 décembre 1923. Pour permettre au Trésor d'effectuer à cette date un remboursement de 800 millions, qui le mettait dans le plus grave embarras, la Banque de France avait d'ailleurs consenti à souscrire pour 700 millions de bons à court terme. Enfin, l'emprunt, émis le 15 janvier par le Crédit National, n'avait produit que la moitié de la somme escomptée de 3 milliards. La situation de la Trésorerie devenait de plus en plus inquiétante ; les demandes de change se multiplaient en raison de la hausse des cours ; elles se traduisaient par des retraits de fonds

dans les sociétés de crédit qui, pour y faire face, devaient
se faire rembourser les bons venant à échéance qu'elles
avaient en portefeuille, ce qui aggravait nécessairement
la crise de Trésorerie. Dès le 21 février, le « plafond » des
avances menaçait de s'écrouler ; le Trésor vendait à réméré
2 millions de livres sterling, ce qui lui procurait 200 millions de francs. Et, le 6 mars, il empruntait aux sociétés de
crédit la somme considérable de 900 millions obtenue par
des escomptes d'effets de commerce à la Banque de France.

Le ministre des Finances n'était pas cependant resté
inactif. Il avait repris son projet de l'année précédente,
repoussé par la Chambre et qui avait pour but de créer de
nouvelles ressources fiscales par une augmentation de deux
décimes portant sur la plupart des impôts. Mais ce projet
avait été alourdi, au Conseil des ministres, d'un nombre
d'articles considérable : autorisation, dont on ne devait pas
se servir, de procéder par décrets à des réformes administratives permettant de réaliser des économies d'un milliard ;
renforcement du contrôle sur les opérations de change ;
suppression du monopole de la fabrication des allumettes,
qui ne fut pas réalisée ; création du bordereau de coupons
à laquelle on devait plus tard renoncer ; augmentation du
prix de vente des tabacs et des tarifs postaux, télégraphiques et téléphoniques, etc. La discussion d'un projet
contenant 107 articles devait être d'autant plus longue
qu'elle se heurtait à l'opposition et à l'obstruction d'une
ardente minorité, surtout préoccupée du prochain renouvellement de la Chambre et résolue à combattre le double
décime et les décrets-lois dans ses programmes électoraux.
Ce n'est qu'au bout d'un mois d'efforts, d'incidents tumul-
tueux et de séances de nuit que la majorité put avoir raison
de ses adversaires. L'opinion publique et la Bourse continuaient à s'alarmer ; les cours du franc et des valeurs mobilières ne cessaient de fléchir.

Était-il certain, d'autre part, que le vote trop tardif de
l'ensemble du projet de loi par la Chambre des députés

allait enfin conjurer la crise du change? Le Sénat ne le
croyait pas et il se dessinait, dans sa commission des
Finances, une hostilité assez prononcée contre le double
décime et les décrets-lois. Il fallait à la fois le décider à aller
plus vite et trouver des moyens techniques d'agir sur les
marchés du change.

On les cherchait depuis plusieurs mois et on sollicitait la
Banque de France d'engager, s'il était nécessaire, ses
réserves d'or pour combattre la spéculation. Mais la Banque
de France, éclairée par les renseignements qui lui venaient
de l'étranger, hésitait à prendre ce parti extrême. Elle
n'avait pas oublié que, dans des circonstances beaucoup
plus désespérées, il est vrai, la Reichsbank avait vainement
tenté d'enrayer la chute du mark en jetant sur le marché
une partie de son or. Elle croyait, et elle avait raison, qu'une
intervention n'aurait de chances sérieuses de succès que si
elle était précédée d'une action gouvernementale ayant pour
but un redressement financier et monétaire des plus énergiques et poursuivi avec persistance. A quoi servirait-il d'exposer ses réserves métalliques à un affaiblissement continu
et dangereux, si par ailleurs son intervention n'était pas
secondée par un revirement de l'opinion française et surtout
étrangère en faveur de notre monnaie ? Faire voter au plus
vite par les deux Chambres le projet du double décime, exonérer les bons de la D. N. de l'impôt général sur le revenu,
afin d'en accroître les souscriptions : tel était le programme
à suivre dont la Banque de France s'efforcerait ensuite d'assurer le plein succès, en usant du procédé classique qui
consistait à augmenter le taux d'intérêt de l'escompte et
des avances sur titres.

La spéculation étrangère.

Entre temps, M. Bokanowski, rapporteur général du
budget de la commission des Finances du Palais-Bourbon,
avait remis, le 1ᵉʳ mars 1924, à M. de Lasteyrie et à M. Ray-

mond Poincaré, président du Conseil, une note très complète sur le rôle prépondérant qu'avait joué la spéculation étrangère dans la bataille du franc, et sur les moyens de la combattre. Cette note technique du plus haut intérêt a été publiée un peu plus tard « à titre documentaire » dans le rapport de M. Bokanowski sur le projet de loi adopté avec modifications par le Sénat et relatif à la création de nouvelles ressources fiscales »[1]. Aux termes de cette note, que nous allons analyser et commenter, la crise du change avait eu sans doute pour point de départ les alarmes que faisait naître, à l'intérieur et à l'extérieur, la gestion des finances publiques. Mais elle avait été, en outre et surtout, provoquée et entretenue par une manœuvre spéculative de large envergure.

La dépréciation successive des devises autrichienne, allemande et hongroise avait favorisé les manœuvres des spéculateurs qui, après avoir pris position à la baisse de ces monnaies, notamment en Europe centrale, s'étaient assuré des bénéfices considérables. Ils jouaient alors à coup sûr, ajouterons-nous, puisque l'accroissement démesuré de la circulation fiduciaire ne pouvait que précipiter la chute de ces monnaies dont la diminution continue du pouvoir d'achat se manifestait par une hausse accélérée des prix. La stabilisation de la couronne autrichienne et la création du rentenmark ayant mis fin à ces fructueuses opérations, les spéculateurs se sont attaqués à notre devise dont la baisse leur semblait certaine.

Notre situation financière était, à leur avis, des plus précaires. Le budget ordinaire n'était point équilibré et le budget des dépenses recouvrables n'était alimenté que par des

1. Le texte complet de cette note nous a été communiqué par son auteur, M. A. Salomon Cahen, de la maison S. Cahen et Cⁱᵉ, dont l'un des associés, M. Robert Wolff, technicien fort intelligent, mais dont nous ne partageons pas toutes les idées en matière monétaire, est le beau-frère de M. Bokanowski. Nous nous sommes largement inspiré, dans les explications qui vont suivre, des vues personnelles de M. Salomon Cahen qui, sur le point capital du rôle de la spéculation étrangère, ne peuvent prêter à aucune objection.

emprunts à jet continu. Dans ces conditions, la valeur extérieure du franc, qui s'accuse par la cote des changes, n'était-elle pas surestimée ? D'autre part, notre politique extérieure, dont l'occupation de la Rhur était à leurs yeux une manifestation peu clairvoyante, leur inspirait la même défiance que notre politique financière. En contrariant notre dessein de faire capituler l'Allemagne, les spéculateurs étrangers avaient en outre l'espoir de s'assurer des gains appréciables, et c'est d'ailleurs ce qu'ils avaient réussi à faire pendant toute la période de crise qui s'était déclanchée avec une violence particulière au début du mois de janvier 1924.

Que cette crise ait été aggravée comme le pense M. S. Cahen, par les attaques de certains journaux contre le crédit public, à l'occasion du remboursement des avances de la Banque de France, dont la question s'était posée en décembre 1923 ; qu'elle ait été, au contraire, comme nous en sommes convaincu, provoquée par la publication des bilans de la Banque accusant une augmentation croissante des deux postes de la circulation et des avances de l'État, peu importe : elle éclatait à tous les yeux et le gouvernement, qui devait nécessairement s'en alarmer, ne paraissait pas en comprendre tout d'abord les causes réelles. Il avait recours à de puériles mesures de police pour expulser de la Bourse du change quelques étrangers sans doute indésirables, mais dont l'influence sur le marché était à peu près nulle.

Mieux valait, en effet, et comme on l'a fait le 15 janvier 1924, déposer un projet de loi ayant pour objet de créer de nouvelles ressources fiscales et de réaliser par décret des économies immédiates, afin d'assurer le plein équilibre du budget. Mieux valait aussi, pour fournir des ressources au Trésor, encourager les souscriptions aux bons de la D. N., en exonérant ces valeurs à court terme, comme on devait le faire ensuite, de l'impôt général sur le revenu. Cependant, l'impression produite par le projet de redressement financier du gouvernement n'était pas d'une efficacité rapide; la lenteur de sa discussion, qui ne s'est achevée que le 23 février, et la violence des attaques de l'opposition, ne pouvaient décourager la spéculation étrangère ; lorsque le Sénat a manifesté à son tour l'intention d'examiner avec soin le projet du gouvernement et d'en retarder ainsi l'application, le mouvement de baisse du franc ne pouvait guère s'arrêter.

Il ne suffisait pas, au surplus, de combler le déficit du budget pour exercer sur le change une action immédiate. Il fallait, de toute nécessité, faire intervenir la Banque de France qui, sans pouvoir se dérober à son devoir, déclarait toujours que son action n'aurait d'effet utile qu'à la condition d'être secondée par les propres efforts du gouvernement, par une courageuse entreprise de restauration financière et par une volonté bien nette de ne pas accroître le montant des avances de l'Institut d'émission à l'État. La Banque de France n'a cessé, en effet, hier comme aujourd'hui, de combattre tout recours à la planche à billets pour les besoins du Trésor. Sa politique n'a jamais varié : elle a toujours voulu reprendre le contrôle du marché monétaire, en réglant au mieux de l'intérêt général la circulation fiduciaire et, dans ce dessein bien défini, en obligeant l'État, dans la mesure où elle le pouvait, à tenir ses promesses de remboursements en fin d'année.

.*.

Quelle était, au cours de la crise du change, la tactique de la spéculation étrangère ? Sur ce point spécial, la note de M. S. Cahen donne des renseignements du plus haut intérêt et d'une parfaite exactitude. La spéculation dispose tout d'abord d'une masse de manœuvre, constituée par les francs « flottants », qui appartiennent aux étrangers et ont été mis en dépôt dans les banques parisiennes, d'une part, et, de l'autre, par les crédits en francs qu'ils possèdent en comptes-courants dans les banques de leur propre pays, lesquelles à leur tour, ont un compte en francs dans leurs succursales de Paris ou dans n'importe quel établissement français. Ce

« flottant » nous a servi du reste dans le passé à redresser
la balance de nos paiements extérieurs, en nous fournissant
du change à un prix plus ou moins élevé et, cela va de soi,
acquitté par des ventes de francs. Ces francs peuvent être
employés en placements de toute nature ; mais, lorsque des
réalisations se produisent, elles augmentent de nouveau la
masse du flottant.

Lorsqu'un spéculateur prend position à la baisse du franc,
il vend des francs au comptant et, d'après les usages en
vigueur. il doit les livrer quarante-huit heures après son opération. Mais s'il vend à découvert les francs qu'il n'a pas, il
es emprunte pour une période d'un mois, de deux mois ou
de trois mois, et il faut nécessairement qu'il les trouve dans
le flottant que les détenteurs consentiront à lui prêter, s'ils y
ont avantage, en échange d'un certain taux d'intérêt. Il est
évident que le taux d'intérêt consenti par ces prêts constitue
à la fois un indice de l'importance du flottant et de l'intensité
de la demande des emprunteurs ; il doit forcément s'établir
par la différence des cours entre le comptant et le terme et,
en temps normal, il représente la différence des taux d'intérêt pratiqués sur les diverses places pour des emplois à
court terme. Si, par exemple, le taux d'intérêt courant est
de 8 p. 100 à Paris et de 2 p. 100 à Londres, l'écart est de
6 p. 100 par an ou de 0,50 par mois. Par conséquent, si le
cours de la livre sterling est de 100 francs, la cotation à
terme d'un mois sera de 100,50. Mais si la différence entre le
comptant et le terme a une tendance à monter, on peut en
conclure qu'il existe une position spéculative à la baisse du
franc. Or, pendant la période de crise de notre change, le
déport avait atteint, notamment sur diverses places conti-
nentales, 15, 20, 25 p. 100 et même davantage, au lieu du
taux normal de 6 p. 100. Il en résultait donc que les vendeurs
de francs à découvert avaient une peine de plus en plus
grande à emprunter des francs sur les marchés où ils opéraient.

Par le jeu de l'arbitrage en reports de devises, les taux en usage sur les diverses places ne tardent pas à se niveler. Si, par exemple, une banque établie à Londres trouve à emprunter à un taux intérieur, à Amsterdam, des francs contre des livres sterling sur la base des cours de Paris, cette banque peut obtenir en France même les francs nécessaires à l'accroissement de la masse de manœuvre mise à la disposition des spéculateurs étrangers et ce, dans des conditions avantageuses au point de vue financier. C'est pour ce motif que, vers la fin de janvier 1924, le ministre des Finances s'est préoccupé de faire cesser de telles opérations, en demandant à toutes les banques établies en France, y compris les succursales des banques étrangères, de ne pas accepter ces reports de devises chaque fois qu'ils devaient se traduire par des prêts de francs à des établissements ayant leur siège à l'étranger. De cette manière, on éviterait que, aux francs possédés par des étrangers, s'ajoutassent les propres disponibilités de nos nationaux. Mais, quelle que soit l'importance du déport, il n'est pas, à lui seul, susceptible de décourager la spéculation ; un taux de 25 p. 100 sur la livre sterling ne représente, après tout, que 7 centimes par jour, ce qui est peu comparable aux différences de cours à la Bourse du change ; le déport est simplement un indice de l'étendue de la spéculation et la preuve de ses difficultés à emprunter des francs flottants.

La spéculation pouvait du reste engager sa bataille contre le franc sous une autre forme moins onéreuse et non moins efficace. Toute dépréciation d'une monnaie se traduit fatalement par une hausse des « valeurs-or », matières premières ou titres cotés en Bourse, par exemple. En achetant à terme ces valeurs-or sur le marché français, les spéculateurs savaient par expérience que leurs opérations produiraient un double effet : elles obligeraient les vendeurs français à se couvrir, d'un côté, en marchandises ou en titres, par des achats correspondants au dehors et, de l'autre, par du *change* destiné au règlement extérieur de ces marchandises ou de ces titres. L'action de ces achats sur les cours de notre devise était donc identique à celle qu'exerçait une vente de francs.

Accentuant ainsi le mouvement de hausse qui provoquait à son tour une répercussion d'ordre psychologique sur le marché, ces achats étrangers avaient pour effet de créer une panique que les producteurs et les capitalistes français alarmés ne manquaient pas d'accélérer, en précipitant leurs propres demandes ; il en résultait une envolée des valeurs-or ayant pour contre-partie fatale la baisse de nos valeurs à revenu fixe et, en premier lieu, de nos fonds d'État. En outre, la spéculation en retirait des bénéfices qui augmentaient ses disponibilités en francs.

Entravée dans son action, qui s'était largement exercée du 15 janvier à la fin de février, par les mesures de restriction de crédits qu'avaient décidées le ministre des Finances et le ministre du Commerce, la spéculation étrangère s'est alors servie d'autres moyens pour continuer sa campagne de baisse. Elle procède, sur les places étrangères, avec les disponibilités qui lui restent, à de nouvelles ventes de francs qui en font baisser les cours et impressionneront, le lendemain, le marché de Paris. Et comme, au même moment, les importateurs français s'alarment de plus en plus et achètent bien vite les devises nécessaires à leurs règlements commerciaux, le change extérieur recommence à monter et la spéculation en profite pour se racheter et se reconstituer avec profit de nouvelles disponibilités en francs. Qu'on suppose la livre sterling fixée au cours de 98 et atteignant, quelques jours après, 105 : le bénéfice s'élèvera à 7 francs par livre sterling et si la devise anglaise monte ensuite à 110, la différence des cours accroîtra les avantages de l'opération. Chaque mouvement de baisse du franc rend d'ailleurs plus aisée la manœuvre spéculative qui nécessite alors de moindres capitaux : avec la livre à 80 francs, par exemple, il lui faut disposer de 10 millions de livres pour emprunter 800 millions de francs ; avec la livre à 100, elle peut, ou ne consacrer que 8 millions de livres à ses reports de francs, ou, en continuant à employer 10 millions de livres, emprunter — et vendre — une nouvelle masse de 200 millions de francs[1].

∴

Le succès de la spéculation avait tout d'abord pour effet, en entraînant une hausse des changes, de provoquer une hausse des prix intérieurs. La hausse des prix intérieurs entraînait ensuite une augmentation de la circulation fiduciaire, dans la mesure où elle n'était pas suivie d'une restriction de la consommation intérieure. Le plafond des avances de la Banque à l'Etat ne pouvait résister à la pression des titulaires de comptes de dépôts à vue et à terme (bons de la D. N.) effectués dans les caisses du Trésor; ceux-ci étaient bien obligés de se faire rembourser ce qui leur était dû, lorsque la hausse des prix se faisait sentir, puisqu'ils avaient besoin d'une plus grande quantité de moyens de paiements pour faire face au règlement de leurs propres dettes. Il résultait donc fatalement de ces remboursements un accroissement des avances de la Banque à l'Etat[2]. C'est pour cette raison que le Trésor avait été obligé de faire appel aux avances des sociétés de crédit.

La hausse des prix, l'augmentation de la circulation et

1. Exemple cité dans la note de M. Salomon Cahen.

2. M. S. Cahen, de même que M. Robert Wolff et d'autres techniciens, exprime à cet égard l'opinion que cette augmentation des avances n'a pas l'importance qu'on lui attribue d'ordinaire. Nous ne partageons pas leur avis. L'accroissement de la circulation, provoqué par de nouvelles avances de la Banque à l'Etat, exerce toujours une action déprimante sur le change *pour des motifs d'ordre psychologique*: les détenteurs de francs s'en alarment et ils achètent des devises étrangères pour se couvrir contre les risques d'une dépréciation de la monnaie en voie d'inflation. Le même phénomène ne s'est-il pas produit, du reste, en Allemagne, en Autriche, en Pologne, en Russie, etc., lorsque les gouvernements de ces divers pays se sont servis de la planche à billets pour solder leurs dépenses ?

Sans doute, la hausse des changes et des prix est toujours suivie d'un accroissement de la circulation fiduciaire. Mais l'inflation n'en est pas moins la cause première de la hausse des changes et des prix qui entraîne à son tour une recrudescence d'inflation. C'est la « spirale sans fin » ou le cycle fatal si souvent décrit par Gustav Cassel, Vissering et autres techniciens dont les théories monétaires ont été confirmées par l'expérience des faits qui se sont produits dans l'Europe centrale.

des avances de la Banque font naître dans le public une
panique qui se traduit par des ventes précipitées de francs
et de valeurs mobilières à revenu fixe ; si elle n'est pas
enrayée par des mesures énergiques, elle conduit à la débâcle monétaire, à l'effondrement du crédit public et privé.
Ces mesures étaient d'ailleurs indiquées. Elles consistaient
à rassurer d'abord les porteurs de francs, en équilibrant le
budget dont le déficit est générateur d'inflation, et à engager
ensuite une contre-offensive énergique contre la spéculation
étrangère. La situation du Trésor alarmait à la fois le ministre des Finances et le Conseil général de la Banque de
France qui tenait des séances quotidiennes. Sans doute, une
baisse du change étranger aurait arrêté le remboursement
continu des bons à court terme venant à échéance ; mais comment obtenir à cet effet des crédits extérieurs que le gouvernement avait vainement réclamés à Londres et à New-York ?
Les associés parisiens de la banque Morgan déclaraient, le
8 mars, que les conditions nécessaires de toute intervention
utile sur le marché n'étaient pas remplies ; les projets fiscaux
n'étaient pas votés par le Sénat ; les conclusions du comité
Dawes n'étaient pas arrêtées et il conviendrait de les accepter
sans hésitation pour mettre fin à des incertitudes troublantes
sur le règlement de la dette allemande. Après avoir décidé,
dans la matinée du 8 mars, la Commission des finances du
Sénat à adopter son projet de double décime, M. de Lasteyrie était, il est vrai, en meilleure posture pour convaincre
la Banque de France de l'urgence de son intervention. Dans
la même journée du samedi, la spéculation avait réussi à
faire baisser le cours du franc, sur la place de New-York, à
la parité de 123 par rapport à la livre sterling et il fallait se
hâter de prendre position contre un mouvement de baisse
aussi dangereux qu'exagéré.

La réunion historique de l'Élysée.

Le ministre des Finances avait la ferme volonté d'aboutir
à une solution rapide. Dans un entretien avec le Président

de la République et le Président du Conseil qui avait lieu le
samedi soir, il les décida à convoquer à l'Élysée, pour le
lendemain matin, le dimanche 9 mars, le gouverneur, les
deux sous-gouverneurs et les régents de la Banque de
France. M. J. Leclerc, sous-gouverneur et ami personnel du
ministre des Finances, dont il avait été le chef de cabinet,
était au courant des négociations poursuivies et il se hâta
de prévenir par téléphone les personnes qui devaient assister
à cette sorte de conseil suprême. Plusieurs régents s'étaient
dispersés et ne devaient rentrer que le lundi. M. Lœderich,
notamment, était à Épinal et n'avait été averti que quelques
instants avant le départ du train de Paris. Ses amis l'inter-
rogeaient : « Que se passe-t-il donc à Paris ? Est-ce une révolution ? » Sans le savoir exactement, M. Lœderich n'ignorait
pas la gravité des événements et il ne pouvait manquer de
remplir son devoir, en reprenant sans délai le chemin de la
gare où il arrivait assez vite pour se trouver à son poste le
lendemain matin.

Le Conseil général de la Banque était donc au complet, ou
peu s'en faut, car tous les Trésoriers généraux n'avaient pu
être convoqués assez tôt, lorsque s'ouvrit l'Élysée, à neuf
heures et demie du matin, la réunion historique du 9 mars
qui devait se terminer par des décisions de la plus haute
importance. M. Alexandre Millerand, qui la présidait, avait,
depuis la veille, le ferme dessein de faire triompher les vues
du ministre des Finances et il le soutint avec l'énergie cou-
tumière qu'il apportait dans ses résolutions réfléchies.
M. Raymond Poincaré s'engagea très nettement à poursuivre
l'assainissement de la Trésorerie, afin d'échapper ainsi au
danger d'une inflation ou d'un moratorium que redoutaient
les régents de la Banque : il promettait de faire exonérer
par une loi les bons de la D. N. de l'impôt général sur le
revenu et de préparer la consolidation de la dette flottante.
Après quelques observations du baron de Rothschild et de
M. Georges Robineau, auxquelles répondit M. de Lasteyrie,
il n'y avait plus à hésiter et le Conseil général se borna à

tenir une réunion de pure forme pour accepter la mise en
œuvre immédiate des ressources de la Banque de France
dans l'intérêt supérieur du pays auquel il fallait, comme
pendant la guerre, tout sacrifier.

Une note officielle, communiquée, dans l'après-midi du
dimanche, aux journaux, était conçue dans les termes que
voici :

Une réunion a eu lieu ce matin à l'Élysée sous la présidence
de M. Alexandre Millerand, Président de la République. Y
assistaient, avec le président du Conseil et le ministre des
Finances, le Gouverneur et les sous-gouverneurs de la Banque
de France, ainsi que les membres du Conseil général de la
Banque.
Toutes les mesures nécessaires à l'assainissement de la
situation financière ont été envisagées. Le gouvernement
insistera, comme il l'a déjà dit, auprès du Sénat pour le vote
rapide des projets financiers et rappellera les déclarations
qu'il a faites à la Chambre sur la nécessité de réduire les
dépenses et de mettre fin à la politique d'emprunt. La Banque
continuera de s'associer aux efforts du gouvernement et
prendra à cette fin toutes dispositions utiles.

L'intervention prochaine de la Banque de France sur le
marché était ainsi discrètement annoncée. Mais si les réserves
métalliques devaient être engagées dans un dessein de salut
public, des envois d'or à Londres, et surtout à New-York,
auraient nécessité un certain délai et il y avait avantage à
les remplacer par des ouvertures de crédit gagées sur l'encaisse de la Banque. Des disponibilités furent rapidement
accordées par l'entremise de Sir Robert Kinderslay, directeur de la Banque d'Angleterre, et par celle de M. Harjès,
représentant de la maison Morgan. On a su plus tard qu'elles
s'élevaient à 4 millions de livres et à 100 millions de dollars.

*
* *

Si la bataille avait été perdue, la Banque de France aurait
dû rembourser à ses prêteurs, outre la commission d'usage
de 1 p. 100 et un intérêt de 5,50 p. 100 environ, 620 millions
de francs-or qu'elle n'aurait pu payer que par un prélève-

ment sur son encaisse. Il s'agissait donc de mettre en
déroute avec les moindres risques les spéculateurs qui
avaient vendu des francs à découvert et leur infliger, par une
série de manœuvres habilement conduites, un châtiment
mérité. L'emploi des crédits américains et anglais était
naturellement réservé à la Banque de France. Un certain
nombre de banquiers parisiens et le directeur du Mouvement
général des Fonds, M. de Motty, se réunissaient chaque
matin dans le cabinet de M. Ernest Picard, sous-gouverneur
de la Banque, assisté du secrétaire général, M. Albert
Aupetit, et du directeur des Études économiques, le regretté
M. Jules Descamps, pour discuter les meilleures méthodes
de contre-offensive que la maison Lazard se chargerait
d'exécuter à l'ouverture des marchés.

L'intervention commença à se déclancher dans des proportions modestes dans la séance de la Bourse du lundi
10 mars où le cours de la livre fléchit à 115,50, sans subir
de changement appréciable le lendemain. Mais, dès le mercredi 12 mars, le marché de New-York accentuait la reprise
du franc ; il avait été vivement impressionné par un communiqué du gouverneur de la Banque de France, adressé
aux représentants parisiens de la maison Morgan, avec l'autorisation du ministre des Finances ; ce communiqué avait
été câblé en Amérique et venait d'être affiché à la Bourse
de New-York.

Après avoir conféré avec le gouvernement, déclarait
M. Georges Robineau, je suis en mesure de vous assurer que
des mesures complètes vont être prises pour améliorer la
situation financière. Pratiquement, le gouvernement insistera
pour que le Sénat (la Chambre ayant déjà émis un vote favorable) prenne une décision rapide sur le projet relatif à l'augmentation des impôts réalisant l'équilibre de l'ensemble du
budget et ratifie une politique en vue de supprimer toute
dépense nouvelle qui n'aurait pas une contre-partie de recettes
correspondantes.

Tant que la situation financière n'aura pas été sérieusement
améliorée, le gouvernement ne fera aucun nouvel appel au
crédit, sauf pour la consolidation de la dette flottante, et il
n'émettra ultérieurement aucun emprunt, même pour les

régions libérées, sans en assurer le service par des recettes budgétaires normales.

La Banque de France continuera à s'associer à tous les efforts du gouvernement et prendra elle-même toutes les mesures qui dépendent d'elle.

Ce communiqué était évidemment destiné à produire une impression d'autant plus favorable au redressement du franc que, au même moment, on apprenait que des crédits importants étaient consentis à la Banque de France en Amérique et en Angleterre. Les promesses du gouvernement, d'une part, et les crédits extérieurs, de l'autre, devaient permettre, cette fois, d'exercer une influence plus rapide sur les marchés du change. On a prétendu que si la Banque de France avait agi plus tôt, elle aurait réussi à arrêter la baisse de notre monnaie. Mais, lorsque la Reichsbank avait tenté de défendre le mark par un procédé analogue, elle avait complètement échoué. C'est en vain qu'elle jetait sur le marché du change une partie de ses réserves d'or : l'inflation continue à laquelle le gouvernement allemand l'obligeait à se livrer s'opposait fatalement à la stabilisation du mark. L'action d'une banque d'émission ne saurait avoir le moindre effet, ou tout au moins un effet durable, que si elle s'appuie sur une action politique dirigée vers le même but.

Les efforts de la Banque de France pour combattre la spéculation à la baisse du franc auraient été parfaitement inutiles, s'ils n'avaient pas été secondés par les promesses du gouvernement de ne jamais avoir recours à l'inflation.

Le gouvernement et la Banque de France ne devaient pas agir isolément, mais prendre en même temps des mesures de salut conformes à l'intérêt général. C'est ce qu'ils ont fait et c'est pour cette raison que le succès a répondu à leurs communs efforts.

La Victoire du franc.

Le mouvement de hausse du franc s'est poursuivi à une allure plus vive le jeudi 13 et le vendredi 14 où la livre

n'était plus cotée que 92,35. Entre temps, le Président du
Conseil avait fait inscrire la discussion du projet des deux
décimes à l'ordre du jour du Sénat qui l'adoptait sans changement sérieux, dans la nuit du vendredi au samedi 15 mars,
par une majorité de 154 voix contre 139. De son côté, le
ministre des Finances parvenait à faire ratifier par les deux
Chambres, le 13 mars, le second projet tendant à exonérer
les bons de la D. N. de l'impôt général sur le revenu. Dès
lors, la voie était libre pour des interventions plus énergiques et plus soutenues. Les procédés de combat devaient
toutefois rester aussi mystérieux que possible et, pour
mieux en assurer le secret, la direction des opérations ne
tarda pas à être exclusivement confiée aux deux principaux
intéressés : le sous-gouverneur de la Banque de France et
le représentant de la maison Lazard frères.

Ces opérations furent conduites avec vigueur sur le
marché de Paris et sur les principaux marchés étrangers.
Sir Robert Kindersley était d'avis de ne pas aller trop vite
et de ne pas pousser la livre au-dessous de 80 francs. Mais
il fallait cependant frapper assez fort pour obliger les vendeurs de francs à découvert à liquider leurs positions avec
perte et laisser les livres sterling, les dollars et les florins
baisser à vue d'œil. Pour acculer les spéculateurs à une
capitulation définitive et complète, les banques françaises
leur refusaient des crédits et la Banque de France ne consentait pas à escompter, sauf dans les conditions d'usage,
les bons à court terme qu'ils voulaient céder pour tenir
leurs engagements.

Dans son *Histoire du franc*[1], Mermeix a fait un récit
impressionnant de cette contre-offensive sans merci qui
devait laisser sur le champ de bataille un assez grand
nombre de blessés, de disparus et même un suicidé. Elle
pouvait se comparer en un certain sens aux combats
héroïques livrés à l'automne de 1918 par le maréchal Foch

1. Un volume, chez Albin Michel. Paris, 1926.

aux troupes décimées et découragées de l'agresseur. Aux
assaillants de la première heure n'avaient pas tardé à se
joindre à nous les défaillants et les défaitistes qui volaient
au secours de la victoire du franc, en vendant leurs devises
étrangères pour acheter la nôtre. La hausse du franc, aidée
par une manœuvre de grand style, était donc irrésistible.
De son cours le plus haut de 27,20, le 11 mars, le dollar
tombait à 22,74 le 13 ; à 21,45 le 14 ; à 19,14 le 21 et à 18,20
le 31. Le mois suivant, la baisse des monnaies étrangères
s'accélérait : de 17,90 le 1er avril, le dollar descendait à son
cours le plus bas de 14,82 le 23 avril et, le même jour, la livre
sterling avait fléchi à 65,05. Mais ce succès était trop rapide
pour pouvoir se maintenir et ne pas provoquer une réac-
tion. Au lieu de continuer à vendre des devises étrangères,
les opérateurs français avaient désormais tout avantage à en
racheter, afin de reconstituer pour l'avenir une réserve de
change. Par d'habiles interventions, ayant pour but tantôt
d'acheter, tantôt de vendre, on réalisait, grâce aux différences de cours, des bénéfices appréciables. Après avoir
entièrement remboursé les avances de Londres et de New-
York, la Banque de France conservait un bénéfice de
plusieurs millions de dollars porté au compte d'amortissement, mais qui ne devait en aucun cas profiter à ses actionnaires. Dans le court intervalle du 13 mars au 15 avril, le
dollar et la livre avaient baissé de 40 p. 100.

*
* *

M. de Lasteyrie a rendu hommage en plusieurs circonstances au concours dévoué que lui avait prêté la Banque
de France pour assurer la victoire du franc ; il avait marché
en plein accord avec l'institut d'émission et n'avait cessé de
l'encourager en tenant rigoureusement ses promesses d'assainissement financier. En toute impartialité, on doit reconnaître que, pendant cette période tragique, M. de Lasteyrie
a rempli son rôle de ministre des Finances avec un courage

et une persistance dont on aurait dû lui savoir meilleur gré.
Mais les services rendus sont parfois oubliés bien vite et,
peu de semaines après un triomphe dont il avait été le promoteur, il succombait à la Chambre des députés, le 26 mars,
sous un vote de hasard qui n'était même pas régulier, car,
le lendemain, on s'aperçut, après certaines rectifications,
qu'il avait obtenu une faible majorité. Quoi qu'il en soit, le
cabinet Poincaré crut devoir résigner les pouvoirs qu'il
aurait pu conserver en provoquant à la Chambre un vote
plus clair. Le Président du Conseil porta à l'Élysée sa démission que refusa M. Alexandre Millerand. Chargé de reconstituer son cabinet, M. Raymond Poincaré remplaça aux
Finances M. de Lasteyrie par M. François-Marsal ; la plupart
de ses anciens collaborateurs cédèrent leurs portefeuilles à
de nouveaux ministres.

Il ne restait **plus** d'ailleurs qu'à expédier le vote de plusieurs projets de loi avant l'ajournement des Chambres qui
devait précéder les élections générales fixées au 11 mai
1924. La situation financière et monétaire s'était largement
améliorée et la confiance renaissait de plus en plus à l'extérieur. Mais la campagne électorale n'en devait pas moins
se poursuivre avec violence et par des attaques persistantes
contre ce qu'on appelait le « bloc républicain national ».
Les partisans de la politique d'union et de concorde ne
résistaient que trop mollement aux assauts de leurs adversaires. Les radicaux et les socialistes formaient des listes
communes en vue de conquérir des sièges grâce à la prime
scandaleuse accordée aux majorités et aux minorités relatives. Les injustices criantes de la loi électorale en vigueur
allaient, cette fois, profiter au « Cartel des gauches » qui
avait multiplié les promesses de dégrèvements fiscaux,
rédigé des programmes impossibles à réaliser et brisé l'ancienne majorité ministérielle.

CHAPITRE VI

LA POLITIQUE FINANCIÈRE DU CARTEL

Sommaire. — *Le cabinet Herriot-Clémentel. — La situation financière en juin 1924. — Le budget de 1925. — Les expédients de Trésorerie. — L'emprunt américain de 100 millions de dollars. — Emission des obligations 5 p. 100 amortissables. — Les chèques-contributions. — Le plafond de la circulation s'effondre. — Démission de M. Clémentel et chute du cabinet Herriot. — Première inflation de 4 milliards. — Le nouveau cabinet Painlevé-Caillaux. — Seconde inflation. — Le vote du budget de 1925. — L'emprunt à change garanti. — Le congrès de Nice et la démission de M. Caillaux. — Troisième projet d'inflation. — Chute du cabinet Painlevé. — Le ministère Briand-Loucheur. — Quatrième projet d'inflation. — Changements successifs de ministres des Finances. — La crise de Trésorerie de mai 1926.*

De graves incidents politiques devaient suivre les élections générales du 11 mai 1924. La victoire du Cartel avait grisé les coalisés qui, dès le 1ᵉʳ juin, date de la réunion de la nouvelle Chambre, réclamaient impérieusement la démission du chef de l'État. Le 4 juin, M. Painlevé était nommé Président de la Chambre par une majorité de 87 voix. M. Alexandre Millerand offrait, le lendemain, à M. Herriot la mission de former le cabinet qui succéderait à celui de M. Raymond Poincaré. Mais il se heurtait à un refus formel, puis à une grève de ministres. Le Président de la République fut ainsi obligé de faire appel au concours de ses amis pour constituer un gouvernement provisoire sous la Présidence de M. François-Marsal. Après le vote d'une motion adoptée par 327 députés contre 217, affirmant la volonté de la Chambre « de ne pas entrer en relation avec un ministère qui, par sa composition, est la négation des droits du Parlement », M. Alexandre Millerand adressa aux Chambres, le 11 juin, un message annonçant dans les termes les plus dignes qu'il résignait ses hautes fonctions. Le 13 juin, l'Assemblée nationale, réunie à Versailles, nommait M. Gaston Doumergue Président de la République par 515 voix contre 309 accordées à M. Painlevé. Le lendemain, le nouveau chef d'État faisait appeler M. Edouard Herriot qui constituait un cabinet radical dont M. Clémentel devenait le ministre des Finances. Le 17 juin, la lecture de la déclaration ministérielle était suivie d'une interpellation qui se terminait, le 19, par un vote de confiance émis par une majorité de 313 suffrages contre 234.

La situation financière en juin 1924.

Quelle était, à ce moment-là, notre situation financière ? Elle s'était largement améliorée en mars et avril 1924, où le produit net des bons de la D. N. avait atteint 1.585 millions, ce qui avait permis à M. François-Marsal de rembourser les avances des sociétés de crédit. Mais la circulation fiduciaire s'élevait déjà, le 19 juin, à 39.742 millions et le montant des avances de la Banque de France à l'État, à 23 milliards. Si la limite légale d'émission de 41 milliards n'avait pas jusqu'ici été dépassée, elle était cependant bien faible et la marge d'avance l'était encore davantage, puisqu'elle ne laissait au Trésor qu'un reliquat de 200 millions pour faire face à ses paiements de fin juin, les plus lourds de l'année avec ceux du 31 décembre. Par contre, les crédits extérieurs obtenus par la Banque de France au mois de mars étaient intacts et elle avait même pu se constituer, par les bénéfices de ses opérations, une réserve de change appréciable. L'indice général des prix de gros était tombé de 475,9 en janvier à 432 en avril ; les cours de la livre avaient baissé d'une moyenne de 93,16 en mars à une moyenne de

75,62 en mai. Les souscriptions aux bons de la D. N. avaient accusé au mois de mai un certain excédent sur les remboursements et n'avaient commencé à fléchir légèrement qu'en juin. Enfin, le problème des réparations était réglé par l'acceptation du plan Dawes dont les prochains accords de Londres devaient ratifier les conclusions.

L'œuvre d'assainissement à peine commencée depuis trois mois devait donc être énergiquement poursuivie, sous peine de voir se renouveler une crise du change entraînant une nouvelle crise de Trésorerie. Le programme de redressement affiché à la Bourse de New-York le 12 mars 1924 devait être appliqué sans restriction. Si, aux élections générales du 11 mai, des coalitions nouvelles avaient provoqué la formation d'une majorité différente de la précédente, il n'en était pas moins imprudent d'oublier les leçons d'un passé récent. Sous tous les gouvernements et sous tous les régimes, les règles d'une saine gestion financière sont impératives et ceux qui les méconnaissent finissent toujours par succomber sous le poids de leurs fautes. Mais le cartel des gauches avait multiplié, aux élections, les promesses les plus irréalisables. Il avait ardemment combattu le double décime et l'impôt sur le chiffre d'affaires, sans dire par quoi il les remplacerait et par quel moyen nouveau il maintiendrait l'équilibre du budget si difficilement préparé.

L'art de se faire élire n'a aucun rapport avec l'art de gouverner. Les responsabilités du pouvoir s'opposent, sous peine de s'exposer à des catastrophes, à l'application de programmes irréfléchis, destinés à conquérir des suffrages et à créer de dangereuses illusions. Il ne faut jamais promettre ce que l'on n'est point sûr de pouvoir tenir. Pour s'excuser de ne pas supprimer les impôts qu'elle avait attaqués avec tant de persistance, la majorité nouvelle essaya une diversion, en se livrant à de vaines polémiques et à d'inutiles récriminations. L'ancienne Chambre, disait-elle, lui avait légué une succession effroyable : une Trésorerie surchargée, un budget en déficit, des remboursements de dettes à terme dont les échéances allaient s'accumuler au cours de l'exercice 1924. Mais qui donc pouvait ignorer, avant et après les élections du 11 mai, l'état de nos Finances? La situation de la Trésorerie et la situation de la dette n'avaient-elles pas été publiées par les rapporteurs généraux du budget à la Chambre et au Sénat? Ne savait-on pas que, si des mesures de salut public avaient été prises au mois de mars, c'était pour éviter un désastre?

La gestion financière de la précédente législature.

En examinant sans esprit de parti la gestion financière suivie au cours de la précédente législature, on pouvait, d'ailleurs, constater que de sérieux progrès avaient été accomplis. Sans doute, des erreurs, d'ailleurs loyalement reconnues, avaient été commises et, ce qui vaut mieux encore, courageusement réparées. Sans doute aussi, l'équilibre et l'unité budgétaire auraient dû être réalisés beaucoup plus tôt ; mais ne fallait-il pas tenir compte, pour être juste, des efforts fiscaux accomplis depuis 1920?

Le déficit de l'exercice 1919 avait dépassé 42 milliards : la Chambre précédente n'en était point responsable puisqu'elle n'avait été élue qu'à la fin de cette même année. Ce n'était pas non plus sous la précédente législature qu'avait été élaboré le Traité de Versailles, dépourvu de garanties suffisantes et qui laissait en suspens le problème des réparations et le problème des dettes interalliées. C'est avant les élections générales du 11 novembre 1919 que des dépenses folles avaient été engagées, sous prétexte que « l'Allemagne payerait », et que le Trésor avait emprunté à la Banque de France, en une seule année, 8.400 millions, rendant ainsi très difficile notre assainissement monétaire.

Le premier acte de la Chambre précédente avait été de remettre de l'ordre dans les Finances publiques. Dès les premiers mois de son mandat, elle avait créé une série de nouvelles ressources fiscales. Les recettes budgétaires, qui

n'avaient atteint que 11.586 millions en 1919, s'étaient élevées, par suite de l'augmentation des impôts, aux chiffres
que voici :

EN MILLIONS DE FRANCS

1920	19 821
1921	21.217
1922	22.804
1923	23.496

En 1924, les recettes normales et permanentes devaient
s'élever à 25.835 millions, accusant une augmentation de
2.339 millions par rapport à l'exercice 1923; les produits
exceptionnels de la liquidation des stocks et des impôts
sur les bénéfices de guerre atteignaient 1.740 millions; les
produits du domaine, 691 millions, soit au total plus de
28.200 millions, sans compter les P. T. T. dont les recettes
s'étaient élevées à 1.484 millions.

La taxe sur le chiffre d'affaires n'avait produit que
940 millions au cours de la première année d'application en
1920 : elle fournissait, en 1924, des recettes de 4.090 millions. Les divers impôts auxquels sont assujetties les valeurs
mobilières (mutations, timbre, opérations de bourse, taxes
sur le revenu) s'étaient élevés à 450 millions et demi
en 1919 : elles dépassaient 2.427 millions en 1924. Les
impôts directs (impôt général sur le revenu et impôts cédulaires) avaient produit 2.629 millions en 1920 et 5.807 millions en 1924. Il avait été recouvré, au 31 décembre 1924,
12.308 millions de contributions extraordinaires sur les
bénéfices de guerre.

Au lieu d'avoir recours à des emprunts à la circulation,
comme on l'avait fait en 1919, les ministres des Finances
avaient remboursé à la Banque de France 2 milliards à la
fin de 1921, 1.200 millions fin 1922 et 800 millions fin 1923.
D'une moyenne de 26.200 millions en décembre 1920, le
montant des avances s'était abaissé à une moyenne de
23.175 millions en décembre 1923. Mais si la situation bud-

gétaire s'était fortement améliorée, l'état de la Trésorerie nécessitait de nouveaux efforts d'assainissement. L'échéance de la fin du mois de juin 1924, l'une des plus lourdes de l'année, n'avait pu être couverte que par des avances de 1.240 millions consenties par les sociétés de crédit. Des mesures rapides s'imposaient pour éviter de nouveaux embarras; le ministre des Finances n'avait même pas le temps d'y songer : dès le 16 juillet, il partait pour Londres, où il devait rester plus d'un mois pour préparer les accords relatifs à l'application du plan Dawes.

Le budget de 1925.

A son retour, M. Clémentel reprend contact avec ses services ; il consulte toutes les personnes susceptibles de donner des avis utiles et qui émettent des opinions fort raisonnables. Pour rassurer l'épargne et enrayer une spéculation à la baisse du franc, il faudrait tout d'abord solidement équilibrer le budget de 1925, afin de se mettre à l'abri d'une inflation. Ce n'est pas commode. Des engagements ont été pris envers les fonctionnaires : on leur a promis, depuis l'an passé, des augmentations de traitement dont le ministre s'efforce de limiter le total à 700 millions. Il faut, d'autre part, réaliser la promesse contractée depuis le mois de janvier de faire un seul budget comportant toutes les dépenses de l'ancien budget spécial des dépenses dites recouvrables, bien qu'elles ne l'aient jamais été. Le total des crédits de ces deux budgets unifiés s'élève à 32.815 millions ; les prévisions de recettes, y compris les ressources exceptionnelles provenant des versements de l'Allemagne (1.200 millions) et les nouvelles mesures fiscales (1.611 millions), sont évaluées à 32.853 millions. Le budget est donc en équilibre, du moins sur le papier; mais la totalité des dépenses n'y figure pas et les évaluations de recettes semblent un peu exagérées. En tout cas, il est essentiel, pour maintenir cet équilibre apparent, de ne pas accroître les crédits et il

est même imprudent, comme le proposait M. Clémentel, de
diminuer l'impôt sur le chiffre d'affaires.

La Commission des Finances de la Chambre n'en boule-
verse pas moins le budget de fond en comble. Elle alourdit
le projet de loi de finances, qui comporte déjà 320 articles,
d'un nombre considérable de dispositions nouvelles, de
mesures inédites contre la fraude, de dégrèvements inoppor-
tuns, etc. Ce qui est plus grave encore, c'est que les crédits
ont été accrus et s'élèveront, après les votes de la
Chambre, à 34.140 millions, soit à 1.330 millions de plus
que dans le projet ministériel, alors que les évaluations de
recettes sont déjà fortement majorées. Mais on n'en pro-
clame pas moins et bien haut que le budget de 1925 est en
parfait équilibre, que les erreurs commises sous la législature précédente sont enfin réparées et que, si la Trésorerie
n'avait pas été accablée de charges écrasantes et de lourdes
échéances par les prédécesseurs de M. Clémentel, tout
irait le mieux du monde. Des polémiques violentes sur le
passé s'engagent entre la majorité et la minorité et, au lieu
de faire un examen approfondi de l'état de nos Finances, les
deux camps se livrent à des attaques passionnées. A quoi
cela sert-il ? Uniquement à alarmer le public, sans résoudre
aucune des difficultés grandissantes de Trésorerie.

L'émission des bons 5 p. 100 amortissables.

Le 2 octobre 1924, le ministre des Finances sollicite des
sociétés de crédit de nouvelles avances qui s'élèvent à
1.351 millions et la circulation de la Banque de France
monte à 40.648 au bilan du 9 octobre. Le péril est proche.
Pour y échapper, on prépare un emprunt destiné, dit-on, à
couvrir le déficit du budget de 1924, à solder l'arriéré et à
rembourser la Banque de France en fin d'année. Mais le
cabinet du ministre ne se doute pas des résultats qu'il va
pouvoir obtenir ; il s'imagine naïvement qu'il suffira de proposer à l'épargne un mode de placement à un taux des plus

avantageux pour faire sortir de leurs cachettes les billets de banque thésaurisés.

Si l'on y avait réussi, la situation de la Trésorerie se serait heureusement transformée. En évaluant à 3 milliards, ce qui ne semble pas excessif, les billets de banque improductifs que l'épargne ne consentait pas alors à exposer aux risques des fluctuations du marché des valeurs et qu'elle avait jalousement conservés, on pouvait en effet se faire l'illusion que ces 3 milliards reviendraient dans la caisse du Trésor sous forme de souscriptions aux bons 5 p. 100 amortissables en dix ans avec une prime de 50 p. 100. Toutefois, l'une des raisons susceptibles de provoquer une certaine méfiance, c'est précisément le taux exagéré de l'émission. L'épargne a cependant souscrit pour une somme totale de 4.912 millions de bons du Trésor à dix ans et le ministère des Finances n'a pas hésité à proclamer qu'il avait obtenu le plus éclatant succès; il n'avait besoin que de 4 milliards et on lui en avait donné près de 5 !

Comment un ministre des Finances, qui devait être, surtout à ce moment-là, un ministre du Trésor, pouvait-il se laisser aller à un pareil débordement d'optimisme? Non seulement il n'avait pas pu faire sortir des bas de laine les billets de banque thésaurisés, ce qui était le but essentiel à atteindre, mais il n'avait recueilli qu'une somme d'argent frais des plus médiocres. Avec quelles ressources les souscripteurs avaient-ils donc répondu à son appel? Ils les avaient prises dans les propres caisses du Trésor en se faisant rembourser les bons de la D. N. venant à échéance; ils avaient ensuite converti un ancien placement de 4 à 5 p. 100 en un placement nouveau de 8,60 p. 100. Du 30 septembre au 30 décembre 1924, les remboursements de bons à court terme ont dépassé, en effet, de 4.942 millions le montant des souscriptions à ces mêmes bons. Au cours de l'émission des bons à dix ans, la circulation de la Banque de France était d'ailleurs restée à peu près stationnaire : elle s'élevait à 40.635 millions au bilan du 13 novembre 1924, et à 40.508 millions au bilan du 18 décembre suivant. Il résulte, par conséquent, de ces divers chiffres que l'émission des bons décennaux n'a, d'aucune manière, donné plus d'aisance à la Trésorerie, mais que, par contre, elle a accru les charges d'intérêts de la dette publique.

Cette expérience démontrait, une fois de plus, que les émissions de valeurs du Trésor ne pouvaient pas, du moins pour le moment, aboutir à une diminution de la circulation fiduciaire. Pour obtenir un résultat si désirable, il eût fallu tout d'abord rassurer les porteurs de billets de banque, afin de faire cesser la thésaurisation et se mettre à l'abri de toute inflation; il fallait, en outre, que le niveau général des prix pût s'abaisser, grâce à une amélioration des cours du change international, ce qui eût permis au public de conserver moins de billets de banque pour ses règlements.

La confiance de l'épargne dans le crédit de l'État s'était d'autant plus affaiblie que, pour attirer ses réserves, on avait jugé nécessaire de lui offrir des obligations amortissables comportant, comme on l'a vu plus haut, une prime d'amortissement de 50 p. 100 et dont le taux réel d'intérêt atteignait 8,60 p. 100. Il est vrai que le taux d'intérêt de nos emprunts devait nécessairement s'accroître au fur et à mesure que se multipliaient les appels du Trésor : la seconde série des bons du Trésor 6 p. 100 1923 n'avait-elle pas été émise au taux réel de 7,85 p. 100?

L'emprunt en bons décennaux n'avait pas, toutefois, été inutile; il avait servi à consolider une partie de la dette flottante. Les souscripteurs, qui avaient prêté leurs disponibilités à l'État pour une durée de dix ans, pouvaient mettre ensuite de côté celles qu'ils allaient reconstituer et les placer de nouveau en bons à court terme. Au mois de janvier 1925, le produit net des bons de la D. N. a dépassé, en effet, 300 millions.

Les expédients de Trésorerie.

L'émission des bons du Trésor 5 p. 100 n'avait cependant pas été suivie, comme on l'avait espéré, d'une diminution de la circulation dont la moyenne s'était élevée, en décembre 1921 à 40.597 millions. Le 29 décembre, le gouverneur de la Banque de France attirait l'attention du ministre des Finances sur l'augmentation continue de la circulation des billets « dont les maximums n'ont cessé, disait-il, de se rapprocher de la limite légale de 41 milliards, et qui l'eussent même dépassé à certains de nos bilans, si, jusqu'à présent, ces dépassements n'avaient pu être compensés lors de la concentration des écritures de notre siège central et des succursales ». Sur la demande de la Banque, une loi avait sans doute autorisé le paiement par chèques des effets de commerce et les crédits commerciaux avaient été rigoureusement limités; le taux d'escompte avait été porté, le 11 septembre, à 7 p. 100. Sans doute aussi, les disponibilités en dollars et en livres dont la Banque de France s'était approvisionnée au cours de l'été avaient été utilement employées à éviter une hausse des changes trop accusée. Mais « aucune mesure ne serait plus funeste qu'un relèvement du maximum de la circulation ». La lettre du gouverneur se terminait par les considérations que voici :

Vous avez bien voulu nous dire que vous entendez continuer de poursuivre par tous les moyens la réduction de la circulation des billets, notamment en ramenant au plus strict minimum les encaisses de tous les comptables publics, en proposant au Parlement toutes les mesures propres à développer les règlements par chèques et virements, en instituant une monnaie spéciale pour Madagascar et une monnaie auxiliaire pour la Sarre.

Sans méconnaître les résultats qui peuvent être obtenus, soit par nos propres moyens, soit par tous ceux que le gouvernement a déjà mis en œuvre ou qu'il est décidé à pratiquer, le conseil général reste cependant grandement préoccupé de la situation actuelle et garde la crainte que leur efficacité ne soit pas suffisante pour maintenir, d'une façon continue et permanente. notre circulation dans les limites du maximum légal en vigueur. Nous avons à lutter, en effet, actuellement, contre la thésaurisation des billets et contre le développement de la masse du crédit qui résulte, elle-même, dans une large mesure, de la hausse des prix. Cette hausse provient, à son tour, et pour une part certainement très notable, du niveau élevé des changes que contribue à maintenir un large courant d'exportation de capitaux.

Pour atteindre ces sources profondes du mal, les moyens matériels ou techniques n'apparaissent pas susceptibles d'être, à eux seuls, complétement opérants. Leur efficacité même est, selon l'opinion du Conseil général, subordonnée au rétablissement d'une atmosphère de pleine confiance financière qui relève exclusivement de l'action gouvernementale et du Parlement.

Nous voulons très fermement espérer que tout sera fait pour rétablir rapidement cette confiance et que nous ne nous trouverons pas placés en face de responsabilités qu'il n'est pas en notre pouvoir d'assumer.

Bien que, le 27 décembre, le compte courant du Trésor à la Banque se soldât par un débit de 23.300 millions, le maximum des avances fut abaissé à 22 milliards. Pour effectuer cette réduction, le Trésor avait dû non seulement employer à cet effet la réserve de son compte d'amortissement jusqu'à concurrence de 800 millions, mais remettre à la Banque le produit de l'Emprunt Morgan de 100 millions de dollars contracté au mois d'octobre 1924; le montant net de 89 millions de dollars était versé à la Banque à raison de 5,18 par dollar (461 millions de francs). Le même jour, le Trésor empruntait en outre 1.075 millions aux banques de dépôt.

Le 5 février suivant, le gouverneur de la Banque de France écrivait au ministre des Finances que le Conseil général « restait convaincu qu'il n'y avait à espérer d'arrêt dans l'augmentation de la circulation que si la hausse des prix et des salaires s'arrêtait elle-même, sous l'influence d'une politique de réduction rigoureuse de toutes les dépenses, de sécurité pour l'épargne, et de la détente des changes qui serait la conséquence de cette politique ». Et il ajoutait avec tristesse :

Il ne nous appartient pas de formuler des suggestions plus précises sur des problèmes qui relèvent de l'action gouvernementale et du Parlement; mais le Conseil général se trouve mis dans l'obligation de vous dire à nouveau que, si des moyens appropriés et efficaces n'apportent pas de modifications, dans un très bref délai, à l'état actuel, la situation hebdomadaire enregistrera nécessairement un dépassement du maximum légal de l'émission et que, par conséquent, se trouvera posée, malgré tous nos efforts pour l'éviter, la question du relèvement de ce maximum, avec toutes les conséquences qu'il peut avoir.

Les avertissements se poursuivent dans une nouvelle lettre du 26 février rappelant, avec angoisse, que l'augmentation de la circulation n'a pu être évitée, et que « tous les moyens techniques ont été épuisés sans obtenir de résultats vraiment efficaces ». C'était un problème de politique générale qui se posait; ce problème consistait « à réconforter la confiance, en France et au dehors, dans une mesure suffisante pour détourner le public de la thésaurisation des billets, pour assurer l'alimentation de la Trésorerie, pour améliorer les cours des fonds publics et pour, finalement, obtenir une rémission des changes susceptible d'entraîner une baisse des prix ».

Les conversations se multiplient entre les régents et le ministre des Finances et surtout avec le Président du Conseil qui, le 3 mars, écrit lui-même au gouverneur de la Banque de France qu'il va poursuivre énergiquement l'amélioration de la Trésorerie « en provoquant la rentrée de tous les impôts arriérés, en comprimant les dépenses, en autorisant l'aliénation, par le service des Domaines, de tous les éléments superflus du patrimoine de l'État, en émettant, à bref délai, le chèque-contribution qui facilitera, dès le présent mois, le paiement anticipé des contributions directes de 1925 ». Le Président du Conseil suppliait le Conseil général de maintenir jusqu'à la fin de mars, « dans le sentiment élevé de l'intérêt général qui l'avait toujours inspiré et en plein accord avec le gouvernement, une situation d'expectative ».

Le 4 mars, la situation du Trésor s'aggravait encore : après avoir réclamé aux banques, fin février, une nouvelle avance de 1.025 millions et avoir eu recours, le 4 mars, à un escompte de 300 millions du portefeuille de la Caisse des dépôts, ce qui ne s'était encore jamais fait, il fallait, à la fin de mars, demander aux sociétés de crédit et à la caisse des dépôts, un nouveau concours de 900 millions. Mais, cette fois, les prêteurs déclaraient nettement qu'ils ne consentiraient plus à renouveler de pareilles opérations. Au 4 avril, le découvert du Trésor s'élevait à la somme énorme de 3.230 millions. Comment n'avait-on pas compris que les avances indirectes auraient pour effet certain d'accélérer les sorties de billets et, par cela même, de faire monter le niveau de la circulation au-dessus de sa limite légale? Ouvertes ou déguisées, les avances à l'État ont le même effet : si les décaissements du Trésor, prélevés sur son compte courant à la Banque, peuvent empêcher le plafond des avances de s'effondrer lorsqu'il a obtenu des crédits supplémentaires, il est fatal que, dans un délai assez court, la faible marge légale de la circulation soit dépassée. En évitant l'augmentation des avances, on n'en provoquait pas moins l'accroissement de la circulation.

Il n'était pas moins illusoire d'espérer une réduction de la circulation par les procédés indiqués dans la lettre de M. Herriot du 3 mars. L'émission des chèques-contributions ne pouvait nullement, comme on se l'imaginait, aboutir à ce résultat. Elle constituait un versement anticipé des contributions directes qui offrait aux souscripteurs l'avantage d'un véritable dégrèvement, s'ils consentaient à acquérir un titre portant intérêt et dont ils se serviraient ensuite pour se libérer envers le fisc. Par cette combinaison, dont l'Ancien Régime avait si souvent abusé pour obtenir des avances de ses fermiers généraux, on s'imaginait pouvoir attirer dans les caisses du Trésor des dépôts qu'on ne serait pas obligé de rembourser et rendre ainsi à la Banque de France les billets versés par les souscripteurs des chèques-contribu-

tions. Mais on oubliait que la plupart des assujettis aux
taxes directes d'une certaine importance avaient déjà placé
en bons de la D. N. les disponibilités qu'ils réservaient au
paiement de leurs impôts et que, en leur offrant une valeur
plus avantageuse, on les incitait simplement à échanger
leurs bons venus à échéance contre des chèques-contributions. L'émission des nouveaux titres ne pouvait, dans ces
conditions, ni faire baisser la circulation, ni procurer la
moindre ressource complémentaire au Trésor à bout de
souffle, puisqu'il perdait d'un côté, par des remboursements
de bons, ce qu'il gagnait d'un autre par des souscriptions
aux chèques-contributions. En fait, le produit net de
1.830 millions de cette nouvelle émission fut compensé par
une réduction à peu près semblable des souscriptions de
bons dont la circulation de 53.945 millions, fin mars, devait
tomber à 51.244 millions fin mai.

On trouvera, dans le discours prononcé le 9 avril 1925
par le Président du Conseil, le récit tragique des événements qui se déroulaient depuis le début de l'année, des
conversations qui s'étaient engagées entre M. Herriot,
M. Clémentel, les régents et les hauts fonctionnaires de la
Banque de France. « J'ai vu, à certains moments, disait-il,
alors que le devoir patriotique était de se taire — et je prends
la responsabilité de ce commun silence, — j'ai vu des
hommes dans une situation de conscience tout à fait dra-
matique... Il y a eu, de part et d'autre, dans mes conversations, souvent tragiques, avec les régents de la Banque de
France, un même dévouement au pays, dévouement qui
n'aurait pas été sincère, s'il n'avait pas comporté certaines
grandes responsabilités. » Ces responsabilités ne font, en
effet, aucun doute. Celles du gouvernement, dont l'opposition ne pouvait manquer de tirer parti, consistaient à n'avoir
point compris que la situation de la Trésorerie était irrémé-
diablement compromise depuis la fin de l'année 1924, et que
les comptes de la Banque de France devaient accuser les
chiffres exacts de la circulation. Mais cette attitude compor-

tait aussi des risques qui pouvaient provoquer à la fois une
aggravation de la crise des changes et la démission d'un
Cabinet déjà fort ébranlé. Le Président du Conseil a mieux
aimé lutter jusqu'au bout; il a supplié le Conseil général de
la Banque, dans sa lettre du 1er avril, de lui accorder un
dernier délai pour élever le maximum de la circulation ; il
a cru que des mesures nouvelles, l'émission des chèques-
contributions par exemple, seraient peut-être de nature à
empêcher ce qu'il croyait être le signal d'une débâcle. En sa
qualité d'orateur éloquent, il espérait, en outre, qu'il rassu-
rerait l'opinion publique en faisant, le 17 janvier, un discours contre l'inflation et, le 13 février, un autre discours en
faveur de l'union sacrée. Mais il était trop tard et M. Herriot
se trompait. Les discours et les ordres du jour de confiance,
les polémiques et les récriminations sur le passé n'exercent
aucune action sur l'état des finances publiques; la politique
est dominée par des faits d'ordre économique, dont malheureusement les chefs de parti ne comprennent pas le sens
implacable. Si la politique générale du ministère Herriot
n'avait pas alarmé l'épargne, créé dans tous les milieux
financiers, à l'intérieur et à l'extérieur, des inquiétudes
croissantes, il eût été sans doute possible d'éviter les effets
de la crise de confiance qui, depuis l'été de 1924, se tradui-
sait par des embarras de Trésorerie continus. Prisonnier du
parti socialiste qui le poussait à déclarer la guerre aux
« possédants » et à les frapper d'un impôt progressif sur le
capital, M. Herriot n'était point capable de remonter le courant de méfiance que ses faiblesses avaient déchaîné. Au
moment même où il proclamait que l'inflation fiduciaire
constituerait un péril redoutable, il ne pouvait ignorer qu'elle
était déjà fatale ; n'était-elle point d'ailleurs la conséquence
inévitable d'une politique qui ne tenait aucun compte des
leçons de l'expérience et des principes les plus certains
d'une saine gestion financière ?

.·.

En ce qui touche les responsabilités de la Banque de France dans la publication d'écritures d'un caractère provisoire et sujettes à des redressements ultérieurs, elles sont d'une autre nature. Il ne faut pas oublier que la Banque de France est chargée, aux termes mêmes de ses statuts, de pourvoir aux opérations du Trésor qui se traduisent par des dépôts de fonds, puis par des sorties de billets de banque, par des chèques ou des mandats de virement. Les payeurs généraux soldent leurs comptes sans se préoccuper de savoir si les avances de la Banque à l'État sont ou non dépassées : ils tirent sur la Banque des chèques sans provision, sans encourir la moindre responsabilité, sachant bien que ces chèques seront payés. Lorsque la Banque de France s'aperçoit que le crédit du compte d'avances est épuisé, elle se trouve en présence du fait déjà accompli et elle prévient le Trésor. Si, dans l'intervalle de la publication du bilan hebdomadaire, la situation est redevenue normale, il n'y a plus rien à dire. Mais si, au contraire, les dépassements ne sont pas comblés, il faut aviser sans retard. Le procédé employé et aujourd'hui bien connu est le suivant : le Trésor demande un concours aux banques de dépôts dont le produit est porté au crédit du Trésor, en échange de bons délivrés à ses nouveaux créanciers. Les écritures sont régulières grâce à cet expédient de Trésorerie qui paraît avoir été pratiqué pour la première fois, à la fin de 1920, par M. François-Marsal et qui s'est continué à partir de 1922 à de fréquents intervalles, dans des conditions, il est vrai, fort différentes.

Mais un fait nouveau s'est produit au début de 1925 et peut-être même dès le mois d'octobre 1924. Les avances des sociétés de crédit que le Trésor a employées pour ses paiements ont fait « crever le plafond » de la circulation. Que peut faire alors la Banque de France ? Elle peut sommer

le gouvernement d'élever le maximum de l'émission; si le
gouvernement ne le fait pas, elle peut le dire publiquement
et même, à l'extrême rigueur, fermer ses guichets, puisqu'elle n'a plus les moyens légaux de continuer ses opérations. Nous n'avons pas besoin de faire remarquer quelles
auraient été, en février 1925, les conséquences d'une
pareille décision, l'émotion qu'elle aurait suscitée dans le
public, le désarroi qu'elle aurait fait naître dans le monde
des affaires et dans tous les milieux, aussi bien en France
qu'au dehors. Mais, après avoir averti le gouvernement et
lui avoir demandé d'élever le maximum autorisé de la circulation, la Banque de France pouvait, semble-t-il, réclamer le dépôt immédiat d'un projet de loi. Si le ministre des
Finances s'y était opposé, elle pouvait l'y contraindre en lui
déclarant que, en tout état de cause, ses prochaines situations accuseraient le chiffre exact de la circulation et que,
par conséquent, tout le monde s'apercevrait que la limite
légale était dépassée. A force d'insistance, M. Herriot avait
fini par obtenir, pour déposer un projet de loi urgent, un
délai qui s'est prolongé de semaine en semaine, et pour
diverses raisons, jusqu'au début d'avril. Mais ce dernier
délai épuisé, sans que les espérances chimériques du Président du Conseil se fussent réalisées, il a bien fallu qu'il
s'exécutât et tînt sa promesse. Il le fallait d'autant plus que,
le jeudi 2 avril, les escomptes spéciaux des sociétés de crédit atteignaient 1.884 millions et que le montant de la circulation, régularisée sur la situation hebdomadaire du 9 avril,
s'est élevée à 43.004 millions. La loi du 16 avril 1925, portant le maximum de la circulation à 45 milliards et celui
des avances à l'État à 26 milliards, a permis d'établir, à
cette même date, une situation exacte. La circulation était
de 42.959 millions et le montant des avances à l'État de
22.350 millions. N'eut-il pas beaucoup mieux valu se résigner plus tôt à rentrer dans l'ordre?

.∙.

La chute du cabinet Herriot fut provoquée par un vote du
Sénat qui avait énergiquement blâmé les expédients dont
s'était servi le gouvernement pour dissimuler la situation
du Trésor et l'irrégularité des bilans de la Banque de France.
Un désaccord avait fini par surgir entre M. Herriot, qui songeait à proposer un impôt sur le capital, et M. Clémentel
qui aimait mieux avoir recours à des augmentations d'impôts indirects. La position du ministre des Finances était
devenue intenable : il écrivit une lettre de démission au
Président du Conseil dans la soirée du 2 avril et fut remplacé, le lendemain, par M. de Monzie. Le 7, le nouveau
ministre des Finances déposait un projet ayant pour but
d'accroître le maximum de l'émission des billets et des
avances à l'État; en contre-partie, le même projet tendait à
créer un impôt sur le capital, à la fois volontaire et obliga-
toire, qui ne fut, du reste, jamais discuté. Dès le 10 avril, en
effet, le Sénat avait mis fin aux incohérences de la politique
financière; il avait voté un ordre du jour de blâme contre
le cabinet, par 156 voix contre 132, après avoir entendu les
discours de M. François-Marsal et de M. Raymond Poincaré
dénonçant avec vigueur les fautes commises. M. Henriot se
rendait alors à l'Élysée pour remettre sa démission au Président de la République qui faisait appel à M. Painlevé pour
former un nouveau cabinet. M. Painlevé s'y refusait et
M. Briand, avant d'accepter la mission qui lui avait été
offerte par le chef de l'État, voulait savoir si les socialistes
consentiraient à entrer dans le ministère. Sur leur refus,
M. Briand se déroba et M. Painlevé consentit à reprendre
ses négociations, tandis que le ministre intérimaire des
Finances, M. de Monzie, remplissait la tâche ingrate de
faire ratifier par les deux Chambres, le 14 avril, une Convention nouvelle avec la Banque de France.

Le cabinet Painlevé-Caillaux.

Formé, le 17 avril 1925, le cabinet Painlevé s'était assuré, par une décision qui provoquait dans les couloirs du Parlement une vive surprise, le concours de M. Joseph Caillaux auquel il attribuait le ministère des Finances. Toutefois, l'étonnement fit bientôt place à un certain sentiment de détente. M. Joseph Caillaux avait une réputation de technicien qui faisait oublier son passé politique pendant la guerre. Il était laborieux, capable de bien défendre ses idées à la tribune. Mais il se trouvait en présence d'une situation nouvelle et qu'il connaissait fort peu. Il n'avait pas étudié le mécanisme nouveau de la Trésorerie; il s'intéressait surtout au problème budgétaire et à la fiscalité. Dès son retour au ministère des Finances, il se mit, il est vrai, au travail avec une ardeur fébrile, s'efforçait de rassurer ses adversaires politiques sans perdre la confiance de ses amis. M. Painlevé comprenait à son tour la nécessité de l'aider en suivant une politique générale plus conciliante que celle de ses prédécesseurs. L'ancienne majorité commençait du reste à se disloquer; M. Herriot n'était réélu Président de la Chambre qu'au second tour de scrutin par une majorité relative de 266 voix. Les socialistes paraissaient moins disposés à soutenir, comme par le passé, les ministres radicaux et tenaient pour suspect M. Joseph Caillaux, ce qui provoquait un revirement de la part des modérés.

Mais il était bien tard pour se préoccuper des échéances massives des bons du Trésor et du Crédit National, échelonnées du 1er juillet au 8 décembre 1925. D'autre part, les nouvelles avances de 4 milliards consenties à l'État par la Banque de France ne tardèrent pas à être absorbées par des prélèvements d'environ 3 milliards employés à liquider l'arriéré du Trésor, ses emprunts occultes, etc. N'était-il pas en outre indispensable, pour que la circulation n'augmentât pas dans des proportions plus grandes, que les rembourse-

ments des bons à court terme fussent compensés par des
souscriptions nouvelles et que les décaissements normaux
du Trésor fussent intégralement couverts par le produit des
impôts?

Sans doute, les échéances de bons 6 p. 100 à deux ans,
émis en 1921 et remboursables en totalité en 1923, n'avaient
causé aucun embarras sérieux. Mais, à cette dernière date,
le mouvement de hausse des changes et des prix commençait à peine à s'accuser et ne devait s'accentuer qu'à la fin
de 1923 et surtout au début de 1924. Les disponibilités de
l'épargne pouvaient alors s'employer plus largement qu'en
1923 en souscriptions à de nouvelles valeurs du Trésor; les
remboursements pouvaient donc être compensés par le produit de ce complément de souscriptions. Il n'en était plus
de même au milieu de l'année 1925; la hausse des prix s'était
fortement accrue à la suite de la crise des changes et elle
devait obliger, par suite, les porteurs de billets de banque
à ne plus s'en dessaisir aussi aisément; ils avaient besoin
d'en conserver une quantité plus grande pour effectuer des
paiements devenus plus lourds.

Il est permis de s'étonner que les leçons de l'expérience
aient été aussi inutiles. La hausse des changes étrangers
entraîne nécessairement la hausse des prix et provoque, non
moins nécessairement, des retraits plus ou moins élevés
des dépôts à vue et à terme opérés dans les caisses du Trésor. Ces trois phénomènes se succèdent, sinon sans délai,
du moins avec une certaine concordance et d'après un
rythme plus ou moins accéléré. Quand on s'aperçoit que
baissent les cours du franc, on doit donc prévoir des embarras de Trésorerie. Mais si l'on ne prend aucune mesure pour
porter remède à la hausse du change étranger dès qu'elle
se manifeste, on se trouve dans l'obligation, à l'heure des
échéances, d'avoir recours à des émissions de billets de
banque, c'est-à-dire à une inflation fiduciaire d'autant plus
difficile à arrêter qu'elle a été plus rapide et plus forte.
L'expédient de l'inflation n'a jamais eu d'autre résultat que

d'aggraver par la suite la situation du Trésor, en accentuant la hausse des prix et les demandes de remboursements des bons à court terme.

Deux mois après l'arrivée de M. Joseph Caillaux au ministère des Finances, le 25 juin, le plafond des avances était à la veille de s'effondrer de nouveau. Il ne restait plus que 350 millions au crédit de l'État sur le nouveau maximum autorisé de 26 milliards. Il fallait donc avoir recours à une nouvelle inflation de 6 milliards, votée le 26 juin, afin de faire face aux demandes de remboursements des bons du Crédit National 1922, venant à échéance le 1er juillet et qui s'élevaient à 1.730 millions ; puis aux remboursements de 3.651 millions de bons du Trésor 6 p. 100 1922, venant à échéance le 25 septembre. Ces deux opérations une fois liquidées, de nouveaux embarras de Trésorerie étaient à prévoir avant la fin de l'année : les bons du Trésor 6 p. 100 (première série) venaient à échéance le 8 décembre et il en était déposé, aux fins de remboursement à cette date, pour une somme de 2.689 millions. Toutefois, la politique du cabinet Painlevé, moins défavorable au relèvement du crédit public, pouvait permettre d'espérer le succès d'un emprunt de consolidation des bons de la D. N. et des bons du Trésor à plus long terme. L'accroissement de la circulation et des avances à l'État n'avait exercé sur les cours du change et le niveau général des prix qu'une influence moins déprimante qu'on n'aurait pu le craindre. Le cours moyen de la livre sterling avait passé de 92,41 en avril à 103,53 en juillet ; l'indice des prix de gros était monté de 492 à 522 pendant la même période. La confiance aurait donc pu renaître à l'intérieur et à l'extérieur ; l'inflation du 27 juin serait peut-être la dernière.

. .

Tel était, d'ailleurs, le dessein à poursuivre, et il ne semblait pas irréalisable. Le 25 mai, M. Caillaux avait déposé

un projet de loi ayant pour objet d'assurer l'équilibre budgétaire, qui n'avait été réalisé que sur le papier, au moyen
de nouvelles ressources fiscales qui devaient s'élever à
1.800 millions en 1925 et à 3.300 millions en 1926. Ces ressources provenaient, d'une part, d'augmentations des taux
d'impôts d'jà existants et, de l'autre, de la création d'une
caisse nationale de réassurances et de la participation de
l'État aux bénéfices nets des entreprises d'importation, de
raffinage et de vente en gros du pétrole. Le projet instituait,
en outre, une commission départementale, chargée de donner son avis sur les déclarations relatives aux contributions
directes. Mais ce projet, dont plusieurs articles étaient peu
défendables, ne fut même pas discuté avant la clôture de la
session. Par contre, un second projet, « destiné à parer aux
difficultés de la Trésorerie et à alléger la dette flottante », fut
adopté assez vite et la loi du 27 juin 1925 en sanctionna
l'application. Aux termes de l'article 3, « le ministre était
autorisé à émettre un emprunt » réservé aux seuls porteurs
de bons de la D. N.

La discussion du budget de 1925, qui devait enfin s'achever le 13 juillet, avait fortifié la situation de M. Joseph Caillaux. Sans s'émouvoir de l'hostilité du parti socialiste et
d'un certain nombre de radicaux, le ministre des Finances
avait réussi à faire maintenir par la Chambre l'impôt sur le
chiffre d'affaires, le lendemain du jour où il venait d'être élu
sénateur de la Sarthe avec l'appui des modérés. Il avait nettement posé la question de confiance et obtenait satisfaction par 325 voix contre 245. Le Centre l'avait ouvertement
soutenu, tandis que la majorité des membres de l'extrêmegauche se séparait de lui. Mais cette situation nouvelle
inquiétait le Président du Conseil qui, plus tard, devait
essayer de rallier les anciennes troupes du cartel, en abandonnant M. Joseph Caillaux.

L'emprunt à change garanti.

Dès le 4 juillet, paraissaient au *Journal Officiel* le décret et l'arrêté fixant les conditions de l'émission de rentes 4 p. 100 perpétuelles avec garantie de change. La souscription, fixée au prix de 100 francs par 4 francs de rente, était ouverte du 20 juillet au 5 septembre, c'est-à-dire en pleine période de vacances, où les opérations de crédit de cette nature sont, en général, suspendues. On pouvait aussi s'étonner que le taux de l'intérêt fût aussi bas, alors que les bons de la D. N. à un an rapportaient 5 p. 100 et que, au cours moyen du mois de juillet, établi à 62,50, la rente 6 p. 100 procurait des intérêts de 9,60. Sans doute, la nouvelle rente 4 p. 100 était exonérée de tous les impôts, y compris l'impôt général sur le revenu, et elle jouissait d'une garantie de change susceptible d'en accroître les arrérages lorsque le cours moyen de la livre sterling dépasserait 95 francs. Mais ces avantages nouveaux ne pouvaient compenser, aux yeux du public, une réduction du taux d'intérêt aussi peu en rapport avec la situation du marché des rentes de plus en plus délaissé.

On s'est trompé, d'ailleurs, en croyant possible de consolider, grâce à l'émission de rentes perpétuelles, une large part de la dette à court terme. Les bons de la D. N. étaient souscrits et renouvelés à cette époque, non seulement par l'épargne à titre de placement temporaire, mais par les sociétés de crédit, les sociétés industrielles et les commerçants qui les utilisent comme moyen de Trésorerie. Cette dernière catégorie de bons constitue un véritable dépôt à terme que les porteurs ne peuvent évidemment pas convertir en rentes perpétuelles. Les banques, par exemple, souscrivent aux bons à courte échéance avec les fonds déposés chez elles par leurs propres clients, qui conservent le droit, bien entendu, de tirer des chèques sur leurs comptes courants créditeurs ou de faire de leurs disponibilités l'usage

que bon leur semble. Les sociétés de crédit commettraient,
par suite, la plus grave imprudence en immobilisant les
fonds qu'elles ont reçus en dépôt et elles ne consentiront
jamais à le faire. La somme de bons à court terme susceptible d'être convertie en rentes était donc limitée. Les bons
formaient, avec les billets de banque thésaurisés et une partie des dépôts à vue dans les caisses publiques et privées,
la totalité des ressources de l'épargne qui ne pouvaient
s'employer que dans une mesure restreinte à des souscriptions aux émissions à long terme du Trésor et des sociétés
industrielles ou financières. L'agriculture mise à part, les
disponibilités de l'épargne avaient une tendance marquée à
décroître. Au fur et à mesure que s'élève le niveau général
des prix et qu'augmente le poids des impôts, n'est-il pas
normal que ces disponibilités diminuent ? Tous les Français
dont les revenus n'ont point suivi le même mouvement de
hausse que le niveau des prix — ce qui est le cas des fonctionnaires et de tous ceux qui exercent des professions non
commerciales — sont bien obligés, pour vivre ou pour payer
leurs contributions, de se faire rembourser leurs bons
venant à échéance. Pour la même raison, les sociétés de
crédit ne peuvent se dispenser, lorsqu'elles ont à faire face
à des retraits de dépôts provoqués par la hausse du coût de
la vie, de réclamer le remboursement de leurs propres bons
ou de les faire escompter par la Banque de France. Voilà
pourquoi le produit des bons de la D. N., qui était considérable en 1921 et 1922, a fortement diminué en 1923 et s'est
transformé en déficit, à de fréquents intervalles, au cours
des exercices 1924 et 1925.

L'émission de rentes 4 p. 100 ne pouvait avoir pour effet,
en tous cas, d'améliorer la situation de la Trésorerie en lui
procurant les ressources nouvelles dont elle avait besoin
pour rembourser les bons 6 p. 100 venant à échéance le
25 septembre et le 8 décembre 1925. Dans le but d'atténuer
les remboursements de ces bons, on a eu l'idée ingénieuse
de tourner en quelque sorte les dispositions trop étroites

de la loi du 27 juin 1925, qui réservaient aux porteurs de bons de la D. N. les souscriptions aux rentes 4 p. 100. Ceux qui avaient déposé leurs bons 6 p. 100 aux fins de remboursement étaient autorisés à les convertir en bons de la D. N., puis en rentes perpétuelles. Mais, par une injustice choquante, les porteurs de bons 6 p. 100 qui ne les avaient pas déposés en temps utile, étaient privés de cette faculté. C'est parce que, disait-on, la rente nouvelle était exonérée de l'impôt général sur le revenu, comme les bons de la D. N., tandis que les bons du Trésor 6 p. 100 ne l'étaient pas. N'y avait-il pas cependant intérêt, si l'on voulait avec raison éviter tout recours nouveau aux avances de la Banque de France, à provoquer des échanges aussi larges que possible de bons à court terme de toute nature contre des rentes perpétuelles ? Il n'est guère douteux que, si le taux d'intérêt de la rente à change garanti avait été plus élevé et, surtout, si tous les bons 6 p. 100 sans exception avaient été acceptés en paiement de cette rente, le résultat de l'émission aurait été beaucoup plus intéressant pour le Trésor.

L'expérience faite du mois de juillet au mois d'octobre 1925 n'a cependant pas été inutile. Elle démontre qu'il est vain d'entreprendre une consolidation rapide de la dette flottante et que l'on ne peut réaliser, en dépit de tous les efforts de propagande, que des consolidations partielles et successives. Les résultats de l'emprunt en rentes perpétuelles 4 p. 100 constituent, d'ailleurs, à notre avis et en raison des circonstances, un succès honorable ; les souscriptions ont atteint 5.934 millions dont 4.994 millions ont été versés en bons de la D. N. ; le reste provient de conversions de bons du Trésor 6 p. 100 déposés aux fins de remboursement et réinvestis en rentes 4 p. 100. Pendant toute la durée de l'émission, la circulation fiduciaire n'a pas cessé, il est vrai, de s'accroître, par suite des remboursements des bons du Crédit National et des bons du Trésor 6 p. 100 qui n'ont pas été employés, comme à d'autres périodes, à des souscriptions nouvelles de bons de la D. N.

Mais cette circulation n'aurait-elle pas augmenté dans des proportions plus grandes, si l'émission des rentes 4 p. 100 n'avait pas eu lieu ?

Les effets moraux et indirects de cet emprunt ne sont point, d'ailleurs, négligeables. Du mois de juin au mois de septembre, les cours du change ont peu varié et ont pu se stabiliser à une moyenne de 102 francs pour la livre, et de 21,30 pour le dollar ; les cours de la rente 6 p. 100 ont monté de 63 francs en juin à 66,70 en septembre. D'autre part, les remboursements de la dette à terme venant a échéance, à la volonté des porteurs, en septembre et décembre 1925, ont été proportionnellement moins élevés pendant la période de l'émission de l'emprunt que précédemment.

Il est également à noter que les remboursements des bons de la D. N. et des bons du Trésor ordinaires ont été couverts, dans une plus large mesure, au cours de la période d'émission de rentes, par des souscriptions nouvelles ; la situation du Trésor se serait donc améliorée si, par ailleurs, il n'avait eu à faire face à des remboursements de valeurs à terme. En ce qui touche les bons de la D. N., la différence entre les émissions (valeur nominale) et les remboursements s'était traduite par un déficit de 1.002 millions au mois de mai et de 675 millions au mois de juin ; ce déficit est tombé à 121 millions en juillet et à 370 millions en août ; il s'est même transformé en excédent en septembre. En ce qui touche les bons du Trésor ordinaires, un excédent appréciable s'est produit entre les émissions nouvelles et les remboursements qui ont eu lieu de mai à août 1925 : il s'est élevé à 73 millions en mai ; à 471 millions en juin ; à 1.044 en juillet et à 232 millions en août. Il en est résulté que la circulation totale des bons à court terme, qui atteignait 53.984 millions fin mai, s'est élevée à 54.817 millions fin août, soit un accroissement de 826 millions. Sans doute, les remboursements des bons du Crédit National 1922 effectués le 1er juillet (1.730 millions) ont rendu plus aisées les émis-

sions de bons à court terme; il est, toutefois, permis de
croire que la propagande faite en faveur du crédit public, à
l'occasion de l'emprunt en rentes perpétuelles, a contribué
à accroître les demandes et les renouvellements des bons
de la D. N.

Nouveaux embarras de Trésorerie.

A partir du mois d'octobre, la situation devient une fois
de plus inquiétante : les changes étrangers accusent un
nouveau mouvement de hausse, tandis que recommencent
à baisser les cours des rentes françaises. Le phénomène
habituel s'est donc inévitablement produit : la hausse du
niveau général des prix a entraîné un déficit de Trésorerie
provoqué par des demandes de remboursements de bons à
court terme supérieurs aux souscriptions nouvelles. A son
retour de Washington, où il est allé discuter la question
des dettes envers les États-Unis, le ministre des Finances
prépare des projets d'assainissement qui ne sont pas encore
au point lorsque se réunit, le 16 octobre, le congrès radical
de Nice. Combattue par M. Herriot, la politique financière
de M. Caillaux ne semble pas approuvée par son parti et les
projets qu'il soumet, le 26 octobre, au Conseil des ministres,
sont repoussés par ses collègues. A la veille de la rentrée
parlementaire, le cabinet Painlevé donne sa démission col-
lective, afin de permettre à son chef d'en constituer un
autre. Le Président du Conseil remplace lui-même M. Caillaux aux Finances, et s'adjoint M. Georges Bonnet, en qualité de ministre du budget. En toute hâte, les deux ministres
préparent de nouveaux projets d'assainissement qui sont
repoussés, le 7 novembre, par la commission des Finances
du Palais-Bourbon et, au lieu de les défendre, ils en préparent d'autres qui sont enfin discutés, le 17 novembre, par la
Chambre des députés. Mais, pendant que se prolongent les
dissentiments et que se poursuit la recherche de systèmes
fiscaux transactionnels, il arrive ce qui devait fatalement

arriver. La hausse des changes et des prix s'est accusée
plus fortement que jamais : l'indice général des prix de gros
est monté de 534 au mois d'octobre à 618 en novembre ; le
cours moyen de la livre s'est élevé, d'un mois à l'autre, de
109,20 à 122,64. Le déficit de la Trésorerie a été, par suite,
considérable : il s'est élevé à plus d'un milliard en quelques
semaines, et la limite des avances de la Banque de France
à l'État aurait été dépassée, en fin de mois, si, dès le
20 novembre, le Parlement n'avait pas voté un troisième
projet d'inflation de 1.500 millions. Le surlendemain, le
second cabinet Painlevé était renversé et remplacé, le
28 novembre, par un huitième cabinet Briand, dont M. Loucheur était le ministre des Finances.

Le cabinet Painlevé devait nécessairement succomber
sous le poids de ses erreurs. Plus soucieux de reconstituer
une « majorité de gauche » que de suivre une saine politique financière, il avait consenti à obéir aux suggestions
du parti socialiste, en proposant la consolidation obliga-
toire des bons du Trésor venant à échéance le 8 décembre,
sous prétexte d'éviter une nouvelle inflation. Mais ce projet
de moratoire avait pour effet d'accroître les inquiétudes de
l'épargne et, si même il n'avait pas été repoussé par une
faible majorité, il n'aurait pas empêché, loin de là, les remboursements de bons à court terme et, par conséquent,
l'obligation de recourir à la planche à billets.

La limite des avances de la Banque de France à l'État,
portée à 33.500 millions par la Convention précédente, était
à la veille d'être dépassée une quatrième fois, lorsque, le
2 décembre, le nouveau cabinet Briand se présentait devant
les Chambres. La situation hebdomadaire de la Banque de
France du 3 décembre accusait, au débit du Trésor, une
somme égale au nouveau maximum. Dans ces conditions,
le Parlement dut se résigner à voter un projet de loi augmentant de 6 milliards le montant des avances et fixait la
limite d'émission à 58.500 millions ; le projet disposait en
outre que les impôts cédulaires et l'impôt général sur le

revenu perçus en 1926, d'après les déclarations afférentes à l'exercice 1925, seraient exigibles en totalité, dès que les rôles en auraient été publiés ; ces mêmes impôts seraient majorés de 25 à 50 p. 100 à titre de complément exceptionnel et selon les catégories d'assujettis.

M. Loucheur ne s'arrête pas à cette première innovation ; il dépose quelques jours plus tard une série d'autres projets ayant pour but de créer de nouvelles ressources fiscales, de réprimer la fraude et l'évasion des capitaux, d'instituer une caisse d'amortissement, etc. L'imagination du nouveau ministre des Finances était vraiment incroyable. Émile de Girardin avait une idée par jour : M. Loucheur en avait bien davantage en quelques instants, souvent même contradictoires. Mais les objections ne l'effrayaient pas et les conséquences qu'il n'apercevait point le laissaient indifférent. Il bousculait ses services, multipliait les projets les plus compliqués. Déconcertée par tant d'improvisations, la commission des Finances du Palais-Bourbon délibérait dans la fièvre. Mais elle ne pouvait cependant pas accepter les combinaisons inédites que lui soumettait M. Loucheur et, finalement, elle les repoussait presque toutes. La plupart des collègues du ministre des Finances espéraient qu'il voudrait bien renoncer à son portefeuille ; ils redoutaient, non sans raison, que son activité débordante causât leur chute et, comme ils se détachaient de lui, M. Loucheur fut acculé à donner sa démission. Le 15 décembre, il était remplacé par M. Paul Doumer qui s'appliqua à élaborer des projets moins ambitieux.

Changements de ministres des Finances.

Les incidents politiques, les changements perpétuels de ministres des Finances et les recours continus à l'inflation provoquaient, à ce moment-là, en France et au dehors, des alarmes croissantes qui se manifestaient par des mouvements de hausse des changes étrangers. Les cours de nos rentes fléchissaient sans relâche. L'indice d'ensemble des prix de gros s'élevait de 488, en décembre 1924, à 648 en décembre 1925. Toutefois, le montant des avances de la Banque de France à l'État, dont le maximum avait été élevé de 17.500 millions au cours de l'exercice 1925, laissait encore au Trésor une marge de 3.350 millions en fin d'année. Le compte d'amortissement atteignant 955 millions, il suffisait donc d'y ajouter une somme de 45 millions, prélevée sur les réserves de change, pour pouvoir abaisser de 39.500 millions à 38.500 millions le nouveau maximum des avances.

Les projets d'assainissement de M. Paul Doumer, impliquant à la fois des augmentations d'impôts directs et de la taxe sur le chiffre d'affaires, soulevaient à leur tour d'ardentes polémiques et de longues discussions où les manœuvres parlementaires allaient jouer un rôle prépondérant. Jugeant impossible de faire voter par la Chambre l'ensemble des mesures fiscales qu'il proposait pour équilibrer le budget, le gouvernement se bornait à soumettre au Sénat, le 26 février 1926, les dispositions adoptées par le Palais-Bourbon et qui comportaient 1.800 millions de recettes nouvelles. C'était le « premier train fiscal » auquel le Luxembourg voulut ajouter un certain nombre de wagons ; les impôts complémentaires, y compris l'accroissement de la taxe sur les paiements tant débattue, atteindraient ainsi près de 5 milliards. Revenu à la Chambre, le train déraille ; la taxe sur les paiements est repoussée, le 6 mars, par 274 voix contre 221, et le gouvernement renversé. Un neuvième cabinet Briand se reconstitue dans la nuit du 9 au 10 mars ; M. Paul Doumer est remplacé par M. Raoul Péret au ministère des Finances qui se trouve ainsi dirigé par un huitième titulaire depuis le début de la législature.

Grâce à la lassitude des partis et à la poussée inquiétante des changes étrangers, M. Raoul Péret put réussir à faire voter par les deux Chambres un complément d'impôts qui semblait permettre d'équilibrer le budget de 1926 dont

les crédits ouverts par la loi de finances du 29 avril 1926
s'élevaient à 37.388 millions.

Le budget de l'exercice 1926 enfin voté, M. Raoul Péret
put réfléchir aux moyens de porter remède aux embarras
du Trésor, d'arrêter la crise du change et d'échapper à une
nouvelle inflation. Il avait à faire face, le 20 mai, à une
échéance de bons du Trésor 6 p. 100 à 3, 6 et 10 ans
(seconde série 1923), dont les demandes de remboursements
atteignaient 3.160 millions. A cet effet, il avait eu l'excellente idée d'offrir aux porteurs de ces bons l'échange de
leurs titres contre des bons de la D. N. portant jouissance
anticipée ; il parvenait de la sorte à émettre pour 348 millions de bons à un an, valeur 10 avril 1926, et 250 millions
de bons à six mois, valeur 25 avril 1926. Ces souscriptions
complémentaires ont ainsi produit 598 millions. Mais,
comme l'excédent total des émissions de bons de la D. N.,
par rapport aux remboursements, ne s'est élevé en avril
qu'à 429 millions, il en résulte que, si l'appoint de 598 millions de souscriptions occasionnelles ne s'était pas produit,
il y aurait eu de ce chef un déficit de 169 millions.

Au mois de mai, la situation de la Trésorerie ne s'est pas
améliorée, tout au contraire. Les émissions de bons de la
D. N. atteignent 7.021 millions, y compris les bons à trois
mois valeur 5 mai 1926, échangés contre des bons du Trésor
6 p. 100 et dont le produit s'élève à 413 millions, tandis que
les remboursements atteignent 6.841 millions. Cet excédent
de 180 millions est donc sensiblement inférieur au montant
des échanges de bons, ce qui indique un fléchissement
appréciable des souscriptions habituelles. D'autre part, le
Trésor devait faire face, le 20 mai, à l'échéance de ses bons
6 p. 100 qui s'élevait, déduction faite des 1.011 millions
échangés contre des bons de la D. N., à 2.149 millions. Toutefois, comme la plus grande partie des bons du Trésor
6 p. 100 venant à échéance étaient détenus par les banques,
les remboursements se sont opérés sous forme de dépôts
en comptes courants à la caisse centrale qui n'avait, pour

le moment, à effectuer que des paiements assez modérés.

La baisse des cours de notre devise se poursuivait sans arrêt. Elle était provoquée, tout le monde pouvait le savoir, par des ventes précipitées de francs provenant à la fois de nos importateurs, qui voulaient se couvrir au plus vite des risques du change, et des étrangers qui s'empressaient de rapatrier leurs avoirs. Pendant tout le mois de mai, le ministre des Finances cherchait à obtenir le concours de la Banque de France qui se dérobait. Avant d'exposer les incidents de la seconde bataille du franc, nous devons rappeler que M. Raoul Péret avait décidé, trop tardivement peut-être, mais il n'avait pu le faire plus tôt, de constituer un comité d'experts par décret du 30 mai 1926. La présidence en était confiée à M. Charles Sergent, ancien sous-secrétaire d'État au ministère des Finances, dont la haute compétence était reconnue par tous les techniciens. Ce comité avait surtout pour mission de donner son avis « sur les mesures propres à réaliser l'assainissement financier ». Il s'est mis à l'œuvre sans retard ; il a siégé tous les jours jusqu'au 3 juillet, date à laquelle il a déposé son rapport. Mais le ministre des Finances, M. Raoul Péret, devait donner sa démission avant d'en connaître les conclusions.

CHAPITRE VII

LA SECONDE CRISE DU CHANGE

Sommaire. — *La tension des changes. — Les exportations de capitaux. — A la recherche d'une solution. — Résistance de la Banque de France à engager ses réserves d'or. — L'opinion américaine. — Vaine intervention sur le marché du change. — Constitution du Comité des experts. — Les premières séances. — Démission de M. Raoul Péret (15 juin). — Constitution du dixième cabinet Briand (23 juin) avec M. Joseph Caillaux aux Finances. — Le rapport du Comité des experts. — M. Joseph Caillaux en adopte les conclusions et réclame, pour les exécuter, des pouvoirs exceptionnels. — Chute du cabinet Briand (17 juillet). — Le cabinet Herriot, formé le 20 juillet, est renversé le lendemain. — Le ministère d'union républicaine et de concorde nationale : Le cabinet Poincaré se présente devant les Chambres le 27 juillet et il obtient au Palais-Bourbon un vote de confiance.*

La crise du change s'est accentuée depuis le mois d'octobre 1925 où la livre sterling atteignait le cours moyen de 109,20, puis de 122,64 en novembre et de 128,90 en décembre. On peut même s'étonner qu'elle n'ait pas été plus rapide à la suite des quatre inflations successives qui avaient accru le montant des avances de la Banque à l'État dans des proportions considérables ; d'une moyenne de 21.520 millions en janvier 1925, il s'était élevé à une moyenne de 34.660 millions en décembre. L'indice général des prix de gros passait, pendant la même période et par rapport à la base du dernier trimestre 1914, de 494,8 à 646 ; le cours de la rente 6 p. 100 fléchissait à son tour de 70,24 à 59,73 ; le cours du Suez montait de 8.450 à 14.750.

Il n'était pas difficile de comprendre les causes de la chute

du franc qui provoquait fatalement, et selon le rythme accoutumé, une hausse des prix, des embarras de Trésorie, un
accroissement de la circulation fiduciaire, une baisse des
fonds d'État et une hausse des valeurs à change. Les changements incessants de ministres des Finances et l'impuissance parlementaire suffisent à expliquer le désarroi de l'opinion de plus en plus convaincue que la crise est irrémédiable
et la catastrophe inévitable. Au lieu de s'attaquer à la source
du mal, on s'imagine qu'on va le guérir par de vaines impré-
cations contre les « défaitistes » qui essayent d'échapper à
la ruine en exportant leurs capitaux, en vendant leurs valeurs
françaises et en achetant des titres étrangers. Les sentiments
et les croyances de cette multitude d'épargnants et de « capitalistes » les poussent cependant, ce qui est fort naturel, à
mettre leur fortune à l'abri de la débâcle : le seul moyen
consiste à échanger des francs de plus en plus dépréciés
contre des valeurs en monnaies stables, ou de ne pas rapatrier
les avoirs qu'ils possèdent à l'étranger : les uns et les autres
font donc monter les cours des monnaies appréciées, en augmentant les demandes et en diminuant les offres. Ceux qui
ne peuvent pas avoir recours à ce procédé classique de sauvegarde envahissent les magasins, s'approvisionnent de
marchandises de toute nature, et les étrangers, attirés en
France par l'accroissement du pouvoir d'achat de leurs monnaies, suivent leur exemple. Les « affaires » marchent et les
spéculateurs s'enrichissent, tandis que la majeure partie de
la population souffre des dures privations qu'engendre la
hausse des prix.

Les efforts de M. Paul Doumer et de M. Raoul Péret méritaient certes plus de confiance ; ce sont d'honnêtes gens et
des patriotes clairvoyants. Mais le public s'obstine à croire
qu'ils seront condamnés à l'impuissance par l'attitude de la
Chambre et qu'ils ne réussiront pas mieux que leurs prédécos-
seurs à appliquer une saine politique financière, quelles que
soient leurs bonnes intentions. Et les demandes de change
étranger ne diminuent pas ; la livre sterling passera d'une

moyenne de 128,79 en janvier 1926 à 143,69 en avril et à
155,09 en mai.

* *

Le 19 avril 1926, le ministre des Finances s'inquiète de plus
en plus. Il s'étonne d'un mouvement de baisse du franc que
ses déclarations devraient faire cesser. Il songe aux moyens
déjà employés en mars 1924 pour enrayer la crise monétaire ; il consulte à ce sujet la Banque de France et les chefs
des principaux établissements de crédit. On lui répond que
les circonstances ne sont guère favorables à une intervention
utile sur le marché du change ; si les exportations de capitaux se poursuivent, elles ont pour cause essentielle l'aggravation des impôts et surtout la crainte d'une dépréciation
continue de la monnaie. Les ventes de francs ne se réalisent
pas seulement pour le compte de nos nationaux, mais encore
pour le compte de la Belgique et de l'Italie qui vendent des
francs et achètent des livres et des dollars sur le marché de
Paris et en font monter les cours. Le 20 avril, une nouvelle
dépression du franc à New-York suggère l'idée d'employer
le fonds Morgan de 89 millions de dollars, encore intact, à
une action sur le marché. Le Conseil général de la Banque,
sollicité de donner son avis, estime que cette masse de
manœuvre serait insuffisante pour exercer une influence
sérieuse et durable sur les cours et ne tient pas à prendre la
responsabilité d'une intervention aussi limitée.

Une nouvelle tension des changes, qui fait monter la livre
à 155,50 le 5 mai, oblige M. Raoul Péret à revenir de la Vienne ;
il prie une fois de plus la Banque de France d'utiliser ses
réserves d'or pour combattre la spéculation à la baisse du
franc. Mais les circonstances ne sont plus les mêmes qu'en
mars 1924. Ce ne sont point, cette fois, des spéculateurs
étrangers à la baisse qui ont créé la panique sur le marché ;
ce sont des Français qui, pour des motifs d'ordre psychologique, ont vendu leurs francs et précipité la chute des cours.

Il ne s'agit donc plus de mettre en déroute des joueurs à la baisse sur le marché à terme, mais d'empêcher les acheteurs français de monnaies étrangères de s'affoler et l'on n'y réussirait certainement pas en leur offrant, au contraire, le moyen de poursuivre leurs achats de devises appréciées en mettant des dollars à leur disposition. Les banques françaises, à l'exception d'une seule, se prononcent dans le même sens. Un des associés de la Banque Morgan, M. Lamont, qui se trouve à Paris, déclare que toute intervention serait inopportune pour arrêter la « fuite devant le franc » et empêcher les évasions de capitaux. L'ancien directeur du Mouvement général des Fonds, M. Jean Parmentier, est envoyé à Londres où il part en avion le 8 mai pour rendre visite à M. Strong, directeur de la Banque Fédérale de New-York et l'un des dirigeants du marché anglais. A son retour, il rend compte au ministre des conversations qu'il vient d'avoir : ses interlocuteurs ne lui ont pas caché qu'ils éprouvaient les doutes les plus sérieux sur le succès d'une simple intervention sur le marché des changes, en l'absence d'autres mesures destinées à redresser la situation. Pour mettre fin à la dépréciation accélérée du franc, ils estimaient qu'une politique financière et monétaire bien définie pourrait seule avoir quelque effet. Ce programme devait envisager dans son ensemble et dans toutes ses parties la restauration des finances françaises ; son application exigeait une adhésion complète et les efforts continus du gouvernement, de même que le concours de la Banque d'émission et des banquiers privés qui sont à la fois les conseillers et les porte-parole des capitalistes gros et petits. Il fallait enfin rallier à ce programme de salut public les partis politiques, notamment ceux dont l'accession au pouvoir semblerait possible et dont les intentions avaient pu apparaître dans le passé comme une menace aux yeux des épargnants. Mais ce programme, qui contenait en germe les idées d'union nationale, ne devait être appliqué qu'un peu plus tard par le cabinet Poincaré.

En attendant, se poursuivaient les conversations et les discussions. Une nouvelle réunion avait lieu, le 10 mai, dans le cabinet de M. Georges Robineau et elle confirmait les impressions du Conseil général de la Banque de France. S'appuyant sur l'exemple de la Belgique, qui n'avait pu maintenir les cours de sa devise par des interventions continues, l'un des représentants des grandes sociétés de crédit déclare très nettement que, pour enrayer la crise, il faudrait posséder des réserves de change telles que tout l'or de la Banque ne suffirait pas à les constituer.

Le 12 mai, M. Raoul Pérel revient à la charge et propose à la Banque de France, qui s'y refuse, de tenter des « sondages » sur le marché. Sur ces entrefaites, M. Strong arrive à Paris et rend tout d'abord visite à M. Georges Robineau. Le ministre des Finances a pu croire que le grand banquier américain aurait été convaincu par le gouverneur de la Banque de France de l'inutilité d'une intervention. Par contre, la Banque de France a toujours soutenu que l'opinion de M. Strong avait été d'une indépendance absolue et qu'elle s'était d'ailleurs affirmée à Londres. Au surplus, quel intérêt pouvait avoir un ami de la France à ne pas dire ce qu'il croyait être la pure vérité ? M. Strong avait la conviction que la Banque de France devait conserver son or, ne pas le mettre en gage en Amérique au lendemain même de la signature des accords Mellon-Bérenger relatifs aux dettes interalliées. Il ne voulait pas, en outre, être accusé plus tard d'avoir accaparé les réserves métalliques de la France dont les États-Unis n'avaient d'ailleurs nul besoin. On lui a même prêté des propos assez conformes aux indications données par plusieurs grands journaux anglais et américains : « Pourquoi nous demander des livres et des dollars ? Vous en avez chez vous plus qu'il ne vous en faut ! Vos capitaux se sont évadés à l'étranger : réussissez à leur faire reprendre le chemin de votre pays et vous aurez ainsi beaucoup plus de ressources de change que nous ne pourrions vous en fournir nous-mêmes. » C'était évidemment le langage du bon sens ; il n'était cependant pas commode, il faut le reconnaître, de suivre ce sage conseil. Par quel procédé convaincre les Français de la nécessité de se sauver eux-mêmes, comme M. Raoul Péret l'avait si justement proclamé ?

Après un court séjour à Londres, où il était allé s'entretenir avec ses collègues anglais du problème des dettes interalliées, le ministre des Finances, accompagné de M. Aristide Briand, se rendait, dans l'après-midi du mercredi 19 mai, à Rambouillet pour rejoindre, auprès du Président de la République, le gouverneur et les régents de la Banque de France. « Nous sommes tombés d'accord, disait-il, en sortant de cette conférence, sur les mesures à employer pour relever le franc le plus vite possible. Je ne peux pas en dire davantage ; le secret sur les mesures en question, dont certaines ont déjà été prises et seront renforcées, est une condition du succès ; de même pour que notre intervention soit efficace, il faut qu'elle soit inopinée. Je dois dire qu'en Angleterre on ne s'explique pas cette baisse subite de notre devise. Les Anglais conviennent qu'ils n'y ont aucun intérêt. » A ce propos, le ministre démentait le bruit qui avait couru des prétendus pourparlers qu'il avait eus à Londres pour le relèvement de notre devise ; « aucuns pourparlers de ce genre, disait-il, n'avaient eu lieu ». Le même jour, la parité du franc par rapport à la livre accusait, à New-York, un cours de 178 qui s'abaissait, il est vrai, le lendemain, 20 mai, à 162. Au Conseil des ministres, tenu à cette date à l'Élysée, la déclaration que voici avait été communiquée aux journaux par M. Raoul Péret :

Le Conseil des ministres a examiné, dans son ensemble, le problème des changes. Le gouvernement a reconnu la nécessité d'agir avec énergie et continuité. Il s'est trouvé unanime à penser qu'il fallait, avant tout, prendre des mesures d'ordre technique pour relever le franc dont la baisse n'est nullement justifiée par la situation intérieure. D'après les renseignements recueillis, la spéculation s'exerçant sur une plus large étendue, les mesures énergiques qu'on avait pu hésiter à prendre jusqu'ici, apparaissent inévitables. Le gouvernement a décidé d'utiliser dès maintenant, pour la défense du franc, toutes les ressources dont peut disposer le crédit public.

Nouveau Conseil des ministres le vendredi 21 mai où le cours de la livre s'abaissait à 150. Après le Conseil, nouvelle conférence au ministère des Affaires étrangères entre M. Aristide Briand, M. Raoul Péret et M. Georges Robineau. L'intervention sur le marché du change venait de se produire par l'entremise de la banque Lazard qui commençait à vendre les dollars du fonds Morgan. Le gouvernement espérait encore qu'il parviendrait à décider la Banque de France à joindre ses efforts aux siens. Il avait toutefois multiplié les entretiens et les échanges de lettres sans obtenir le concours qu'il sollicitait; il avait réclamé des crédits de 200 millions de dollars, puis de 150 et de 100, gagés sur l'encaisse de la Banque, pour combattre la hausse du franc. La correspondance relative à ces négociations n'a pas été publiée et elle le sera sans doute un jour; mais on sait qu'elle ne laisse aucune prise à l'équivoque : la Banque de France n'entendait pas prendre la responsabilité d'une intervention et elle voulait encore moins engager ses réserves d'or, ce qui lui semblait être tout à fait inutile. Mais elle ne pouvait pas toutefois démentir la nouvelle annoncée par le gouvernement qu'elle « était d'accord » avec lui « pour redresser les cours du franc ». Il y avait intérêt à laisser planer un doute sur les modalités d'une entente qui n'existait point réellement. La vérité est que la Banque de France ne pouvait s'opposer à l'emploi du fonds Morgan pour soutenir le change, mais qu'elle aimait mieux ne pas agir directement, afin de ne pas être obligée plus tard d'aller plus loin en engageant ses propres réserves d'or.

Du 21 au 28 mai, la masse de manœuvre constituée par le fonds Morgan fut mise en action et la livre sterling oscilla aux environs de 150 francs; l'intervention s'était exercée jusqu'à concurrence de 56 millions de dollars et il n'en restait plus, par conséquent, que 33 à la disposition du Trésor. Ces ventes lui avaient procuré, par contre, d'importantes disponibilités en francs qu'il avait utilisées pour ses propres besoins, ce qui lui avait permis de ne pas

augmenter et même de diminuer légèrement son compte
d'avances. Mais il ne pouvait continuer à servir les
demandes de change sans absorber la totalité de ses réserves
et sans pouvoir espérer une détente de quelque durée. La
rentrée des Chambres, qui avait lieu le 27 mai, semait de
nouvelles alarmes et, bien que l'ajournement des interpel-
lations sur la politique financière eût été voté par 320 députés
contre 209, il n'en subsistait pas moins un sentiment de
malaise peu favorable à la défense du franc. Des avis offi-
cieux venus de Londres faisaient connaître que les banquiers
anglais et américains avaient suggéré l'idée de réunir un
comité d'experts qui aurait pour mission de préparer la
stabilisation du franc. Le correspondant de l'*Agence Havas*
à Londres indiquait, d'après les informations recueillies à
l'Ambassade de France, les grandes lignes d'un programme
indiqué par des techniciens britanniques.

Un comité d'experts, constitué en dehors de toutes considérations et dégagé de toute influence, disait le télégramme de
l'*Agence Havas*, doit, dans son programme, fixer autant que
possible le cours où l'on voudrait stabiliser la monnaie française, ainsi que les moyens d'y arriver.

Ce point de stabilisation est évidemment approximatif; mais
il importe surtout de trouver des méthodes pour que la
monnaie n'ait autour de ce cours que des fluctuations sans
cesse décroissantes.

C'est uniquement sur l'élément intérieur, c'est-à-dire français, qu'il faut faire fond, *et non sur l'élément extérieur, c'est-
à-dire l'aide de l'étranger.*

Ensuite, il est de toute nécessité d'éviter l'exportation des
capitaux, ce que l'on n'obtiendra qu'en s'abstenant de prendre
des mesures susceptibles d'effrayer les capitalistes, notamment celles contre cette exportation.

Enfin, une fois ces points réglés, la France pourra trouver
des appuis à l'extérieur. Sinon, tant qu'elle ne prendra pas
de mesures intérieures suffisantes, il ne lui servira de rien de
chercher des emprunts à l'étranger: elle n'aboutirait qu'à gaspiller son temps et son argent et à s'épuiser en efforts stériles.

En somme, les banquiers anglais et américains disent :
stabilisez votre monnaie, supprimez les entraves à l'exportation des capitaux et, ces conditions étant remplies, vous
trouverez l'étranger disposé à vous consentir des emprunts.

La création d'un comité d'experts financiers fut annoncée par une note du ministère des Finances publiée le 28 mai.

C'est, disait cette note, le fonctionnement d'un comité semblable, qui existe en Angleterre depuis deux ans, qui a inspiré à M. Raoul Péret l'idée d'instituer en France cet organisme. L'expérience réalisée en Angleterre a donné, dans le domaine financier et monétaire, comme l'exposait une dépêche de Londres (citée plus haut), des résultats dont les finances britanniques se sont heureusement ressenties.

En s'appuyant sur les avis de ce comité de techniciens, le gouvernement entend démontrer que c'est dans une atmosphère étrangère à toute considération politique qu'il désire prendre toutes les mesures propres à assurer la défense, la stabilisation et la revalorisation du franc.

C'est à M. Sergent, ancien sous-secrétaire d'État aux Finances, sous-gouverneur honoraire de la Banque de France, président de la banque de l'Union parisienne, que sera offerte la présidence de ce comité, composé de banquiers et d'économistes choisis parmi les plus réputés.

Dans des cas spéciaux, le comité d'experts pourra recourir aux conseils autorisés des personnalités marquantes du monde du commerce, de l'industrie et de l'agriculture.

Le décret constituant un comité d'experts financiers fut, en effet, publié le 30 mai et contenait les dispositions que voici :

ARTICLE PREMIER. — Il est établi auprès du ministre des Finances un comité d'experts financiers qui aura à donner son avis sur les questions dont il sera saisi par le ministre, notamment sur les mesures propres à réaliser l'assainissement financier. Sur la demande du comité, le ministre pourra adjoindre à celui-ci, à titre consultatif, toutes personnalités compétentes.

ART. 2. — Sont désignés pour faire partie du comité visé à l'article premier :

M. Sergent, ancien sous-secrétaire d'État au ministère des Finances, ancien sous-gouverneur de la Banque de France, président.

M. Duchemin, président de la Confédération de la production française.

M. Fougère, président de l'Association nationale d'expansion économique.

M. Jèze, professeur à la Faculté de droit de Paris.

M. Lewandowski, administrateur-directeur du Comptoir
National d'Escompte.

M. Masson, directeur général du Crédit Lyonnais.

M. Moreau, directeur général de la Banque de l'Algérie.

M. Oudot, directeur de la Banque de Paris et des Pays-Bas.

M. de Peyerimhoff, président du comité central des Houillères de France.

M. Philippe, banquier.

M. Ernest Picard, sous-gouverneur de la Banque de France.

M. Charles Rist, professeur à la Faculté de droit de Paris.

M. Joseph Simon, vice-président de la Société Générale.

Le directeur du Mouvement général des Fonds ou le directeur
adjoint du Mouvement général des Fonds assistera aux réunions
du comité avec voix consultative.

Le comité se mettait aussitôt à l'œuvre et, le 4 juin, il
était consulté par le ministre des Finances sur le problème
du change. Sans émettre un avis formel, il semblait disposé
à admettre une intervention continue sur le marché et, à cet
effet, l'utilisation éventuelle, en dehors du fonds Morgan,
d'une partie de l'encaisse métallique de la Banque de France.
Cette opinion avait été vivement combattue par deux
membres du comité, M. Ernest Picard, sous-gouverneur de la
Banque, et M. Gaston Jèze, professeur à la Faculté de droit de
Paris. Le lendemain, le Président du Conseil faisait appeler le
gouverneur de la Banque qui maintenait son point de vue
et n'avait du reste aucune raison de le modifier ; de nouveaux
efforts étaient vainement tentés auprès de la Banque de
France pour qu'elle engageât ses réserves : elle continuait à
s'y refuser et à soutenir que son intervention n'empêcherait
pas l'exportation des capitaux français, cause essentielle
de la chute du franc, de se poursuivre. Découragé, M. Raoul
Péret donna sa démission de ministre des Finances dans la
matinée du 15 juin pour des motifs qu'il ne chercha pas à
dissimuler : « l'absence de concours sur lesquels il était en
droit de compter », — c'est-à-dire le refus de la Banque de
France d'employer son or à la défense du franc — et,
d'autre part, sa conviction, désormais arrêtée, que la constitution d'un nouveau cabinet d'union nationale était indis-

pensable au salut financier du pays. En se retirant, il
fournissait l'occasion de former un ministère tel qu'il le
souhaitait.

. .

Tel était aussi le dessein de M. Briand, dont la nouvelle
hausse de la livre à 180 francs, le jour de la démission de
M. Raoul Péret, ne pouvait que fortifier l'opinion personnelle.
Le nom de M. Raymond Poincaré était déjà sur toutes les
lèvres et l'ancien chef de l'État n'hésita pas à promettre tout
son concours à M. Briand. Mais si M. Poincaré acceptait de
collaborer avec les radicaux-socialistes et même avec les
socialistes qui, d'ailleurs, se dérobaient, M. Herriot n'osait
pas encore consentir à faire partie d'un ministère de large
concentration et, sous la pression de ses amis de la Chambre,
il finissait par s'y refuser. Dans ces conditions, M. Briand
déclinait la mission de former un cabinet que, bon gré, mal
gré, M. Herriot devait ensuite accepter.

L'attitude du Président de la Chambre, pendant la « folle
nuit » qui suivit ses premières démarches, fut assez décon-
certante. Il voulait à la fois rassurer les capitaux et amortir
la dette par une contribution exceptionnelle sur la richesse
acquise, en augmentant l'impôt sur les successions. Il offrait
à M. Bokanowsky, puis à M. Romier, rédacteur en chef du
Figaro, le portefeuille des Finances ; il faisait appel à un
catholique, M. Champetier de Ribes, dont le refus entraînait
le départ de M. Romier. Il errait au hasard des points
extrêmes du Palais-Bourbon, tandis que la livre continuait
son ascension fatale. Le retour de M. Briand s'imposait pour
mettre fin à des péripéties dangereuses. Un nouvel accroc
devait remettre tout en question : M. Poincaré ne croyait
plus pouvoir accepter le ministère des Finances et désignait
M. Paul Doumer pour ce département ; la nouvelle de son
retour au pouvoir avait soulevé la colère d'un jeune député
de la Sarthe qui prononçait contre lui, avec l'approbation

de M. Caillaux, disait-on, une « exclusive » indignée. Et à
son tour, M. Paul Doumer exigeait, avec raison, l'application
d'un programme financier comportant l'augmentation des
impôts indirects contre laquelle le cartel protestait avec
énergie. M. Painlevé se retirait à son tour et le ministère
d'union était par terre avant d'avoir pu se former. L'insistance de M. Gaston Doumergue contraignit toutefois
M. Briand à reprendre ses négociations sur de nouvelles
bases : il avait fini par accepter la collaboration de
M. Joseph Caillaux qui devenait ministre des Finances
et Vice-Président du Conseil. Le cabinet Briand, ainsi
remanié, était enfin au complet le 23 juin. M. Joseph Caillaux, qui s'était adjoint deux sous-secrétaires d'État, M. Pietri
et M. Duboin, étudiait aussitôt des projets d'assainissement
inédits, mais sans arrêter des décisions fermes avant de
connaître les conclusions du comité des experts qui ne
devaient être déposées que le 3 juillet. Mais il avait déjà
en vue un programme d'action personnelle qui ne pouvait
se réaliser qu'à la condition d'obtenir des Chambres les
« pleins pouvoirs » indispensables à son exécution rapide.
Le Parlement serait consulté plus tard, lorsque le « plan
d'ensemble » aurait été appliqué.

En attendant le rapport des experts, M. Joseph Caillaux
décida de faire tout de suite acte d'autorité. Il avait vainement tenté, au cours de son précédent ministère, de remplacer M. Georges Robineau au gouvernement de la Banque
de France, mais ses collègues s'y étaient résolument opposés.
Cette fois, il était le maître et, dès le lendemain de son
retour au pouvoir, le 26 juin, il nommait M. Emile Moreau,
directeur général de la Banque d'Algérie, gouverneur de la
Banque de France; M. Ernest Picard, sous-gouverneur de
la Banque de France, était appelé à succéder à M. Moreau
et M. Charles Rist, membre du comité des experts, était
nommé second sous-gouverneur, tandis que M. Leclerc
passait au rang de premier sous-gouverneur. On s'est
demandé pourquoi le nouveau ministre des Finances pro-

cédait si vite à ces changements. Peut-être agissait-il sous l'empire de ses sentiments impulsifs ou dans le dessein de montrer aux régents de la Banque de France qu'il n'entendait point que le représentant de l'État fût dominé par leurs conseils. Mais il n'en avait pas moins l'habileté de choisir pour gouverneur de la Banque l'un des hommes les plus capables d'exercer ses nouvelles fonctions et dont le caractère ne se prêterait certainement pas à des concessions nuisibles aux grands intérêts dont il assumait la lourde charge. En agissant de la sorte, M. Joseph Caillaux voulait à la fois user de ses pouvoirs éventuels sans ménagement et donner la preuve qu'il savait les exercer, en toute indépendance, dans l'intérêt général. Mais ce premier incident réglé, comment allait-il s'y prendre pour faire accepter par ses collègues, et surtout par le Parlement, les « pleins pouvoirs » dont il se réservait l'usage exclusif? L'accueil assez froid, que la Chambre avait fait à la déclaration ministérielle du 29 juin, aurait pu l'éclairer à cet égard, s'il n'avait été convaincu qu'il réussirait, par son habileté et son talent de parole, à vaincre toutes les résistances. M. Caillaux était, il faut le reconnaître, homme à ne reculer devant aucun obstacle et à défendre ses idées avec ténacité.

Le programme des experts.

Avant de prendre un parti définitif, le ministre des Finances devait toutefois attendre les conclusions des experts dont les travaux étaient sur le point de s'achever et qu'il suivait avec la plus grande attention. Publié le 4 juillet, le programme des experts laissait de côté toute considération d'ordre politique qui n'en offrait pas moins, dans les circonstances où il était élaboré, un intérêt essentiel. Pour en saisir la haute portée, il ne faut pas oublier qu'il avait été élaboré en toute hâte et à une époque où la situation monétaire était presque désespérée. En raison de l'incertitude de la situation politique, de la menace d'une nouvelle crise

ministérielle, de l'agitation des couloirs parlementaires, le
franc continuait à baisser et les capitaux à s'évader. Il fallait
donc mettre un terme à la crise et suggérer à cet effet des
remèdes d'une application rapide. Si certaines conclusions
de ce remarquable document peuvent sembler discutables,
il n'en est pas moins juste de reconnaître qu'il forme, dans
son ensemble, une œuvre des plus solides et des plus inté-
ressantes. A ce titre et pour comprendre la suite des événements, il est indispensable d'examiner avec soin des suggestions qui, au point de vue purement technique, se défendent
à merveille et auraient pu produire d'utiles effets.

Après avoir procédé à une enquête approfondie sur notre
situation financière à l'aide des nombreux renseignements
qui leur étaient fournis par les services du budget et de la
trésorerie, les experts ont conclu à la nécessité d'aboutir à
la stabilisation monétaire, qui devait être précédée d'une
« stabilité de fait », dont les conditions sont à la fois « d'ordre
moral et de caractère technique ».

Au point de vue moral, il faut rétablir la confiance dans
la monnaie : il faut que « Français et étrangers aient une
confiance absolue dans la sécurité des capitaux, dans le
respect des engagements, dans la continuité de vues sans
laquelle le plan ne peut être exécuté ».

Au point de vue technique, la stabilisation de fait suppose :
1° l'équilibre de la balance des comptes, grâce à l'arrêt de
l'évasion des capitaux français, à l'octroi exceptionnel et
provisoire de crédits étrangers à plus ou moins long terme
et au retour progressif des capitaux français expatriés ;
2° la réalisation absolue de l'équilibre budgétaire ; 3° l'équilibre de la Trésorerie ; 4° le règlement définitif de nos engagements extérieurs ; 5° l'adaptation de l'économie générale
du pays à la nouvelle situation monétaire ; 6° l'existence à la
Banque d'émission d'une couverture en or et en devises
étrangères suffisante, avec le portefeuille commercial, pour
garantir les émissions de billets.

En ce qui touche la balance des comptes, le comité rappelle « qu'elle aurait été aisément équilibrée au cours des trois dernières années ; mais des ventes de francs opérées par des étrangers et des exportations de capitaux français ont eu les répercussions les plus néfastes sur notre économie nationale et sont devenues un élément déterminant de la baisse de notre monnaie ».

Il faudrait sans doute « faciliter le rapatriement de ces capitaux » pour compenser les insuffisances de notre balance des comptes. Mais comment y parvenir, ajouterons-nous, sans changer la mentalité des Français et des étrangers qui, pour des raisons en partie d'ordre psychologique, persistaient alors à vendre des francs pour acheter des monnaies appréciées ? Ce qu'il fallait faire, c'est ce qu'on a fait plus tard : choisir un gouvernement capable de rétablir « la confiance dans la sécurité des capitaux », comme le comité des experts en proclamait lui-même l'urgence. Or, cette condition essentielle n'était évidemment pas remplie au moment où il délibérait et où « la fuite devant le franc » ne pouvait être arrêtée que par un changement profond de politique générale et de politique financière.

Par contre, le comité émettait les idées les plus raisonnables sur le problème de l'équilibre budgétaire. Se bornant à examiner le budget de l'exercice 1926, il faisait remarquer que son équilibre risquait d'être compromis par la hausse du change et des prix ; que, d'autre part, des relèvements de crédits étaient à prévoir pour faire face aux augmentations de traitements et de pensions, aux dépenses des corps expéditionnaires du Maroc et de Syrie ; que, enfin, certaines dépenses, laissées à la charge de la Trésorerie, devraient être incorporées dans le budget.

Il est toujours aisé, en effet, de mettre en équilibre, sur le papier, le budget des dépenses et le budget des recettes : il suffit de laisser de côté certaines dépenses, ou encore de doter certains chapitres de crédits insuffisants, quitte à réclamer, en cours d'exercice, des crédits supplémentaires. Il en résulte que les dépenses non prévues viennent

accroître les charges de la Trésorerie qui ne peut y faire
face que par des emprunts, lorsqu'il est possible d'en
émettre, ou, dans le cas contraire, par des expédients dangereux.

Les économies.

L'équilibre réel et sincère du budget nécessite à la fois
des économies et des accroissements de recettes. Peut-être
le comité des experts n'a-t-il pas insisté avec assez de force
sur la première de ces deux conditions. Il n'a pas recommandé l'aliénation de certains monopoles improductifs, mal
exploités par l'État ou se soldant même par des déficits, les
chemins de fer, par exemple. Sans indiquer les compressions de dépenses auxquelles il serait possible de procéder
sans délai, il en a, cependant, rappelé à cet égard les principes dont il est indispensable de s'inspirer :

Les charges de la dette, dit-il, ne pouvant être dès maintenant réduites, il faut donc rechercher l'allégement du budget
par des économies. A cet égard, le comité ne peut que suggérer
une méthode de travail. Il n'a pas le temps de procéder à une
analyse détaillée et approfondie d'un plan d'économies ; il ne
prétend ni en tracer le cadre, ni en évaluer les résultats
possibles. Mais il a le sentiment très net que si un effort
immédiat n'est pas entrepris dans cette voie, s'il n'est pas
poursuivi par une volonté tenace, persévérante, l'œuvre de
restauration sera compromise. Cette réduction de dépenses
est d'autant plus indispensable qu'il y a lieu de prévoir des
moins-values d'impôts au cours de la crise que provoquera la
stabilisation.

L'opinion française et étrangère est restée déçue de la sté-
rilité des tentatives de réformes faites jusqu'à ce jour.

Le comité rappelle qu'un rapport a été présenté par la
Commission instituée par le décret du 3 août 1922, rapport
qui semble ne pas avoir eu de suite.

Il signale également que le Comité supérieur d'enquête,
créé en 1925, a préconisé des mesures qui ne paraissent pas
avoir été toutes retenues.

Le comité n'a pas l'illusion que des économies immédiates
et importantes puissent être opérées par voie de compressions
budgétaires, si l'on conserve les cadres actuels du budget. Il

ne peut y avoir d'économies réelles qu'à la condition de moderniser et de simplifier les méthodes administratives, de fusionner des services, parfois de supprimer des services entiers.

Le premier acte d'une telle réforme serait la réduction du nombre des sous-secrétariats d'Etat et aussi des ministères. Certains d'entre eux font double emploi. D'autres, comme les régions libérées, ne doivent pas survivre aux raisons exceptionnelles qui les ont fait créer.

Une commission spéciale, peu nombreuse, composée d'administrateurs expérimentés, devrait être chargée de provoquer la suppression de tous les organismes publics inutiles.

Quant aux services locaux, le développement des moyens de transport doit en permettre et la réduction et l'adaptation aux besoins et à la richesse des régions diverses. L'élargissement et le regroupement d'un grand nombre de circonscriptions administratives (départements et arrondissements) sont à la base de cette réorganisation des services locaux, dont certains pourraient être supprimés en entier. Ce travail considérable devrait être confié à une commission peu nombreuse, composée de techniciens.

Pour alléger le poids qu'imposent au budget de l'Etat diverses catégories de subventions aux départements et aux communes (dépenses de construction des chemins vicinaux, dépenses d'assistance, etc...), il faut que les budgets locaux participent plus largement à ces dépenses. C'est, en pareille matière, le seul moyen d'empêcher les abus.

Le budget des recettes.

Pour assurer l'équilibre du budget, déclare le rapport, dégager définitivement la Trésorerie, procéder aux opérations de consolidation et d'amortissement nécessaires, une augmentation considérable de recettes est indispensable. Les sommes à trouver sont de l'ordre de grandeur suivant : 2.500 millions pour le budget de 1926, près de 5 milliards en tout pour le budget de 1927. Notons, en passant, que M. Caillaux a trouvé cette augmentation trop forte, tandis que son successeur, M. Raymond Poincaré, l'a trouvée un peu faible.

Quoi qu'il en soit, les observations du comité des experts, en ce qui touche notre régime fiscal, sont des plus intéres-

santes et des plus utiles à retenir, bien qu'elles ne con-
tiennent rien de nouveau. Il a raison d'affirmer, comme nous
l'avons toujours fait, « qu'un système de lourds impôts
directs, frappant la production et le travail, n'épargne point
la masse des consommateurs. Les charges fiscales, qui,
sous forme de contributions directes, pèsent sur la terre et
sur l'activité industrielle et commerciale, s'incorporent finalement dans les prix et souvent dans une proportion supérieure à leur montant réel ». Il est, d'ailleurs, à remarquer
que l'impôt général sur le revenu ne procure pas « des
ressources en rapport avec l'élévation de son taux nominal
de 60 p. 100, aggravé, en outre, de 25 p. 100 pour les célibataires ». Le comité propose donc de réduire ce taux
excessif, de renoncer au bordereau ou au carnet de coupons,
de relever à 10.000 francs l'exemption à la base de
7.000 francs et de fortifier le contrôle « par une interpéné-
tration complète et rapide des administrations des Contributions directes et de l'Enregistrement et même, dès que
les circonstances le permettront, par la fusion de ces deux
administrations ». Cette dernière réforme, en partie réalisée
depuis, nous paraît d'autant plus indispensable que l'Enregistrement possède des éléments de contrôle qui font défaut
aux contrôleurs des Contributions directes : contrats de
toute nature, cessions de fonds de commerce, mutations
par décès ou entre vifs, etc... En Angleterre, il n'a jamais
existé qu'un seul service, celui du revenu intérieur, pour
appliquer ces deux catégories d'impôts. Il est, d'autre part,
devenu de plus en plus difficile de recruter le personnel des
régies financières ; les vacances dans les cadres des agents
des contributions directes atteignaient, au 1er janvier 1926,
pour les contrôleurs, 249 sur 1.890 et, pour les inspecteurs,
19 sur 193. Les changements incessants du taux des impôts
directs rendent, par ailleurs, la tâche de ces agents de plus
en plus lourde et il ne faut pas oublier qu'ils sont chargés
de dresser les rôles, non seulement des assujettis aux contributions de l'État, mais de tous les impôts départementaux

et communaux établis sur le principal des anciennes contributions directes.

Le comité propose ensuite la révision des droits de succession qui permettrait de maintenir le produit de l'impôt tout en atténuant certaines de ses exagérations et d'autoriser la déduction des dettes dans une plus large mesure, « afin d'éviter certains abus évidents ».

En ce qui touche le régime des valeurs mobilières françaises et étrangères et les droits de mutation immobilière, le comité estime que d'assez nombreux remaniements sont indispensables et qu'ils doivent se traduire par de « notables réductions ». Par contre, il émet l'avis que les droits fixes d'enregistrement, de même que les droits spécifiques en matière de contributions indirectes et les droits de douane, doivent être ajustés à la hausse des prix et à la dépréciation de la monnaie. La taxe sur le chiffre d'affaires, sans cesse remaniée et compliquée, doit avoir le caractère d'un impôt très simple et ne pas s'appliquer aux exportations. Enfin, l'impôt sur les transports doit être majoré ; les prix des tabacs, des allumettes et les tarifs des P. T. T. doivent pouvoir être augmentés, par décret, dans les limites de l'indice des prix.

Ces diverses suggestions sont, certes, du plus haut intérêt. Mais nous croyons qu'elles sont encore insuffisantes. C'est à une révision d'ensemble, définitive et complète, de tout notre système d'impôts qu'il conviendrait de s'attacher. A cet effet, M. Octave Homberg a eu raison de proposer, dans son livre intitulé *Le Financier dans la Cité* [1], la nomination d'un comité de techniciens peu nombreux et très expérimentés qui serait chargé de remettre au point l'ensemble de notre législation fiscale.

L'ordre et la clarté des méthodes budgétaires.

On ne peut, enfin, qu'approuver les conclusions du rapport des experts, en ce qui touche la nécessité de modifier pro

1. Paris, 1926.

fondément les méthodes budgétaires, en y rétablissant l'ordre et la clarté.

La prépondérance du ministre des Finances doit être absolue dans toutes les questions financières. Le vote annuel de la loi de finances doit s'effectuer en temps utile, c'est-à-dire avant l'ouverture de l'exercice financier; pour éviter les douzièmes provisoires, il importe que le début de l'exercice soit fixé en tenant compte des sessions parle-mentaires, c'est-à-dire au 1ᵉʳ avril, comme en Angle-terre.

Le budget doit comporter toutes les dépenses et toutes les recettes de l'État; il faut, notamment, restituer au Trésor toutes les recettes détournées du budget (prélève-ments sur le pari mutuel, redevances de la Banque de France, etc...) et reviser le régime des fonds communs, dont la répartition entre les administrations locales est nécessairement arbitraire.

Il faut, enfin, réglementer plus sévèrement le droit d'ini-tiative parlementaire en matière de dépenses et mettre sous les yeux du public tous les éléments essentiels de la ges-tion financière. Il conviendrait, dans ce but, d'exiger, comme nous n'avons cessé de le demander, l'application rigoureuse de l'article 45 de la loi du 30 avril 1921, ainsi conçu :

A partir du 1ᵉʳ janvier 1922, il sera publié, chaque trimestre, au *Journal Officiel*, par les soins du ministre des Finances, un tableau indiquant le total des opérations de recettes et de dépenses de toute nature effectuées par le Trésor au cours du trimestre précédent.

Ces opérations seront réparties sous les rubriques suivantes:

I. — Budget ordinaire ;
II. — Budget extraordinaire ;
III. — Budget spécial des dépenses recouvrables ;
IV. — Comptes spéciaux ;
V. — Opérations de trésorerie (emprunts, etc...);
VI. — Opérations à classer ;
VII. — Opérations d'ordre et diverses.

L'équilibre de la Trésorerie.

L'équilibre du budget largement établi, l'ordre et la clarté assurés dans les finances publiques, l'assainissement préalable et nécessaire à la stabilisation de la monnaie ne serait pas encore accompli. Il faudrait ensuite, et c'est même le point essentiel, éviter les embarras de Trésorerie qui peuvent conduire à l'inflation.

On a l'habitude de faire une distinction beaucoup plus théorique que pratique entre la Trésorerie et le budget. Mais le Trésor n'est pas seulement le banquier du budget, chargé de faire face à toutes ses dépenses ; il est devenu, en outre, une véritable institution de crédit, qui reçoit, depuis le mois de septembre 1914, les dépôts à vue et à terme qui lui sont confiés par les sociétés industrielles et financières, par les épargnants de toutes catégories. Il en résulte que l'état de la Trésorerie est largement influencé par les prélèvements effectués sur la dette flottante et sur la dette à court terme, de même que par les dépenses hors budget, les déficits budgétaires et le déséquilibre plus ou moins momentané entre ses encaissements et ses décaissements. Et, lorsqu'il ne peut plus avoir recours à l'emprunt pour faire face à son découvert, il est entraîné, après avoir usé de divers expédients, à réclamer des avances nouvelles à la Banque de France.

Considérant comme « un legs du passé » les émissions à jet continu des bons de la D. N., le comité propose de les séparer nettement de la Trésorerie. « La gestion des bons de la D. N. serait confiée, dit-il, à une Caisse spéciale, qui assurerait le service de l'intérêt, du renouvellement et du remboursement des bons ». La limite maxima des bons pris en charge par la Caisse de gestion serait de 49 milliards, avec une tolérance de 6 p. 100, et cette limite serait abaissée, en fin d'année, d'un montant correspondant aux amortissements effectués.

Sans doute, les remboursements de bons pourraient dépasser les encaissements réalisés par de nouvelles souscriptions, notamment en raison d'appréhensions de toute nature, de besoins commerciaux engendrés par la hausse des prix. Il faudrait donc assurer à la Caisse de gestion une dotation suffisante pour faire face à ces diverses éventualités et aux charges d'intérêt. A cet effet, la Caisse recevrait une annuité égale au montant des intérêts en cours et une seconde annuité d'amortissement d'au moins 500 millions. Elle serait, en outre, pourvue d'une réserve substantielle qui lui permettrait de faire face aux demandes éventuelles de remboursements.

Cette réserve serait constituée par les produits nets du monopole des tabacs, par des prélèvements de 50 p. 100 sur les intérêts des obligations du plan Dawes, et, enfin, par la réalisation d'emprunts extérieurs dont la contre-valeur en francs serait, jusqu'à concurrence de 4 milliards en francs-papier, portée au crédit d'un compte spécial ouvert par la Banque de France à la Caisse de gestion des bons de la D. N. D'autre part, l'État céderait à la Banque de France, qui les utiliserait pour soutenir le change, les devises produites par les opérations d'emprunts extérieurs. « Ce compte spécial, déclare le comité, serait, par sa seule existence, de nature à rassurer les porteurs de bons et n'aurait, vraisemblablement, à jouer que dans une faible mesure, l'amortissement régulier étant assuré par l'annuité budgétaire. »

Ces deux mesures préalables, l'équilibre du budget et l'équilibre de la Trésorerie, une fois réalisées, on pourrait alors procéder à une « stabilisation monétaire de fait » qui précéderait la « stabilisation légale » s'opérant par « une nouvelle définition de la valeur du franc ». Au point de vue technique, la stabilité de fait exigeait l'équilibre de la balance des comptes qui pourrait s'établir par l'arrêt des exportations de capitaux français et l'octroi provisoire de crédits extérieurs. D'autres conditions étaient nécessaires : le rapatriement des capitaux français et étrangers ; le règlement définitif de nos engagements extérieurs ; l'adaptation de l'économie générale du pays à la nouvelle situation monétaire ; l'existence à la Banque d'émission d'une couverture en or et en devises étrangères suffisante, avec le portefeuille commercial, pour garantir les émissions de billets.

Les crédits extérieurs, dont le produit serait remis à la Banque d'émission, devaient non seulement servir à alimenter le compte spécial de la Caisse de gestion des bons, mais fournir une avance complémentaire de 3 milliards au Trésor. Enfin, dans le but de donner à la Trésorerie une aisance assez large, le comité jugeait nécessaire de l'autoriser à émettre des bons ordinaires, de même que le banquier de l'État l'avait d'ailleurs toujours fait. Toutefois, pour assurer à la Banque d'émission de fortes réserves de change, il était essentiel de se procurer des crédits extérieurs ; le comité n'hésitait donc pas à recommander l'adoption rapide des accords de Londres et de Washington, afin que les marchés anglais et américains pussent consentir à émettre en notre faveur d'importants emprunts.

Ce programme d'assainissement était d'une logique évidente et d'une efficacité presque certaine. A l'heure où il était formulé, il ne pouvait être différent. Mais la question restait ouverte de savoir s'il n'existait pas d'autre moyen d'assurer l'équilibre de la balance des comptes, indispensable à la stabilité des cours du change, que des émissions d'emprunts extérieurs et l'acceptation préalable des accords relatifs aux dettes interalliées. Or, il n'en existait aucun autre au moment où délibérait le comité des experts. Les évasions de capitaux français et les rapatriements d'avoirs étrangers se poursuivaient sans arrêt ; la crise du change ne pouvait, par suite, que s'aggraver. Pour y mettre un terme, il fallait, de toute évidence, se procurer une réserve de change susceptible de rétablir l'équilibre de la balance des comptes, de ramener la confiance dans la valeur de notre monnaie et de mettre fin, de la sorte, aux exportations de capitaux qui se traduisaient par des ventes massives de francs.

Cela ne voulait pas dire, comme les événements l'ont clairement démontré, qu'un changement de politique générale n'aurait pas été suivi de résultats non moins efficaces que les procédés techniques suggérés par le comité, notamment par la constitution d'une réserve de change obtenue par des emprunts extérieurs dont les émissions ne pouvaient avoir lieu aux États-Unis et en Angleterre sans que, au préalable, fussent approuvés les accords de Washington et de Londres relatifs aux dettes interalliées [1]. Et si, comme tout portait à le croire, ces accords n'étaient pas ratifiés par les Chambres, le programme suggéré par le comité, dans le but de se procurer une masse de manœuvre, aurait été condamné à un échec.

Chute du cabinet Briand-Caillaux.

Résolu cependant à le suivre, sans oser toutefois le dire nettement, M. Joseph Caillaux s'empressa de partir pour Londres en avion pour y conclure avec le Chancelier de l'Échiquier, le 12 juillet, un arrangement par lequel la France s'engageait à payer à la Grande-Bretagne une annuité de 12.500.000 livres avec un moratoire partiel pour les premières années. Le ministre des Finances faisait

1. Dans la pensée des experts, cette ratification n'aurait nullement empêché, il est vrai, une révision ultérieure de l'ensemble des dettes politiques de guerre. On ne pouvait guère espérer que l'application du plan Dawes se poursuivrait pendant un nombre d'années illimité ; le jour où les versements de l'Allemagne seraient remis en question, la France et les puissances créditrices devraient nécessairement engager des négociations avec les États-Unis pour préparer un règlement définitif et complet. Comment supposer, en effet, que, pendant plus d'un demi-siècle, puisse rester en suspens un problème de nature à soulever d'incessantes frictions entre les pays intéressés? On serait amené, sous la pression des événements, à en finir par un compromis qui fixerait à un chiffre forfaitaire le reliquat de l'indemnité allemande que se répartiraient les créanciers les plus autorisés à faire valoir leurs droits Il est probable que cette solution s'imposera dans un certain délai et que, par suite, la ratification des accords interalliés n'entraînera pas pour la France de sérieux préjudices, mais, en attendant, il faut reconnaître que l'opinion publique et le Parlement y sont chez nous nettement hostiles.

ensuite connaître ses projets d'assainissement qu'il exposait le 17 juillet devant la Chambre et dont l'article essentiel était ainsi conçu : « Le gouvernement est autorisé, jusqu'au 30 novembre 1926, à prendre par décrets délibérés en Conseil des ministres toutes les mesures propres à réaliser le redressement financier et la stabilisation de la monnaie ». Mais, après de violents débats et une énergique intervention de M. Herriot, les pleins pouvoirs sont repoussés par 288 voix contre 243 et le ministère est renversé. Dans l'opposition figurent 28 communistes, 96 socialistes, 16 républicains socialistes sur 21, 48 radicaux-socialistes sur 136, 14 républicains de gauche sur 122 et 60 membres du groupe Marin sur 102. Le ministre avait courageusement défendu son projet, mais il n'avait pas su, au préalable, préparer la majorité qui lui était indispensable ; il avait même, sous prétexte de se concilier les radicaux-socialistes, mécontenté le centre de la Chambre, dont le concours lui était indispensable.

Le second cabinet Herriot-de Monzie.

Le rapporteur général de la Commission des finances. M. de Chappedelaine, avait fait connaître à la Chambre, au début de la séance du samedi 17 juillet, la situation alarmante de la Trésorerie dans les termes que voici :

Ainsi que vous avez pu le constater au *Journal Officiel* du 16 juillet, l'État ne dispose plus à la Banque de France que d'une marge de 700 millions et il a été prélevé, dans la semaine du 9 au 16 juillet, une avance de 100 millions, alors qu'on aurait pu être en droit d'escompter, à cette époque du mois, un remboursement.

Cette situation est grave, et, si on la rapproche des recouvrements budgétaires, elle est même inquiétante.

En effet, la principale ressource du budget consiste en ce moment dans le produit des impôts recouvrés par les administrations de l'Enregistrement, des Douanes et des Contributions indirectes qui, fort heureusement, sont en plus-value sur les évaluations correspondantes. Mais en ce qui touche

les impôts assis par l'administration des Contributions directes,
les situations accusent, pour les recouvrements opérés en
mai et en juin, des chiffres dérisoires qui sont de 74 millions
pour chacun de ces deux mois.

D'autre part, le Trésor doit faire face, avec une régularité
que ne présentent pas ses encaissements, aux dépenses de
l'État et certaines de ces dépenses vont l'affecter de façon
massive à des dates déterminées.

C'est ainsi qu'à la fin du présent mois, il y aura lieu de
débourser une somme d'environ 550 millions pour le paiement
des traitements et des soldes. Au cours du mois d'août, en
dehors de ces mêmes paiements, le 31 du mois, les principales
échéances seront, le 16, de 235 millions pour le coupon 5 p. 100
perpétuel. Mais, en dehors de ces dépenses à faire à l'intérieur
et en francs, d'autres paiements importants sont à faire à
l'étranger. Le 1er août il conviendra d'effectuer en Amérique
un paiement, au cours du change, de 10.350.000 dollars, dont
350.000 dollars pour l'amortissement de l'emprunt aux États-
Unis 1924 et de 10 millions pour l'intérêt des obligations remises
au gouvernement américain en paiement des stocks de guerre.
En outre, des paiements s'élevant à la somme totale d'environ
5 millions de livres seront à effectuer en Angleterre, dont
1 million le 18 et 2.500.000 le 25, pour l'amortissement de
notre dette commerciale.

A ces révélations inquiétantes s'ajoutait l'incertitude du
lendemain aggravée par la nouvelle de la constitution d'un
ministère Herriot. Le lundi 19 juillet, la livre sterling bon-
dissait à 230 francs pour monter ensuite à 235 : elle s'abaissait, il est vrai, à 224 francs, mais le mardi 20 juillet, elle
dépassait le cours de 240 francs. Les demandes de remboursements de bons de la D. N. se précipitaient, de même que
les retraits dans les caisses d'épargne. Une panique sans
précédent se propageait à la Bourse des valeurs mobilières
et sur le marché du change. Dès le lundi matin, M. Caillaux
se rendait à l'Élysée pour avertir le chef de l'État de cette
situation dangereuse et lui faire remarquer que la constitution du nouveau cabinet était urgente : des mesures devaient
être prises au plus tard le mercredi soir, 21 juillet, en vue
de poursuivre des négociations avec la Banque de France
et d'éviter un dépassement de la limite des avances à l'État.

M. Herriot, qui avait provoqué la crise, ne pouvait se

dérober à la mission de former un cabinet et, le mardi 20 juillet, le *Journal Officiel* publiait les décrets qui l'investissaient des fonctions de Président du Conseil et de ministre des Affaires étrangères. M. de Monzie était chargé du lourd portefeuille des Finances et se rendait aussitôt au palais du Louvre pour examiner la situation de la Trésorerie. En apprenant la vérité, M. de Monzie ne tarda pas à regretter d'avoir assumé une telle responsabilité et il en rendit compte au Président du Conseil qui s'en alarmait à son tour. Mais que faire et que décider ? La solution la moins pénible pour les deux ministres était de remettre sans délai leurs pouvoirs au Chef de l'État, en lui conseillant de faire appel à d'autres collaborateurs. Mais le Président de la République leur fit observer qu'il ne pouvait accepter une démission aussi insolite ; M. Herriot avait remplacé le cabinet qu'il venait de renverser et il devait se présenter devant les Chambres le plus tôt possible. S'il était, à son tour, l'objet d'un vote hostile, il pourrait alors légitimement se retirer. Mais comment serait il possible au Président de la République de choisir son successeur avant que le Parlement eût manifesté son avis ? Le refus formel de M. Gaston Doumergue d'accepter la retraite volontaire du cabinet Herriot obligea le Président du Conseil à renoncer à son projet.

Le lendemain, le mercredi 21, le ministère fut donc contraint de rédiger à la hâte sa déclaration et d'en donner lecture au Parlement. Il n'avait d'ailleurs aucune illusion sur le sort qui l'attendait : dès la veille, le rétablissement du « vote secret » pour l'élection du nouveau Président de la Chambre était décidé par la majorité de la Chambre, ce qui indiquait clairement son hostilité contre un ministère qui ne répondait pas aux nécessités du moment. Le cabinet Herriot devait être, en effet, renversé. comme on s'y attendait, par 290 voix contre 237. Il restait toutefois au ministre des Finances intérimaire, M. de Monzie, une tâche désagréable à remplir : faire voter tout de suite une nouvelle Convention avec la Banque de France en vertu de laquelle

le ministre des Finances était autorisé à céder à l'institut
d'émission les devises étrangères détenues par le Trésor,
c'est-à-dire le reliquat du fonds Morgan qui s'élevait alors à
30 millions de dollars.

M. de Monzie avait, d'ailleurs, exposé à la Chambre, au
cours de l'interpellation qui avait précédé la chute du ministère, quelle était la situation de la Trésorerie le mardi matin
20 juillet, lorsqu'il avait recueilli la succession de M. Caillaux.

Le maximum légal des avances de la Banque de France à
l'État, disait-il, est de 38.500 millions. Le montant des prélèvements effectués par l'État était, au bilan de la Banque du
15 juillet, de 37.800 millions, ce qui laissait au Trésor une
marge de 700 millions. Mais cette marge était réduite, le
19 juillet, à 461 millions ; le 20, à 239 millions et à la fin de
ce même jour, à 150 millions. Le mercredi 21, au matin,
elle s'abaissait à 60 millions pour se relever, il est vrai, dans
la soirée, à 150 millions. Il fallait donc prendre des mesures
urgentes, afin que le maximum des avances à l'État ne fût
pas dépassé au bilan qui devait être publié le lendemain.

Le nouveau gouverneur de la Banque de France, M. Émile
Moreau, avait, d'autre part, adressé à M. de Monzie une
lettre dont voici la conclusion :

Pour fournir à la Trésorerie un contingent immédiat de
ressources, en attendant l'effet des mesures qu'il se propose
d'adopter, votre prédécesseur avait envisagé de céder à la
Banque le reliquat encore disponible des devises de l'emprunt
Morgan.

Je lui ai fait connaître, par ma lettre du 19 juillet, que le
Conseil général consentirait à cette opération dans les conditions fixées par cette lettre, dès que le gouvernement en aurait
obtenu l'autorisation du Parlement.

Sans préjudice des mesures qu'il appartient au gouvernement de prendre pour assurer, dans les journées qui suivront,
l'alimentation régulière de la Trésorerie et à moins que votre
département ne dispose de ressources immédiatement réalisables, que pourrait lui procurer par exemple l'escompte d'une
partie de son portefeuille, l'approbation aujourd'hui même
par les deux Chambres de la cession de devises envisagée

m'apparaît comme le seul moyen d'éviter demain la publication d'une situation débitrice du compte du Trésor à la Banque et *la suspension des paiements qui en serait la conséquence inévitable.*

Au cours des séances nocturnes du 21 au 22 juillet, les deux Chambres furent donc obligées de voter le projet de M. de Monzie autorisant le ministre des Finances à passer avec la Banque de France une nouvelle convention[1].

La chute du cabinet Herriot était fatale et elle avait été escomptée par le marché du change dès le mercredi matin où la livre baissait à 223 francs et même à 206 francs dès que fut annoncée la constitution du ministère Poincaré. Mais l'alerte avait été vive et si la crise ministérielle n'avait pas été résolue sans délai par un changement de programme politique et financier aussi radical, on aurait pu s'attendre aux pires calamités, à la faillite monétaire avec toutes ses conséquences. Tout le monde le comprenait et voilà pourquoi le ministère Poincaré était assuré, au Palais-Bourbon, d'une forte majorité.

Mais il avait fallu que le danger éclatât à tous les yeux pour que pût se former, le 23 juillet, le cabinet Poincaré et qu'une majorité de 358 voix contre 131 et 64 abstentions pût se grouper autour de son programme de salut. Sa constitution n'avait été possible qu'à la suite de la panique qui venait d'atteindre son maximum d'intensité. Il était né de la menace d'effondrement du crédit public. Les incidents politiques, qui avaient provoqué la crise monétaire, avaient causé à l'épargne des pertes énormes. La chute des cours de nos rentes démontrait une fois de plus l'influence du

1. Aux termes de cette convention signée le 24 juillet et autorisée par la loi du 24 juillet, l'État cède à la Banque de France le reliquat non utilisé de l'emprunt Morgan, soit 30.840.836 dollars. Cette cession est consentie au prix de 30,18 par dollar.

La Banque de France créditait l'État d'une somme de 25 francs par dollar, représentant la différence entre le prix de cession et la somme de 5,18 par dollar dont le Trésor avait été déjà crédité en exécution de l'article 2 de la convention du 22 décembre 1924. Les avances nouvelles augmentaient par suite de 771 millions.

marché des changes sur le marché des valeurs mobilières
françaises. Le 19 mai, le 3 p. 100 avait été coté au plus bas
44,20 et le 20 juillet, le 6 p. 100 était tombé à 51,25. Par
contre, le Suez atteignait, le 20 juillet, le cours extrême de
19.500 francs, tandis que le Rio-Tinto s'élevait à 9.600.
Pendant le même mois de juillet, l'indice d'ensemble des
prix de gros, calculé sur la base 100 pendant le quatrième
trimestre 1924, montait à 804,9. Les remboursements de
bons à court terme dépassaient de 1.927 millions le montant
des souscriptions nouvelles ; la circulation fiduciaire, d'une
moyenne de 51.186 millions en janvier, s'était élevée, le
5 août, à 57.258 millions.

CHAPITRE VIII

L'ASSAINISSEMENT FINANCIER ET MONÉTAIRE.

Sommaire. — *L'échéance du 31 juillet 1926. — Premières mesures d'assainissement : relèvement du taux d'escompte et des avances ; accroissement du taux d'intérêt des bons à court terme. — Loi du 3 août 1926 créant de nouvelles ressources fiscales. — Loi du 7 août 1926 relative à la création d'une Caisse d'amortissement dont l'autonomie est assurée par une addition à la Constitution. — Loi du 7 août 1926 autorisant la Banque de France à acheter des monnaies nationales et des devises étrangères. — Amélioration du cours du franc. — Le service des changes. — Les émissions du Trésor. — La politique de la Caisse autonome d'amortissement. — Abaissement du taux d'escompte. — Stabilisation de fait à partir du 23 décembre 1926. — Résultats de la stabilisation monétaire : l'amélioration du marché des rentes ; la reconstitution du portefeuille de devises étrangères ; le remboursement de la dette envers la Banque d'Angleterre ; la réduction du taux d'intérêt des placements à court terme. — Le revirement de l'opinion publique. — Rôle des sentiments et des croyances dans l'œuvre d'assainissement.*

Le nouveau Président du Conseil, ministre des Finances, n'était pas un technicien et il ne se vantait point de l'être. Doué d'une vaste intelligence, d'un clair bon sens et d'une facilité de travail incomparable, il ne lui a pas fallu beaucoup de temps pour comprendre la gravité des événements qui avaient provoqué son retour au pouvoir. M. Raymond Poincaré n'avait point oublié les enseignements de la crise du change qui avait éclaté en janvier 1924 au cours de son précédent ministère et qu'il avait si heureusement réussi à conjurer. La seconde crise n'avait pas le même caractère que la première ; elle était plus difficile à dénouer, parce

qu'elle durait depuis plus longtemps ; les remèdes devaient
donc être plus énergiques. Mais les causes en étaient, au
fond, de même nature. En juillet 1926, comme au début de
1924, des ventes précipitées de francs avaient suscité une
panique sur les marchés du change et un effondrement des
cours. Toutefois, ce n'était plus seulement la spéculation
étrangère qui prenait position à la baisse, à l'heure où
M. Raymond Poincaré reprenait le pouvoir ; c'était surtout
la spéculation française qui voulait se couvrir contre des
risques fort vraisemblables en achetant des valeurs et des
devises étrangères. Recourir à des moyens de contrôle
rigoureux et à des menaces pour enrayer ce mouvement de
panique eût été fort inutile. Il valait infiniment mieux
prendre sans délai des mesures susceptibles de rassurer les
porteurs de francs, afin de faire cesser les exportations de
capitaux qui creusaient un déficit sans cesse accru dans la
balance des comptes.

Pendant la première semaine qui a suivi la constitution
de son cabinet, M. Raymond Poincaré n'a pas hésité à
déclarer qu'il était résolu à ne pas recourir aux avances de
la Banque de France pour faire face aux besoins du Trésor.
L'échéance du 31 juillet était cependant des plus lourdes
et le bilan de la Banque de France du jeudi 22 juillet
n'accusait qu'une marge de 150 millions à l'actif de l'État.
La cession du reliquat de l'emprunt Morgan à la Banque de
France permettait de l'accroître d'une ressource exceptionnelle de 771 millions ; d'autre part, les sociétés de crédit
consentaient à faire escompter pour 930 millions d'effets
de commerce dont le produit était viré au compte courant
du Trésor. C'est ainsi que l'échéance du 31 juillet put être
assurée sans que le poste des avances à l'État dépassât la
limite autorisée.

Quelle politique financière convenait-il de suivre pour
ramener les cours du franc à un niveau normal ? Le chèque
sur Londres était coté au plus bas, le 29 juillet, 203,25, et le
lendemain, 202. En évitant une inflation pour faire face à

l'échéance difficile du 31 juillet, le Trésor avait sans doute rassuré dans une certaine mesure les porteurs de francs. Mais le ministre des Finances devait démontrer, par des actes, qu'il était résolu à ne plus recourir, à aucun moment, aux avances de la Banque de France et à en diminuer même le montant. A cet effet, il devait dégager la Trésorerie des charges trop lourdes qui lui incombaient pour un double motif : l'excédent des dépenses sur les recettes budgétaires et le déficit qui pouvait résulter des remboursements de bons à court terme non compensés par des souscriptions nouvelles. En ce qui touche les crédits budgétaires, ils n'étaient nullement couverts en totalité par des recettes normales, comme on l'avait supposé; un certain nombre de dépenses, telles que les intérêts dus à la Banque de France, les opérations militaires du Maroc et de Syrie, d'autres encore, ne figuraient pas dans le budget de l'exercice 1926. La nécessité d'accroître les impôts était inéluctable En quelques jours, M. Raymond Poincaré fit voter par le Parlement la loi de salut du 3 août 1926 créant de nouvelles ressources fiscales et autorisant le gouvernement à procéder par décret « à toutes les économies compatibles avec la bonne marche des services publics ».

Le comité des experts avait évalué à 2.500 millions, pour l'exercice 1926 et à 5 milliards pour l'exercice 1927, le complément de ressources fiscales nécessaire à l'équilibre réel du budget ; la loi du 3 août permettait d'escompter des résultats encore supérieurs et de couvrir ainsi largement, par des recettes normales et permanentes, l'ensemble des dépenses publiques.

Il était, d'autre part, indispensable de faire accepter par les contribuables des augmentations d'impôts aussi considérables, en réalisant des économies aussi larges que possible et en procédant à des simplifications de services administratifs. A cet effet, de nombreux décrets ont été publiés, à partir du mois de septembre, dans le dessein de diminuer le nombre des fonctionnaires : décret du 7 sep-

tembre ayant pour objet de supprimer la plupart des tribu-
naux d'arrondissement ; décret du 9 septembre qui rem-
plaçait nos 87 conseils de préfecture par 22 conseils administratifs régionaux ; décret du 14 septembre supprimant
106 sous-préfectures et 70 secrétariats généraux de préfec-
tures ; décret du 23 septembre supprimant 153 recettes
particulières des finances et 700 emplois de percepteurs ;
décrets sur la réorganisation de plusieurs départements
ministériels, Guerre, Marine, Travaux publics, P. T. T.,
Instruction Publique, etc... Sans doute, de tels changements devaient soulever bien des critiques et bien des protestations. Mais les considérations d'intérêt local ne doivent-
elles pas s'effacer devant l'intérêt général qui commande
à chacun d'impérieux sacrifices ?

Ce que l'on peut reprocher plus justement au gouvernement, c'est de ne pas avoir pratiqué de plus larges économies, de ne pas avoir été assez loin dans la voie des
simplifications ou des suppressions de services. S'il est
indispensable de diminuer le nombre des fonctionnaires
publics, ne serait-ce que pour pouvoir mieux rémunérer
ceux que l'on conserve et dont le recrutement devient de
plus en plus difficile, il ne semble pas moins nécessaire de
restreindre les attributions de l'État dans toute la mesure
possible et même d'aliéner tous les monopoles onéreux ou
improductifs. Nous avons toujours demandé, dans l'intérêt
des finances nationales, que l'État abandonnât aux pouvoirs
locaux et même à de nouvelles assemblées régionales la
gestion d'un grand nombre de services administratifs qu'il
dirige mal et qu'il n'a même pas les moyens de diriger.
Nous avons sans cesse réclamé une révision toujours plus
large des attributions multiples dont il s'est imprudemment
chargé. Mais nous reconnaissons que ces grandes réformes
ne peuvent s'accomplir en quelques mois et qu'elles se sont
toujours heurtées à l'hostilité ouverte ou déguisée des
membres du Parlement. Des divers projets de réformes
administratives, combien en a-t-il été voté depuis un quart

de siècle et combien même les Chambres en ont-elles discutés ? Aucune grande réforme d'ordre administratif ou politique n'a été sérieusement étudiée. Par contre, on n'a cessé
d'adopter des projets qui avaient pour effet d'accroître, en
même temps que les attributions de l'État, les charges
publiques.

.·.

L'équilibre de la Trésorerie était le second problème à
résoudre pour éviter l'inflation. Nous avons expliqué plus
haut les causes certaines des embarras qui avaient assailli
le banquier du budget et qui, en 1925, s'étaient traduits par
des emprunts nouveaux de 17.500 millions à la circulation.
Il nous suffira de rappeler que les demandes de remboursements de bons à court terme se précipitent lorsque la
hausse des changes et des prix exige une quantité de
monnaie plus forte pour effectuer des paiements devenus
plus lourds. Il en résulte que la circulation augmente ou
diminue selon le degré de hausse ou de baisse du niveau
des prix et que la Banque de France ne peut empêcher des
sorties de billets, lorsque les créanciers du Trésor peuvent
toujours frapper à sa caisse pour s'en procurer. En augmentant, le 31 juillet, le taux d'escompte de la Banque de
France, porté de 6 à 7,50 p. 100, et en élevant de 1 p. 100
le taux d'intérêt des bons à court terme, on réussissait toutefois à ralentir les accroissements de la circulation. Mais
ces deux mesures ne pouvaient avoir qu'une portée limitée.

Chaque jour, et surtout aux fins de mois, le banquier de
l'État doit faire face à des remboursements de dépôts à vue
ou à terme plus ou moins lourds, selon les besoins de ses
clients, et qui viennent s'ajouter aux sommes décaissées
pour les dépenses courantes. Les retraits de fonds peuvent,
en outre, être provoqués par un sentiment de méfiance, par
des menaces de moratorium, de confiscation ou d'augmentations excessives d'impôts directs. La tâche essentielle du

ministère Poincaré consistait à rétablir la confiance dans
les engagements de l'État et de rassurer ainsi les porteurs
de valeurs du Trésor. Il n'a pas hésité non plus à supprimer
le carnet de coupons qui aurait donné lieu à tant de vaines
formalités et soulevé tant de protestations. Mais il fallait
aller plus loin et chercher le moyen de diminuer les embarras
de Trésorerie pouvant résulter des remboursements trop
précipités de bons à court terme.

A cet effet, il a été créé une Caisse de gestion des bons de
la D. N., dont l'autonomie et les ressources ont été garanties
par une addition à la Constitution de 1875 votée, le 10 août,
par le Congrès de Versailles. Cette Caisse fonctionne depuis
le 1ᵉʳ octobre 1926 ; elle a pris à sa charge les intérêts et les
remboursements d'une somme considérable de la dette
flottante et elle a été dotée, afin de pouvoir remplir ses
engagements, de ressources importantes dont l'énuméra-
tion est faite dans l'article 6 de la loi du 7 août 1926 ainsi
conçu :

ART. 6. — Les ressources de la Caisse autonome comprennent :

1° Le produit net des recettes des tabacs ;

2° Si ce produit est insuffisant pour assurer le service de
l'intérêt des bons gérés par la caisse, une annuité budgétaire
d'un montant correspondant à cette insuffisance ;

3° Le produit en espèces ou en bons de la défense nationale
de la taxe complémentaire et exceptionnelle sur la première
mutation dont la perception a été autorisée par l'article 18 de
la loi du 3 août 1926 ;

4° Le produit en espèces ou en bons de la défense nationale
de la taxe successorale et des droits de mutation par décès
visé à l'article 19 de la loi du 3 août 1926 ;

5° Tous excédents de recettes sur les dépenses du budget
général constatées en clôture d'exercice qui seront versés à la
Caisse dès que les comptes en auront été arrêtés ;

6° Les dons et legs faits à la Caisse ;

7° Le produit de loteries, dont les modalités seront fixées
par le conseil d'administration de la Caisse ;

8° Toutes ressources supplémentaires que les Chambres
affecteraient ultérieurement à la dotation de la Caisse.

La Caisse peut se faire consentir des avances et émettre des
titres gagés, le cas échéant, sur les recettes des tabacs.

Les titres émis en vertu des dispositions du paragraphe précédent pourront être affectés aux remplois et placements spécifiés par l'article 20 de la loi du 16 septembre 1871. Ils seront assimilés aux valeurs de l'Etat français pour les remplois prévus à l'article 9 de la loi du 9 avril 1881 et aux articles 1, 6 et 10 de la loi du 20 juillet 1895.

La loi constitutionnelle du 10 août 1926 précise, d'autre part, que le produit de ces ressources constitue la dotation minima de la Caisse autonome et que, « en cas d'insuffisance de ces ressources pour assurer le service des bons gérés par la Caisse et des titres émis par elle », une annuité au moins égale à l'insuffisance sera inscrite au budget. Ainsi, les ressources étant évaluées à 6 milliards pour l'exercice 1927, cette somme constitue le minimum dont pourra disposer la Caisse pour ses diverses opérations [1].

Outre ces produits normaux et permanents, la Caisse autonome a, d'ailleurs, d'autres sources de recettes à sa disposition. La loi du 7 août 1926 lui attribue d'abord le solde actif de la précédente caisse d'amortissement, solde qui s'élève à 114 millions et constitue en quelque sorte un premier fonds de roulement. Figurent, en outre, au nombre des recettes, tous les excédents budgétaires à venir, les dons ou legs faits directement à la caisse et le produit des loteries qu'elle pourra organiser par la suite.

Sauf le produit de la taxe sur la première mutation, qui constitue un impôt nouveau et les contributions volontaires,

1. L'article unique de cette nouvelle disposition constitutionnelle est rédigé comme suit :

La loi constitutionnelle du 25 février 1875 relative à l'organisation des pouvoirs publics, est complétée par un article ainsi conçu :

L'autonomie de la Caisse de Gestion des bons de la défense nationale et d'amortissement de la dette publique a le caractère constitutionnel. Seront affectés à cette Caisse, jusqu'à l'amortissement complet des bons de la défense nationale et des titres créés par cette Caisse :

1 Les recettes nettes de la vente des tabacs ;

2° Le produit de la taxe complémentaire et exceptionnelle de la première mutation, le produit des droits de succession et les contributions volontaires.

Le produit des ressources ci-dessus énumérées au cours du premier exercice qui suivra la promulgation de la présente loi constitue la dotation annuelle minimum de la Caisse d'amortissement. En cas de diminution ultérieure de ces ressources, un crédit au moins égal à cette insuffisance sera inscrit au budget.

qui ont été dès l'origine destinées à l'amortissement de la
dette à court terme, les recettes de la Caisse autonome
sont donc prises sur les ressources bugétaires. Par contre,
le Trésor se trouve déchargé du service des intérêts des
bons et des frais d'exploitation du monopole des tabacs.
Mais, si l'on admet que le produit net de la vente des tabacs
corresponde sensiblement au montant des intérêts des bons
à servir annuellement, on voit que le Trésor se trouve privé
du produit des droits de succession. Cela explique pourquoi
l'équilibre budgétaire a exigé l'élévation, par la loi du
3 août 1926, du taux de certains impôts.

La dotation budgétaire de 5 à 6 milliards affectée à la
Caisse autonome de gestion des bons de la D. N. a été jusqu'ici plus que suffisante pour assurer le service des intérêts
de ces bons et pour combler le déficit qui peut résulter de
l'excédent éventuel des remboursements par rapport aux
souscriptions nouvelles. Il est, d'ailleurs, à noter que le
montant des bons est appelé à diminuer, d'année en année,
par des amortissements, que les intérêts pourront être ainsi
réduits et que la consolidation déjà commencée de la dette
à court terme pourra se poursuivre dans des conditions normales. De la sorte, le Trésor serait dégagé d'une lourde
charge et n'aurait plus qu'à payer les dépenses budgétaires
couvertes par le produit des impôts.

Comme il peut arriver, toutefois, qu'il éprouve quelques
embarras à certaines époques de l'année, notamment au
cours du premier semestre, pendant lequel les recettes sont
moins abondantes que pendant le second, le Trésor a été
autorisé à émettre des bons spéciaux jusqu'à concurrence
de 5 milliards. Il n'aurait alors besoin, en aucun cas, de
recourir à de nouvelles avances de la Banque de France et
pourrait même procéder à un amortissement régulier de sa
dette envers notre institut d'émission.

La création d'une caisse autonome pour la gestion des
bons de la D. N. offrait sans doute aux porteurs des garanties nouvelles. Elle pouvait, toutefois, exposer à certains

risques la Trésorerie qui devait, en tout état de cause, faire
face à un déficit éventuel. Mais les efforts vigoureux d'assainissement financier que poursuivait sans relâche le
ministre des Finances, faisaient bientôt renaître, en France
et à l'étranger, la confiance, naguère ébranlée, dans le
redressement monétaire. Les billets de banque, sortis au
mois de juillet des caisses du Trésor pour rembourser les
bons de la D. N., ne tardaient pas à en reprendre le chemin. Pendant le mois d'août, il a été souscrit pour
8.107 millions de bons contre 6.352 millions de remboursements. A cet excédent de 1.755 millions se sont ajoutées
des plus-values de recettes provenant des impôts nouveaux
établis par la loi du 3 août 1926 et le paiement anticipé et
volontaire des contributions directes dont les rôles n'étaient
pas encore distribués.

Bien que le Trésor eût été obligé de s'approvisionner,
pendant ce même mois d'août, de 4.800.000 livres sterling,
de 10.900.000 dollars et de 200.000 florins pour remplir ses
engagements extérieurs, il était déjà, au début de septembre, dans une situation rassurante. Les cours du franc
s'amélioraient, par suite, de jour en jour : d'une moyenne
de 199 en juillet, la livre tombait à 172 en août, à 170 en
septembre, à 165 en octobre, à 141 en novembre ; si même
cette baisse n'avait pas été plus rapide, c'est en raison des
achats continus de devises étrangères dont le Trésor était
obligé de s'approvisionner pour solder ses dettes extérieures.
La circulation fiduciaire diminuait à son tour, de même que
le compte d'avances de la Banque à l'État ; de 57.258 millions
le 5 août, elle s'abaissait à 55.010 millions le 30 septembre,
à 54.578 le 28 octobre et à 52.907 le 30 décembre.

L'assainissement monétaire.

L'équilibre du budget et de la Trésorerie sont les conditions préalables de l'assainissement et de la stabilisation
de la monnaie. Il est, en effet, évident que, pour assurer à

l'unité monétaire ce qui en forme sa principale qualité, c'est-à-dire la fixité de sa valeur d'échange, il importe, tout d'abord, de mettre la circulation fiduciaire à l'abri de toute inflation suscitée par les demandes de l'État. Les embarras du Trésor étant susceptibles de provoquer des avances nouvelles de l'institut d'émission, il est essentiel de les éviter par un rigoureux équilibre des recettes et des dépenses publiques de quelque nature qu'elles soient. Il faut que le banquier de l'État soit toujours en mesure de faire face à ses paiements sans avoir recours à des émissions de billets qui ont pour effet de faire hausser les cours du change et le niveau général des prix, d'entraîner, par suite, de nouvelles augmentations de dépenses et une nouvelle inflation. C'est, d'ailleurs, ce qui s'est produit au cours de l'exercice 1925 pendant lequel le Trésor a fait appel à quatre reprises aux avances de la Banque de France, et ce qui rend aujourd'hui plus difficile l'assainissement définitif de la monnaie.

Dans le dessein d'appliquer la troisième partie de son programme, le gouvernement a fait voter par les Chambres la loi du 7 août 1926, autorisant le ministre des Finances « à passer avec la Banque de France toutes conventions permettant à cet établissement de préparer, par le redressement du franc, la stabilisation de la monnaie ». On peut faire quelques réserves sur certaines dispositions de cette loi qui a le défaut d'être un peu obscure et d'une portée pratique assez discutable. Il eût mieux valu, selon nous et selon l'avis du Comité des experts, ne point prendre tant de précautions pour limiter la faculté d'émission dont la Banque de France a le devoir d'user avec la plus grande prudence. Il était d'autant moins nécessaire de maintenir l'ancienne limite légale d'émission qu'on a bien été obligé d'en autoriser le relèvement éventuel pour les achats de devises étrangères.

Depuis le 27 septembre 1926, la Banque de France a donc pu acheter à prime les monnaies nationales, or et argent, qui ne circulaient plus et dont elle inscrivait le montant en

francs-papier au poste de son bilan intitulé : « Or, argent et
devises achetés ». Le 18 octobre suivant, elle organisait un
service des changes ayant pour mission d'acheter et de
vendre des devises étrangères. Ses disponibilités en monnaies appréciées étaient bientôt assez fortes pour qu'elle pût
exercer sur le marché une influence durable. Dès le 23 décembre, elle décida, en effet, de vendre et d'acheter des
monnaies appréciées à un taux déterminé qui, depuis cette
date historique, n'a varié que dans de faibles limites. Les
circonstances étaient d'ailleurs favorables à une intervention quotidienne et qui pouvait se poursuivre sans risques
sérieux. Le budget de l'exercice 1927 avait été rapidement
adopté et la loi de finance était même promulguée dès
le 19 décembre 1926. Les crédits s'élevaient à 39.541 millions ; ils étaient largement couverts par les recettes normales et permanentes que la loi du 3 août avait permis d'accroître dans de fortes proportions.

**

Au cours de la période d'assainissement qui s'est écoulée
de la fin de juillet à décembre 1926, se succèdent les phénomènes qui découlent naturellement d'une situation
financière progressivement améliorée : l'équilibre du budget
rassure les porteurs de francs contre toute menace d'inflation ; la baisse des changes étrangers s'accentue ; la circulation des billets diminue grâce aux remboursements
d'avances que le Trésor peut faire à la Banque, à l'afflux
nouveau des souscriptions aux bons à court terme et à l'accroissement du produit des impôts. Non seulement cessent
alors les exportations des capitaux provoquées par la crise
du change, mais les rapatriements s'accélèrent et l'étranger
achète des francs au lieu d'en vendre. Ce revirement peut
avoir pour effet d'accentuer trop vite la reprise des cours du
franc escomptée par le marché et les faire hausser à un
niveau susceptible de provoquer de nouvelles fluctuations,

lorsque les acheteurs de francs voudront, en les revendant,
liquider leurs positions avec bénéfice. Mais la Banque de
France, d'accord avec le Trésor, prend les mesures nécessaires pour maintenir les cours du franc à un niveau normal; elle les régularise en achetant toutes les devises offertes
sur le marché au taux qu'elle a elle-même fixé. Convaincus
que les cours du franc vont monter, les vendeurs de change
s'empressent de céder leurs disponibilités en monnaies
étrangères qu'ils échangent contre des crédits en francs.
Par suite, les réserves de change de la Banque ne cessent
d'augmenter, tandis que les crédits qu'elle ouvre aux vendeurs s'accroissent dans les mêmes proportions. Il pourrait
résulter de cette abondance de crédits ainsi créés une inflation de nature à produire sur le niveau général des prix la
même influence que la circulation fiduciaire réelle. Pour en
éviter le danger, il faut donc s'efforcer de résorber cette
inflation en puissance par des placements à terme plus ou
moins long.

Les crédits ouverts par la Banque de France ne peuvent
rester improductifs. Ils se dirigent tout d'abord vers les
banques de dépôt dont les comptes créditeurs ne tardent
pas à s'enfler et doivent être employés d'une manière ou
d'une autre à des placements temporaires. Le plus simple
consiste à verser dans les caisses du Trésor, sous forme de
dépôts à vue ou à court terme, des disponibilités sans cesse
augmentées. Et le Trésor, qui n'en a pas besoin, s'en sert à
son tour pour diminuer son compte d'avances à la Banque
de France. Après lui avoir remboursé, sans aucune difficulté, 2 milliards à la fin de 1926, le Trésor effectuera de
nouveaux versements; c'est ainsi que de 36 milliards au
30 décembre 1926, son compte d'avances tombait à 32.550 millions le 27 janvier 1927, à 29.600 le 24 février, à 28.150 le
30 mars, à 26.600 le 27 mai, à 25.650 le 28 juillet, à
24.400 millions le 22 septembre et, enfin, à une somme à
peu près semblable au milieu du mois de décembre. Des
remboursements d'une telle importance n'auraient évidem-

ment pu avoir lieu si les ressources exceptionnelles du Trésor ne s'étaient pas augmentées par l'afflux des dépôts versés dans ses caisses et les souscriptions à ses emprunts.

Pendant la même période du 23 décembre 1926 au 29 décembre 1927, le poste des « divers », où figurent les achats des devises étrangères échangées contre des crédits en francs-papier, s'est accru de près de 22 milliards : au cours moyen de 124 pour la livre et de 25,50 pour le dollar, il en résulterait que les réserves de change, amassées par la Banque et pour le compte du Trésor, pouvaient dépasser, à la fin de 1927, 177 millions de livres ou 867 millions de dollars. Ces 22 milliards de francs-papier ou de crédits se sont transformés en majeure partie en dépôts à vue ou en participations aux émissions du Trésor et de la Caisse autonome d'amortissement. Sans doute, les porteurs de francs ont pu les employer à des achats en bourse de valeurs mobilières ou autres. Effectués pour compte étranger, ces achats ont eu un double effet : ils ont diminué les avoirs en francs possédés par les étrangers qui avaient échangé leurs monnaies contre la nôtre et ils ont accru les disponibilités des porteurs de nos valeurs mobilières qui les leur avaient cédées. Opérées pour le compte de nos nationaux, ayant rapatrié leur capitaux, les négociations de titres créaient des disponibilités de même nature en faveur de ceux qui les avaient vendus. Si les francs changeaient de mains, ils n'en restaient pas moins disponibles pour de nouveaux placements ; si même ils étaient mis en dépôt dans les sociétés de crédit, ils finissaient par revenir au Trésor sous forme de dépôts à vue. Le circuit des billets et des crédits se produit avec la même continuité, mais à la condition, d'ailleurs remplie, que les cours du change international ne varient pas et que la hausse des prix ne se fasse pas sentir.

Les 22 milliards de francs employés par la Banque de France à des achats de devises étrangères ont bien suivi le mouvement de rotation dont nous parlons. Ils sont revenus à la Banque par le détour accoutumé : d'une part, ils ont

été placés en dépôts à vue dans les caisses du Trésor dont
les comptes courants créditeurs ont atteint de ce chef, à un
moment donné, 11.500 millions environ pour s'abaisser à
4 milliards à la fin de décembre 1927 ; d'autre part, ils ont
servi à des placements en valeurs nouvelles du Trésor
(bons 7 p. 100, etc.) et en bons à court terme de la Caisse
autonome d'amortissement. De même que les disponibilités
du Trésor, celles de la Caisse autonome sont versées à la
Banque de France et figurent au poste de son passif intitulé : « Comptes courants et comptes de dépôts de fonds à
Paris ». Ces derniers comptes ayant augmenté de près de
7 milliards du mois de décembre 1926 au mois de décembre
1927, il est permis d'en conclure que cet accroissement provient des réserves nouvelles que la Caisse autonome a
réussi à se constituer.

Les émissions du Trésor.

La stabilité monétaire de fait, qui s'est maintenue depuis
le 23 décembre 1926, rendait donc disponibles les crédits
ouverts par la Banque de France, à l'occasion de ses achats
de change, et permettait, par suite de l'abondance monétaire, d'émettre des valeurs du Trésor dans des circonstances favorables. Dès le mois d'octobre 1926, la Caisse
autonome d'amortissement émettait, peut-être un peu trop
tôt, un emprunt de 3 milliards libéré en bons de la D. N. Au
mois de décembre suivant, le Trésor réalisait, sous forme
de bons 7 p. 100 amortissables en dix ans, des souscriptions
destinées aux remboursements de 1.878 millions de bons du
Crédit National échus le 1er février 1927 ; le 1er janvier, il
émettait des bons à court terme, afin de diminuer son
compte d'avances à la Banque et les réserves trop abondantes des sociétés de crédit ; dès le 3 février, il avait ainsi
accumulé des dépôts nouveaux atteignant près de 5 milliards et s'empressait de fermer ses guichets. Ces bons ne

devaient pas tarder à être remboursés et ne pouvaient être renouvelés.

Un second emprunt en bons du Trésor 7 p. 100 amortissables en quinze ans fut couvert dans la seule journée du 15 février 1927; il avait pour objet de faire face au remboursement des bons 6 p. 100 1922 à deux et cinq ans venant à échéance totale le 25 septembre 1927. Ces remboursements, s'élevant à 4.320 millions, furent assurés par la conversion directe de 1.209 millions de bons du Trésor 1922 en titres du nouvel emprunt; 1.490 millions de souscriptions en numéraire furent employés, du 15 mars au 1er mai, au remboursement anticipé d'une somme égale de bons 1922; le montant de l'échéance du 25 septembre se trouvait ainsi ramené à 1.615 millions, dont 1.043 millions pouvaient être prélevés sur le reliquat de l'emprunt du 15 février. Le reste, soit 572 millions, était cédé à la Caisse des dépôts et consignations et faisait l'objet d'une annuité amortissable en vingt-cinq années[1].

Les échéances de l'exercice 1927 étaient de la sorte entièrement couvertes, sans donner lieu aux moindres embarras de Trésorerie, contrairement à ce qui s'était passé au cours de l'exercice 1925. L'expérience démontrait une fois de plus que, pour éviter une inflation dangereuse, il suffisait de faire appel à la confiance des « possédants », au lieu de les alarmer par des menaces de moratorium ou d'impôt sur le capital. Mais il fallait aussi, reconnaissons-le, que l'épargne eût le moyen de souscrire et elle ne l'aurait pas eu, si la hausse des changes et des prix l'avait obligée à conserver ses réserves pour faire face à ses dépenses.

Les bonnes dispositions du marché financier, qui s'affirmaient par la hausse des valeurs du Trésor, permettaient de préparer ensuite les échéances plus lourdes encore de 1928 et 1929. Celles de 1928 comportaient des remboursements facultatifs de 1.561 millions de bons du Crédit National de

---

1. Exposé des motifs du budget de 1928, page 14.

juillet 1922 et de 6.653 millions de bons du Trésor 6 p. 100 1923, à trois, six ou dix ans (première série), soit au total 8.214 millions. Les échéances de 1929 s'appliquaient, le 16 mai, à 7.210 millions d'obligations décennales 1919 remboursables en totalité et à 6.189 millions de bons du Trésor 6 p. 100 1923 (seconde série) de trois à dix ans, soit au total 13.399 millions. Une émission de rentes 6 p. 100 amortissable en 50 ans, à raison de 150 francs par titre de 6 francs de rente, fut ouverte du 25 avril au 25 mai 1927 dans le but de faire face aux échéances de 1928-1929. Les souscriptions étaient exclusivement réservées aux porteurs de titres éventuellement remboursables au cours de ces deux exercices et, en outre, aux porteurs de bons de la D. N. dont la circulation s'était largement accrue dès que les porteurs avaient été autorisés à les échanger contre les nouvelles valeurs du Trésor. Les résultats de l'émission de rentes 6 p. 100 amortissables devaient dépasser toutes les prévisions. Le succès en était, il est vrai, assuré par la hausse continue des fonds d'État. Le tableau ci-dessous fait apparaître l'importance de ce mouvement ; il indique les cours les plus bas pratiqués en 1926, notamment au mois de juillet 1926, et les cours les plus hauts qui venaient d'être cotés sur le marché officiel au moment de l'ouverture de l'emprunt en rentes 6 p. 100 amortissables :

	PLUS BAS 1926	PLUS HAUT 1927
3 p. 100.	44,20	58,70
5 — 1915-16	42,10	79,90
4 — 1917	37,25	67
4 — 1918	38,50	66,50
5 — amortissables 1920 . . .	58	93,95
6 — 1920	51,25	92,95

Il ressort de ces chiffres, relevés sur la cote officielle des agents de change, que la rente 3 p. 100 avait gagné, à un moment donné, 14,50 points ; le 5 p. 100 1915-16, 37,80 ; le 4 p. 100 1917, 29,75 ; le 4 p. 100 1918, 28 ; le 5 p. 100 amortissable 1920, 35,95 et le 6 p. 100 1920, 41,70.

Dès qu'avait été annoncé l'échange facultatif, contre des rentes 6 p. 100 amortissables, des bons du Crédit National 1922, des obligations décennales 1919-1929 et des bons du Trésor 1923 (première et seconde série), les cours de ces diverses valeurs s'étaient élevés dans de fortes proportions. Escomptant une plus-value des rentes nouvelles 6 p. 100, ceux qui ne possédaient pas de titres admis à l'échange s'étaient hâtés d'en acheter, afin de pouvoir prendre part à une émission réservée aux porteurs de certains titres du Trésor et du Crédit National. Voilà pourquoi les obligations décennales 1919, cotées bien au-dessous du pair en 1926, n'avaient pas tardé à l'atteindre et même à le dépasser ; les bons du Crédit National 1922 passaient du cours de 473 à 519 ; les bons du Trésor 6 p. 100 1923 montaient de près de 80 points. Les bons 7 p. 100 1926 et 1927 gagnaient à leur tour 60 points. Jamais l'essor du crédit public ne s'était plus rapidement affirmé.

Le succès de l'émission des rentes 6 p. 100 amortissables a donc été des plus vifs. Les résultats provisoires en ont fixé le montant à 18.224 millions souscrits par les échanges de titres que voici :

Obligations décennales 1919-29	5.331 millions.
Bons du Trésor 1923 (première série) .	3.893 —
— — (seconde série). .	1.132 —
Bons du Crédit National (juillet 1922) .	583 —
— de la Défense Nationale.	7.285 —
Total	18.224 millions.

Sur un total d'échéances de 21.613 millions, les remboursements éventuels ou obligatoires étaient donc couverts jusqu'à concurrence de 10.939 millions, c'est-à-dire d'un peu plus de moitié. Par contre, les échanges de bons de la D. N. ne semblent en avoir diminué la circulation que dans de faibles proportions : cette circulation est restée la même ou peu s'en faut, à la fin de mars et à la fin de juin 1927. Mais comme les émissions de bons à un an n'étaient pas encore suspendues et que les émissions de bons à deux ans

se continuaient au moment de l'ouverture de l'emprunt en
rentes 6 p. 100 amortissables, les sociétés de crédit s'en
étaient largement approvisionnées, afin de pouvoir les
céder ensuite à ceux de leurs clients qui désiraient souscrire aux nouveaux titres. Par ce procédé régulier, les
banques pouvaient réduire les soldes créditeurs de leurs
déposants et opérer, si le besoin s'en faisait sentir, des
retraits sur leurs propres comptes au Trésor, dont les
intérêts avaient été du reste abaissés à 2 p. 100 brut, soit au
taux net de 1,64 p. 100, déduction faite de l'impôt de
18 p. 100.

Le succès de l'emprunt en rentes 6 p. 100 amortissables
avait été si accentué que le Trésor eut l'idée d'en émettre
un autre, le 27 juin, en obligations amortissables en 50 ans
et remboursables à raison de 150 francs par 100 francs
de capital nominal. Le produit des souscriptions libérées
en numéraire ou en bons à court terme devait être exclusivement destiné à consolider à titre définitif la partie de la
dette flottante représentée par les avances de la Banque de
France à l'État. Sans doute, ce compte d'avances s'était
abaissé de 36.450 millions, le 23 décembre 1926, à 26.650,
le 23 juin, c'est-à-dire à la veille de l'émission des obligations 6 p. 100. Mais ce remboursement exceptionnel de
9.800 millions s'était opéré, ainsi que nous l'avons expliqué
plus haut, grâce à l'abondance des disponibilités en francs
créées par les achats de devises étrangères que la Banque
de France avait dû absorber pour maintenir la stabilité du
change; ces disponibilités avaient ensuite été versées,
pour une large part, en dépôts dans les caisses du Trésor
dont les comptes créditeurs atteignaient, à ce moment-là,
une dizaine de milliards. Or, il était évident que le jour où,
pour une cause ou pour une autre, ces dépôts à vue seraient
remboursés, le Trésor en prélèverait le montant sur son
compte d'avances qui s'augmenterait de pareille somme.
Si, au contraire, les souscriptions aux obligations 6 p. 100
s'élevaient à 4, 5 ou 6 milliards, les remboursements anté-

rieurs du Trésor à la Banque se trouveraient consolidés jusqu'à concurrence du même chiffre.

D'autre part, le Trésor signait avec la Banque de France et la Caisse autonome d'amortissement des conventions permettant de ne pas augmenter les charges budgétaires pour le service des obligations 6 p. 100. Les bons reçus en échange de ces obligations devaient être escomptés par la Caisse autonome qui en rembourserait le montant par un virement de son compte courant à la Banque au compte courant du Trésor. En ce qui touche les versements en espèces, ils seraient également affectés à un remboursement correspondant et définitif des avances de la Banque de France à l'État. Mais, à partir du 1ᵉʳ janvier 1928, le taux d'intérêt de ces avances serait fixé de telle manière que l'intérêt du nouveau maximum, augmenté de l'annuité inscrite au budget pour le service des obligations souscrites en numéraire, fût égal à l'intérêt prévu par la convention de 1914 pour le maximum des avances actuellement autorisées. Cela voulait dire, en termes plus clairs, que les intérêts de 3 p. 100 prévus par les accords de septembre 1914 seraient réduits dans des proportions suffisantes pour que le Trésor n'eût à supporter aucune charge supplémentaire pour le service des obligations 6 p. 100 libérées en espèces. Toutefois, cette diminution d'intérêt des avances, dont la majeure partie était reversée au compte d'amortissement, aurait pour effet de réduire d'égale somme le montant de ce dernier compte et, par suite, de rendre plus lourds les remboursements à opérer, en fin d'année, à la Banque de France. Mais aucun autre remboursement que celui du produit de l'émission des obligations 6 p. 100 ne devait avoir lieu le 31 décembre 1927 ; pour l'avenir, on pouvait espérer que les intérêts des devises étrangères achetées par la Banque seraient assez élevés pour compenser la diminution du compte d'amortissement auquel ces intérêts devaient être affectés[1].

1. C'est en effet ce qui s'est produit. Le Trésor a pu rembourser

Le mécanisme technique de l'emprunt en obligations
6 p. 100 amortissables était certes des plus ingénieux. Sans
en discuter les mérites, on pouvait cependant s'étonner que
son émission fût aussi rapprochée de la précédente. La clôture de l'emprunt en obligations 6 p. 100 avait eu lieu le
25 mai et les guichets de l'emprunt en obligations 6 p. 100
étaient ouverts le 27 juin. Dans ce court intervalle d'un
mois, les rentes nouvelles 6 p. 100 avaient pu d'autant
moins se classer qu'elles venaient à peine d'être cotées.
Beaucoup de sinistrés avaient échangé contre des rentes
négociables les obligations décennales qui leur avaient été
remises en paiement des dommages de guerre et dont certains titres étaient inaliénables ; ils avaient évidemment le
dessein de vendre leurs nouvelles valeurs pour se procurer
des fonds et il fallait un certain délai pour que leurs offres
pussent trouver une contre-partie. En outre, la période du
mois de juillet est, en général, peu favorable aux émissions
et le marché des rentes devient moins actif. Enfin, la situation politique était un peu incertaine à la fin de la session
du Parlement ; le ministre des Finances n'avait pu obtenir
le vote de son projet de cession du monopole de la fabrication des allumettes ; le cabinet Poincaré semblait moins uni
et on craignait même qu'il ne fût renversé. Pour toutes ces
raisons, l'émission des obligations 6 p. 100 amortissables
ne pouvait obtenir le même succès que les précédentes.
Close le 23 juillet, elle n'en a pas moins donné des résultats fort intéressants.

D'après les chiffres provisoires communiqués par le
ministre des Finances, les souscriptions se sont élevées à
4.590 millions dont les deux tiers environ ont été versés
en numéraire et le reste en bons de la D. N. Mais, en réalité,
les échanges de bons ont été beaucoup plus considérables.

1 milliard à la Banque de France, à la fin de décembre 1927, bien qu'il
n'y fût pas obligé. Le compte d'amortissement s'était en effet accru de
500 millions provenant des intérêts des devises étrangères laissées en
dépôt à l'extérieur. »

Les sociétés de crédit qui recevaient des bons en souscriptions des obligations n'étaient nullement obligées de les rendre au Trésor. Elles pouvaient les conserver et elles y avaient même intérêt, puisque ces bons constituent un placement temporaire des plus avantageux. Pour se libérer envers le Trésor, elles n'avaient ensuite qu'à lui remettre un mandat de virement soit sur la Banque de France, soit sur leur propre compte de dépôt à la caisse centrale. Quoi qu'il en soit, les opérations de l'emprunt en obligations 6 p. 100 amortissables ont atteint le dessein poursuivi ; elles se traduisent par une réduction définitive des avances de la Banque de France à l'État et n'ont diminué que d'un milliard environ les réserves de la Caisse autonome.

Le plafond des avances a été, en effet, abaissé à 32 milliards, ce qui laissait au Trésor, à la date du 1ᵉʳ septembre 1927, une marge de 7.350 millions.

D'autre part, les dépôts à vue effectués dans les caisses du Trésor ont diminué dans d'assez fortes proportions à la suite des émissions de rentes et obligations. Après avoir atteint plus de 11 milliards, ces dépôts se sont progressivement abaissés à 4 milliards ; ils sont donc, au moment où nous écrivons, très inférieurs à la marge d'avances dont le Trésor dispose à la Banque de France.

La politique de la Caisse autonome d'amortissement.

Pendant que le Trésor poursuivait son œuvre d'assainissement, la politique concordante de la Caisse autonome favorisait l'application d'un programme d'ensemble qui, quoi qu'on en ait dit, avait été préparé avec réflexion et exécuté avec une continuité de vues des plus remarquables. Le rôle de la Caisse autonome consistait, il ne faut pas l'oublier, à réduire progressivement la circulation des bons de la D. N. dont elle avait assumé la gestion. Sans doute, si elle n'avait pas eu des ressources suffisantes pour remplir ses engagements, elle aurait dû faire appel au Trésor.

Mais elle a réussi, tout au contraire, par des initiatives
hardies et dont les circonstances favorisaient le succès, à
fortifier son crédit et à accroître ses réserves. Loin d'avoir
à solliciter des souscriptions nouvelles pour couvrir des
remboursements normaux, elle a dû se défendre contre
l'abondance des capitaux qui lui étaient offerts. A cet effet,
elle a employé une double méthode : la réduction progressive du taux d'intérêt des bons et la suspension des émissions de valeurs à moins de deux ans d'échéance.

Après avoir abaissé à 3 p. 100 le taux d'intérêt des bons
à un mois à compter du 2 décembre 1926, la Caisse autonome
en a suspendu l'émission quinze jours plus tard et elle diminuait, le 16 décembre, le taux d'intérêt des bons de toutes
catégories. A partir du 23 décembre, elle suspendait les
émissions de bons à trois mois, puis les renouvellements à
partir du 14 janvier 1927. Créant ensuite des bons à deux
ans, portant intérêt à 6 p. 100, elle suspendait les émissions
de bons à six mois, le 29 janvier suivant. Le 3 février, le
taux d'intérêt des bons à un an était abaissé à 5 p. 100,
puis le 11 avril, à 4 p. 100, et le taux d'intérêt des bons à
deux ans, à 5 p. 100. Enfin, après avoir de nouveau abaissé,
le 6 mai, le taux d'intérêt des bons à un an à 3 p. 100, la
Caisse autonome en suspendait définitivement, à partir du
3 juin, les souscriptions et les renouvellements, tandis
qu'elle diminuait d'un demi pour cent les intérêts des bons
à deux ans.

Il résulte de ces décisions que, depuis le 31 juillet 1927,
tous les bons d'un mois à six mois ont été amortis et que
les bons à un an auront à leur tour disparu le 3 juin 1928 ;
il ne restera donc plus en circulation, à cette dernière date,
que des bons à deux ans, émis depuis le 1er janvier 1927 et
dont les premières échéances ne pourront avoir lieu, par
conséquent, avant le 1er janvier 1929. En sorte que, pendant
la période du 3 juin au 31 décembre 1928, la Caisse autonome n'aurait plus aucun remboursement à opérer et pourrait, grâce au produit des impôts qui viendraient alors

accroître ses réserves, préparer en toute sécurité ses futures échéances de bons à deux ans.

Le problème des bons à court terme a donc reçu la plus heureuse des solutions. Au 31 décembre 1927, il ne restait plus à amortir qu'environ 18.355 millions de bons à un an dont les remboursements sont assurés par les recettes fiscales réservées à la Caisse autonome, par les disponibilités qu'elle possède et, enfin, par les souscriptions nouvelles de bons à deux ans dont elle a même été obligée de limiter les émissions.

Le maximum de la circulation des bons de la D. N. avait été fixé, pour l'exercice 1927, à 46 milliards, ou, en tenant compte de la tolérance prévue par la loi du 7 août 1926, à 48.760 millions. Il a été abaissé, pour l'exercice 1928, à 38.268 millions ou, en tenant compte de la même tolérance légale, à 40.564 millions. A la fin de l'année 1927, la circulation atteignait 43.457 millions.

. .

Ne pouvant plus placer à titre temporaire leurs disponibilités en bons de la D. N. dont les échéances étaient trop éloignées et ne convenaient plus qu'à l'épargne, les sociétés financières et industrielles ont dû les verser en compte courant au Trésor afin de ne pas les laisser improductives. Elles ont ainsi augmenté un autre compartiment de la dette flottante de l'État dans des proportions qui auraient pu devenir dangereuses, si cette dette n'avait pas été réduite par un remboursement correspondant des avances de la de la Banque de France. Le Trésor pouvant faire face à ses paiements par des ressources normales et permanentes ne pouvait utiliser les dépôts à vue qui lui étaient confiés qu'en les versant à l'Institut d'émission ; s'il payait des intérêts à ses clients, il diminuait ceux qu'il devait à la Banque de France. D'autre part, les émissions du Trésor et de la Caisse autonome permettaient de résorber peu à peu l'excé-

dent de la circulation et des comptes courants. On exagère
beaucoup, du reste, les dangers de la dette flottante. Sous
un régime de stabilité monétaire, le montant n'en varie pas
sensiblement et il ne peut donner lieu à des embarras que
dans les périodes de panique. S'il est prudent de consolider
une dette flottante ou de la convertir en obligations d'une
plus longue durée, ces opérations ne peuvent cependant se
réaliser que dans des circonstances favorables. La réduction du taux d'intérêt des placements à court terme et la
hausse des cours de nos fonds d'État sont les conditions
nécessaires à leur succès. Il faut donc que s'améliore sans
cesse le crédit public, que s'accroisse, en même temps, la
richesse nationale par un redoublement d'efforts de la production et dans une atmosphère de pleine sécurité pour les
capitaux. La politique générale du gouvernement peut
exercer, à cet égard, la plus haute influence sur la masse
des travailleurs et des épargnants.

Les progrès réalisés depuis le mois d'août 1926 ne sont
pas contestables. Les budgets des deux exercices 1926
et 1927 pourront accuser des excédents, lorsqu'en seront
dressés les comptes définitifs ; l'équilibre de la Trésorerie
n'est plus menacé par des échéances massives ; l'amortissement de la dette à court terme se poursuit ; la balance
générale des comptes se solde par un tel excédent qu'il a
été possible, le 22 avril 1927, de rembourser par anticipa-
tion à la Banque d'Angleterre une dette énorme de 33 millions de livres sterling et de faire rentrer dans les caisses
de la Banque de France les 463 millions d'or qui servaient
de gage à cet emprunt de guerre ; les cours du franc se
maintiennent à leur niveau normal et nos réserves de
change sont à ce point importantes que, pendant une durée
assez longue, il ne semble pas que l'instabilité monétaire
puisse être à redouter. Tous ces progrès se sont accomplis
grâce à l'application d'un programme d'ensemble poursuivi
d'un commun accord par le Trésor, la Banque de France et
la Caisse autonome d'amortissement. Mais ils n'auraient pu

se réaliser s'ils n'avaient pas été aidés par le concours de l'opinion publique, par les sentiments de confiance dans le succès de l'œuvre entreprise. Les procédés techniques ne suffisent point à résoudre les difficultés qui proviennent, en grande partie, de causes d'ordre psychologique, de croyances plus ou moins fondées, mais qui dirigent, bien plus que la raison, la conduite des individus et surtout celle des foules [1]. Le prestige dont jouit le chef du gouvernement exerce à cet égard une action plus puissante sur l'âme d'un peuple que toutes les manifestations politiques.

A l'heure où il reprenait le pouvoir, M. Raymond Poincaré était considéré par la majorité des Français comme un homme d'État résolu à sauver son pays. Peu importaient les noms de ses collaborateurs, assez habilement choisis du reste pour ne susciter dans le Parlement aucune alerte. On croyait à son succès, ce qui le rendait possible. On croyait que la chute du franc allait s'arrêter et elle s'arrêtait. On croyait à la parole et aux promesses du Président du Conseil ; cela suffisait pour faire succéder à l'angoisse du péril une confiance assez prolongée pour mettre fin au désarroi des finances publiques. Mais la difficulté consiste à maintenir et même à fortifier ce sentiment indispensable à la continuité des efforts, à poursuivre sans défaillance et sans arrêt une politique de salut qui impose à tous les citoyens les plus larges sacrifices individuels. Les moindres hésitations peuvent faire naître des découragements et l'on passe alors d'un excès d'optimisme à un pessimisme exagéré. Les luttes des partis recommencent et l'union nationale est compromise. La tâche semble trop lourde et l'on désespère de la remplir. Reconnaissons que, pour porter le fardeau d'une dette intérieure et extérieure dont l'énormité confond l'imagination, il faut un courage et une persévérance dont bien peu de peuples, jusqu'ici, ont donné

1. Ces vérités ont été démontrées avec un éclat incomparable par notre éminent ami le Dr Gustave Lebon, dont les ouvrages philosophiques devraient être lus et médités par tous les hommes d'État.

l'exemple. La plupart ont mieux aimé, comme l'Allemagne, manquer à leur parole et liquider leurs engagements par une faillite monétaire qu'on ne saurait mieux comparer qu'à un impôt progressif sur le capital mobilier de la nation.

CHAPITRE IX

LES CONDITIONS DU RELÈVEMENT FINANCIER

Sommaire. — *Les leçons de l'expérience.* —*Nouveaux progrès à poursuivre.* — *Les réformes fiscales nécessaires.* — *Exagération des impôts sur les valeurs mobilières et des droits de mutation.* — *Les économies budgétaires.* — *Les causes de la prospérité des États-Unis.* — *La stabilisation monétaire.* — *Dangers d'une nouvelle revalorisation du franc.* — *Le poids de la dette publique.* — *Influence de la politique sur le crédit public.*

Les phénomènes d'ordre financier et monétaire se rattachent, comme bien d'autres, à des lois générales dont l'expérience permet seule d'établir les rapports constants. L'exposé que nous venons de faire, dans les chapitres précédents, des principaux événements qui se sont déroulés depuis 1914 démontre clairement qu'il existe, entre la situation monétaire et les finances publiques, des liens étroits. L'inflation fiduciaire, provoquée par les besoins de l'État, entraîne toujours une hausse des changes et des prix qui est suivie d'une crise de trésorerie. Au fur et à mesure que la circulation fiduciaire s'accroît et que diminue le pouvoir d'achat de la monnaie, il est fatal que s'élève le niveau général des prix : c'est le phénomène qui s'est produit de 1914 à 1918. Il est vrai que, pendant cette dernière période, les cours du franc n'ont pas sensiblement varié ; mais c'est parce que des crédits extérieurs abondants nous avaient été accordés et qu'il s'y était ajouté d'autres moyens de change (exportations d'or, ventes de valeurs mobilières

étrangères, échanges de livres et de dollars contre des
francs par les troupes anglaises et américaines campées sur
notre territoire, etc.). Le déficit de notre balance générale
des comptes s'est trouvé, de la sorte, comblé par des
importations de capitaux et des emprunts extérieurs dont
la liquidation devait plus tard nous exposer à de sérieuses
difficultés.

La valeur du franc étant plus grande à l'extérieur qu'à
l'intérieur, grâce aux procédés artificiels employés pour
stabiliser le change, il en est résulté une prime énorme
aux importations qui ont pris des proportions considérables
en 1919 et 1920. Chaque fois qu'une monnaie est surestimée,
le même phénomène se manifeste ; quand elle est sous-
estimée, il s'ensuit une prime aux exportations qui ne tardent pas à s'accroître. Mais ce que l'on croit alors un symptôme de relèvement économique constitue, au contraire,
un appauvrissement ou ce qu'on appelle une « perte de
substance ». On vend trop bon marché aux étrangers des
produits nationaux, tandis qu'on achète trop cher leurs
propres marchandises.

A partir de la période où nos moyens de change se trou-
vent réduits par la suppression des crédits extérieurs
(second semestre de 1919), les cours des devises appréciées
s'élèvent ; la circulation fiduciaire s'accroît du montant des
nouvelles avances de la Banque de France à l'État ; le
niveau général des prix monte sans arrêt. Mais comme les
avoirs étrangers sont considérables dans les banques ayant
une succursale en France, ces dépôts se transforment nécessairement en placements productifs d'intérêts et qui font
revenir dans les caisses du Trésor et de la Banque de
France les billets qui en sont sortis. Par suite, la circulation fiduciaire n'augmente pas en 1920 ; les émissions de
rentes 5 p. 100 amortissables et 6 p. 100 perpétuelles permettent d'ailleurs d'en résorber une certaine quantité et de
consolider une part importante de la dette flottante. Il faut
tenir compte, en outre, d'un facteur nouveau : le dévelop-

pement plus rapide des moyens de règlement par voie de
chèques et de mandats de virement qui évitent les dépla-
cements et les accroissements de numéraire, sans affecter,
il est vrai, le niveau général des prix.

La crise économique mondiale, qui continue à sévir
en 1921 et persiste jusqu'en 1922, a pour effet de provoquer la baisse des changes et des prix. La circulation doit
donc décroître et les billets de banque en excédent reviennent dans les caisses du Trésor sous forme de souscriptions
à ses émissions. La Trésorerie est au large et peut diminuer
de 2 milliards, à la fin de l'année 1921, le montant des
avances de la Banque de France à l'État.

En 1922, le 23 février, la circulation atteint son chiffre
le plus bas (32.281 millions), analogue à celui 7 août 1919.
Les émissions du Trésor sont aisées ; les cours de nos
rentes se sont sensiblement relevés ; l'indice des prix de
gros, qui est de 320 au début de l'année, reste à peu près le
même jusqu'au mois de mai ; les cours du franc ont toutefois baissé pendant le second semestre de l'année, ce qui
est un symptôme dont il convenait de tenir compte.

La situation va se modifier en 1923, sans devenir cependant alarmante avant le mois d'août. La hausse des changes
entraîne la hausse des prix dont l'indice passe de 395, en
janvier, à 468 en décembre ; les cours des rentes fléchissent
et ceux du Suez montent assez vite ; la circulation des bons
de la D. N. diminue de 1.348 millions ; les emprunts du
Trésor deviennent de plus en plus difficiles et onéreux. La
crise du change, qui se poursuivra jusqu'en mars 1924,
aura pour effet de diminuer de plus en plus les ressources
du Trésor. Par contre, les recettes budgétaires augmentent
en raison de la hausse des prix et, par suite de la dépréciation du franc, les exportations s'accroissent.

En mars 1924, la crise du change, provoquée par la spéculation étrangère, est conjurée par l'intervention de la
Banque de France sur le marché et par des mesures d'assainissement financier susceptibles d'empêcher une nouvelle

inflation. Le relèvement des cours du franc entraîne les phénomènes habituels : une baisse accentuée du niveau général des prix, des disponibilités plus abondantes et un accroissement des souscriptions aux bons à court terme qui permet à la Trésorerie de liquider son arriéré. Mais, dès le mois de juin 1924, les cours des changes étrangers remontent, la circulation s'accroît et le niveau général des prix s'élève, tandis que fléchissent les cours des rentes et que la cote des valeurs à change se raffermit. La situation est de plus en plus dangereuse pour le Trésor dont les ressources diminuent, malgré l'accroissement notable du produit des impôts. L'émission des obligations amortissables 5 p. 100 1924 ne se traduit que par une consolidation de la dette flottante et n'améliore pas la situation du Trésor.

*
* *

Le gouvernement qui prenait le pouvoir après les élections générales du 11 mai 1924 n'a pas compris qu'il devait poursuivre avec énergie l'œuvre d'assainissement financier à peine commencée. Il ne s'est pas rendu compte des conséquences qu'allait entraîner la hausse des changes et dont la plus certaine était un déficit de Trésorerie. Au lieu de maintenir la confiance des porteurs de valeurs du Trésor, il s'est livré à de vaines attaques contre ses prédécesseurs, à des polémiques qui avaient pour effet d'affaiblir le crédit public. N'était-il pas puéril d'accuser ses adversaires politiques d'organiser la « panique des possédants », alors qu'on ne cessait de l'entretenir par des menaces de moratoire et d'impôt sur le capital, et que, d'autre part, on suivait une politique qui conduisait à l'inflation, préface de la débâcle? Les jacobins, qui multipliaient les émissions d'assignats pour faire face aux dépenses publiques, tenaient le même langage ; ils accusaient les émigrés de provoquer le discrédit de la monnaie, alors que, par l'abus des émissions de billets, ils étaient les auteurs responsables de leur dépréciation continue. Impuis-

sant à établir un régime de saine monnaie, le Directoire a
suscité de telles ruines et de telles misères qu'il a rendu la
dictature militaire inévitable. Au surplus, les gouvernements
succombent moins sous les coups de leurs adversaires que
sous le poids de leurs fautes. L'ancienne monarchie est
tombée, parce qu'elle avait été incapable de restaurer les
finances publiques et ses successeurs ont subi le même sort
parce qu'ils ne vivaient que d'expédients plus graves encore.

En suscitant les alarmes de l'épargne, au moment même
où il fallait à tout prix la rassurer, on creusait le gouffre du
déficit. On mettait le Trésor dans l'impossibilité de rembourser les valeurs à terme venant à échéance en 1925. Sans
doute, des échéances de même nature n'avaient causé, dans
le passé, que des embarras de Trésorerie momentanés. Mais,
en 1925, la situation était différente et l'on ne pouvait songer
à émettre des emprunts de consolidation des bons du Trésor
et du Crédit National. Pour mettre fin à la crise des changes
et à la crise de Trésorerie, il fallait prendre des mesures
rapides et susceptibles d'arrêter l'inflation. Comme on ne
l'avait point fait, il était fatal que la hausse des changes s'ac-
centuât ; que les vendeurs de monnaies étrangères, redoutant un accroissement de la circulation, voulussent se couvrir contre des risques à peu près certains, en augmentant
les prix de leurs devises ; que, enfin, la hausse continue des
cours du change eût pour but d'accélérer les exportations de
capitaux français et les rapatriements d'avoirs étrangers et,
par conséquent, d'accentuer la baisse du franc.

Une accalmie s'est toutefois produite, lorsque le cabinet
Painlevé a succédé en avril 1925 au cabinet Herriot, mais
elle n'a pas été de longue durée. Les efforts tentés pour éviter de nouvelles avances de la Banque de France à l'État,
au moyen d'emprunts nouveaux, étaient condamnés à l'in-
succès. Il fallait s'engager résolument dans une autre voie :
établir sans délai des impôts indirects à fort rendement et
réaliser de larges économies budgétaires. L'assainissement
financier ainsi obtenu aurait exercé, comme à l'ordinaire, la

plus salutaire influence sur le marché des changes et sur
le marché des rentes ; en réussissant de la sorte à faire baisser
les cours des monnaies étrangères appréciées par une saine
politique financière, on aurait enrayé la hausse des prix,
ranimé la confiance dans le crédit public à l'intérieur et à
l'extérieur, ce qui était l'unique moyen d'empêcher la circulation de s'accroître. Par contre, on rendait cet accroissement inévitable en provoquant, par la hausse des prix, des
demandes de remboursements de bons venus à échéance.

La Banque d'émission ne peut exercer, en pareil cas,
aucune action sur la circulation de ses billets ; elle est à la
merci des événements et ne peut se défendre contre les
retraits de dépôts à vue et à terme effectués dans les caisses
du Trésor ; si elle se refuse à faire des avances nouvelles à
l'État, le Trésor en est réduit à fermer ses guichets. Si, au
contraire, l'État ne fait plus d'emprunt à la circulation, la
Banque de France peut toujours régulariser et contenir ses
émissions, en augmentant le taux de l'escompte et des
avances.

L'impuissance du Parlement et les changements continus
de ministres des Finances ont porté le dernier coup au crédit
public. La hausse des changes et des prix s'est poursuivie
jusqu'en juillet 1926 : le cours moyen du dollar, de 21,22 en
septembre 1925 montait à 26,75 à la fin de l'année pour s'élever progressivement en juillet à la moyenne de 40,96. La
dépréciation du franc avait causé à l'épargne des pertes
énormes. Dans une annexe du rapport des experts de juillet
1926, figure un tableau indiquant l'effet de la crise du change
sur un placement de 200.000 francs effectué avant la guerre
et comportant des titres de premier ordre : au 30 juin 1926,
la valeur-or de ce portefeuille avait diminué de 89 p. 100.

Les remèdes appliqués à la crise à partir de la fin de juillet 1926 étaient indiqués par le bon sens et par l'expérience :
ils ont sauvé le pays d'une débâcle qui paraissait alors immi-
nente. Mais ils ne pouvaient réparer qu'une partie des maux
causés à l'épargne et à l'économie nationale par l'inflation

fiduciaire de 1925. L'exposé des motifs du budget de 1928 renferme à cet égard des réflexions fort judicieuses :

L'équilibre de la Nation, dit son auteur, reposait naguère sur une classe de modestes travailleurs intellectuels ou manuels, de petits agriculteurs, commerçants, fonctionnaires ou rentiers ; les vastes et rapides enrichissements, propres aux pays neufs, n'étaient ni recherchés ni goûtés par les Français, les spéculations hardies n'enfiévraient pas leurs imaginations ; chacun plaçait son espoir dans la sécurité du lendemain, dans le maintien du genre d'existence qu'il avait toujours connu et que venaient améliorer les économies transmises et grossies de génération en génération.

La hausse du coût de la vie a durement atteint les familles de fortune moyenne ; elles ont vu grandir leurs dépenses, alors que les salaires de leur travail, les revenus de leurs rentes ou le chiffre de leurs pensions ne suivaient pas la même progression. Ce déséquilibre n'a pas tardé à entraîner pour elles la gêne, parfois la misère ; la fortune paraissait souvent sourire, soit pendant la guerre, soit après la paix, aux spéculateurs de tous ordres, à ceux mêmes qui, désespérant du salut du pays, édifiaient leur richesse sur des ruines. Un mécontentement, un découragement qu'il serait vain de nier, ont peu à peu pénétré la partie la plus sacrifiée de la population.

Un redressement financier resterait incomplet s'il n'était l'occasion d'un redressement économique qui rende au travail et à l'épargne la place qui leur convient.

Le redressement économique et le régime fiscal.

Tel est, en effet, le problème à résoudre et dont la solution est compliquée. L'équilibre du budget a été assuré par des accroissements d'impôts qui rendent de plus en plus difficile un redressement économique indispensable aux plus-values des recettes. En jetant les yeux sur le projet de budget de 1928, on s'aperçoit que les crédits réclamés par l'ensemble des services publics dépassent de près de 2 milliards ceux de l'exercice précédent. Ces accroissements de dépenses s'appliquent à tous les départements ministériels, sauf les Finances, et, pour la plus large part, aux majorations de traitements et de pensions. La dette publique et viagère comporte des crédits de 21.690 millions, sans compter les charges d'intérêts et d'amortissement des bons de la D. N. dont la Caisse autonome a assumé la gestion ; les crédits affectés aux autres services publics s'élèvent à 20.755 millions, soit au total 42.445 millions, non compris les crédits des P. T. T. de 2 500 millions qui figurent à un budget spécial.

Les recettes affectées au budget général ont été évaluées à 42.406 millions. Suffiront-elles pour couvrir l'ensemble des dépenses ? Sans doute, il a été tenu compte des moins-values qui pourraient affecter les droits de mutation à titre onéreux sur les immeubles et sur les fonds de commerce, l'impôt sur les opérations de Bourse et autres. Mais les abattements envisagés de 590 millions, par rapport aux recouvrements 1926, semblent fort modérés. Le produit des contributions directes et des taxes assimilées, évalué à 8.575 millions, n'atteindra probablement pas des sommes aussi élevées, en raison de la diminution des bénéfices industriels et commerciaux. Les mêmes réserves pourraient être faites en ce qui touche les produits du Timbre et de l'Enregistrement, la taxe sur le chiffre d'affaires, évaluée à 8.562 millions, et dont les plus-values résultent surtout d'un contrôle plus efficace.

Ces prévisions de recettes ne comprennent pas le produit net de la vente des tabacs et des droits de succession réservés à la Caisse autonome d'amortissement, de même que l'impôt complémentaire de 7 p. 100 sur la première mutation. A cet ensemble de taxes d'environ 5.500 millions viennent s'ajouter les 6 milliards d'impôts communaux et départementaux, ce qui porte le poids de la charge qui pésera en 1928 sur les contribuables français à 54 milliards, sinon davantage. La répartition de cet énorme prélèvement sur le revenu et sur le capital de l'ensemble de la Nation est-elle de nature à permettre le relèvement économique dont on reconnaît l'urgente nécessité et l'accroissement de la richesse nationale ?

L'accroissement des impôts.

Pour se rendre compte des augmentations d'impôts qui ont eu lieu depuis une douzaine d'années, il suffit de dresser le tableau des évaluations de recettes permanentes du budget de 1914 et de les comparer avec celles du budget de 1928 :

	EN MILLIONS DE FRANCS	
	Évaluations de 1914.	Évaluations de 1928.
Contributions directes et assimilées	635,9	8.575,8
Enregistrement	839,8	5.494,1
Timbre.	257,3	1.850,1
Opérations de bourse. . .	16,9	390,9
Revenu des valeurs mobilières	149,4	3.429,7
Douanes.	721,5	3.677,5
Contributions indirectes .	696,3	6.567,7
Sucres.	192,0	1.135,2
Taxe de luxe.	000	20,6
Chiffre d'affaires	000	8.562,1
	3.509,4	39.703,7

Le produit des recettes budgétaires normales et permanentes s'est donc augmenté de 36.194 millions et se trouve ainsi 11,3 fois plus élevé[1]. Sans doute la valeur de l'unité monétaire est cinq fois moindre, d'après les cours du change de 1927, que celle du franc-or d'avant-guerre; le total des impôts susceptibles de comparaison entre les deux périodes, soit 39.703,7 millions, est donc équivalent à 7.940 francs-or. L'accroissement réel des impôts dont nous parlons ne s'élèverait, par suite, qu'à 2,26 fois le montant des impôts de 1914. Mais ce raisonnement ne serait fondé que si les revenus des

1. On pourrait ajouter à ce tableau les chiffres de certaines recettes budgétaires qui ne constituent pas, à proprement parler, de véritables impôts. Par exemple, le produit des monopoles (allumettes, poudres et tabac) évalué à 600 millions en 1914, s'est élevé à 2.454 millions en 1926. Les recettes des P. T. T. passent de 410 millions à 2.963 millions; celles des Domaines, de 63,9 millions à 443,5.

contribuables français s'étaient accrus dans la proportion
de 1 à 5. Or, il est évident que les revenus de tous ceux qui
exercent des professions libérales, des fonctionnaires, des
rentiers, des retraités, etc., sont loin d'avoir quintuplé. Nous
avons rappelé plus haut que certains porteurs de valeurs
mobilières avaient subi des pertes de 89 p. 100 et nous pourrions ajouter que beaucoup de propriétaires d'immeubles
urbains ne touchent certainement pas la moitié des intérêts
dont ils bénéficiaient avant la guerre. La vérité est qu'il s'est
produit, depuis dix ou douze ans, un déclassement des fortunes qui a rendu les uns plus riches peut-être, mais les
autres beaucoup plus pauvres. Cette nouvelle répartition, ou
pour mieux dire ce bouleversement de la richesse, a créé
un malaise social qui provoque des mécontentements, sinon
des colères, dont il serait puéril de ne pas comprendre le
danger. Ce serait une raison de plus pour remanier profon-
dément un régime fiscal qui soulève, au point de vue économique et au point de vue social, les plus sérieuses objections.

Les impôts sur la fortune mobilière.

On a bien souvent démontré que l'exagération des impôts
qui frappent la fortune mobilière est un obstacle à l'essor de la
production. Ces impôts, dont sont seulement exonérés les
fonds d'État, forment plusieurs catégories se superposant
les unes sur les autres : l'impôt du timbre, l'impôt de transmission, les taxes sur le revenu des valeurs mobilières et
sur les opérations de Bourse. En 1926, les recouvrements
effectués ont atteint, pour ces quatre sortes de prélèvements,
3.985 millions; ils sont évalués à 4.575 millions pour l'exercice 1928, en laissant de côté l'impôt général sur le revenu.
Par le jeu singulier d'une taxe de transmission qui s'ajoute
à l'impôt cédulaire, il arrive parfois que les impôts absorbent
la totalité du coupon, ou même le dépassent. *La Fédération
des porteurs de valeurs mobilières françaises*, qui poursuit

une campagne excellente en faveur d'un dégrèvement indispensable, a pu citer des exemples décisifs de ces abus de fiscalité.

M. de Chappedelaine a publié, dans une annexe à son rapport général sur le budget de 1928, un tableau des prélèvements fiscaux opérés sur les coupons de certaines valeurs mobilières au porteur, au double titre de l'impôt de transmission et de l'impôt cédulaire sur le revenu. En ce qui touche les coupons de 75 types d'obligations, 41 subissent des retenues de 27 à 30 p. 100; sur les 34 autres, le fisc prélève des impôts de 30 à 53 p. 100. En ce qui touche les coupons de 156 types d'actions, 37 seulement ne sont frappés que d'une taxe de 28 à 30 p. 100, mais 119 autres supportent des impôts de 30 à 97 p. 100, sans compter l'impôt général. Enfin certains coupons de parts de fondateurs et d'actions de jouissance sont taxés plus lourdement encore; le rapporteur général du budget a pu en citer une dizaine qui subissent des prélèvements de 50 à 100 p. 100.

La plupart des autres nations ont compris qu'il était indispensable d'abaisser le taux de ces impôts afin d'encourager l'épargne à souscrire plus largement aux émissions des sociétés industrielles et d'accroître ainsi la production nationale. En Hollande, pays privilégié, les valeurs mobilières sont exonérées de toute taxe, sauf l'impôt général sur le revenu. En Suisse, les valeurs mobilières ne sont frappées que d'une taxe de 2 p. 100 sur les intérêts des obligations, de 3 p. 100 sur les dividendes des actions. Aux États-Unis et en Italie, ces mêmes impôts ont été fortement réduits. En Allemagne, ils n'atteignent que 10 p. 100 et en Belgique 18 p. 100. Nous sommes les seuls dans le monde à ne pas nous apercevoir que frapper sans répit ce qu'on appelle la richesse acquise, ou pour mieux dire l'épargne, c'est renoncer à des progrès indispensables à la productivité des impôts, à l'amélioration du bien-être général et à la mise en valeur de notre admirable domaine intérieur et colonial.

Si l'épargne ne fournit plus de capitaux nouveaux aux entreprises qui permettent la création de richesses nouvelles, quel sera le résultat de l'énormité des charges fiscales dont on l'accable et qui la découragent? Avant la guerre, nos placements nouveaux en valeurs françaises et étrangères atteignaient environ 4 milliards de francs-or par an. En 1926, ils n'ont même pas dépassé 6 milliards de francs-papier, c'est-à-dire 1.200 millions de francs-or; la différence est considérable.

Par contre, dans les pays où l'on s'est appliqué à diminuer les impôts sur les valeurs mobilières, le produit des émissions n'a cessé d'augmenter. La Hollande a réalisé, en 1926, des placements s'élevant à 950 millions de francs-or; la Suisse, 600 millions, au lieu de 332 en 1913; la Grande-Bretagne, 5.750 millions; l'Allemagne elle-même, qui avait ruiné son esprit d'épargne par sa faillite monétaire, a réussi à le faire renaître et elle a retiré de son propre fonds 4.400 millions de capitaux nouveaux. Quant aux États-Unis, ils ont placé pour 32 millions de francs-or de titres mobiliers, c'est-à-dire plus de 150 milliards de francs-papier, et l'on prévoit que, en 1927, leur épargne s'élèvera à 40 milliards de francs-or ou 200 milliards de francs-papier.

Il ne peut cependant se créer, chez nous, de richesses nouvelles que par l'apport de nouveaux capitaux créés par les épargnants. Sans leur concours, nous serions exposés à une décadence certaine et nous deviendrions de plus en plus tributaires de l'étranger. C'est ainsi que nos compagnies de chemins de fer, la Ville de Paris et l'État lui-même ont dû faire appel à la Suisse et à la Hollande pour se procurer les ressources nécessaires à l'amélioration de leurs réseaux et aux achats de matériel.

La plupart de nos Chambres de Commerce, sollicitées par la *Fédération des porteurs de valeurs mobilières*, ont émis en faveur de la défense de l'épargne française le vœu que voici :

Considérant que l'œuvre d'assainissement de la monnaie et des finances publiques doit, pour être définitive, s'accompagner de la restauration sur des bases saines de toute l'économie privée du pays ;

Que cette restauration implique la mise à la disposition du commerce et de l'industrie des capitaux qui leur sont indispensables pour assurer leurs fonds de roulement et pour développer leur outillage, au fur et à mesure des besoins ;

Qu'en particulier le pays ne pourra réduire l'importance de son recours aux capitaux étrangers que dans la mesure même où il réussira à reconstituer sa propre épargne nationale ;

Et qu'enfin cette reconstitution du marché français des capitaux qui entraînerait la diminution du loyer de l'argent et l'abaissement des charges des emprunts à long terme est indispensable à toute politique de développement de la production, de lutte contre le chômage et de compression des prix,

La Chambre de Commerce émet le vœu : *que le Gouvernement étudie et réalise au plus tôt une politique de dégrèvement des valeurs mobilières destinées à modérer les charges fiscales excessives qui pèsent actuellement sur ces valeurs et qui entravent tout développement de l'épargne.*

Le régime fiscal des successions.

L'exagération des droits de succession, surtout en ligne directe, n'est pas moins nuisible à l'économie nationale que l'énormité des divers impôts dont sont frappées les valeurs mobilières. Notons tout d'abord que le régime fiscal auquel sont assujetties les successions est des plus compliqués et que les notaires eux-mêmes peuvent difficilement s'y reconnaître.

Depuis 1917, cette catégorie d'impôts comporte à la fois une taxe dite « successorale », assise sur l'ensemble de la fortune du défunt et des « droits de mutation par décès », variables selon le degré de parenté, qui frappent la fortune transmise à chaque héritier. En réalité, ces deux impôts superposés sont étroitement liés et constituent un prélèvement sur la totalité de la succession.

La loi du 25 juin 1920 a considérablement élevé les tarifs et, afin d'éviter une expropriation complète, elle a dû prévoir que l'ensemble des impôts ne pourrait dépasser 80 p. 100.

La loi du 3 août 1926 a, de nouveau, augmenté les droits de succession, mais en fixant une limite aux prélèvements de l'État qui ne peuvent être supérieurs à 25 p. 100 en ligne directe, à 35 p. 100 en ligne collatérale et à 40 p. 100 entre parents plus éloignés ou étrangers.

En frappant d'une taxe, dégressive il est vrai, de 25 p. 100, les successions en ligne directe, le fisc a découragé les pères de famille soucieux de laisser à leurs enfants une fortune qui les mettrait à l'abri du besoin ; il a voulu en quelque sorte pénaliser leurs épargnes. C'est un singulier moyen de favoriser l'accroissement indispensable de la population française. Il est malheureusement certain que, plus un père de famille est riche, moins il a d'enfants, afin de pouvoir laisser à chacun d'eux une fortune plus grande. Si, par suroroît, sa succession doit être grevée de charges écrasantes, il se souciera encore moins d'augmenter le nombre de ses héritiers.

En Angleterre, en Italie et en Allemagne, notamment, on a beaucoup mieux compris la nécessité de ménager l'épargne accumulée par les pères de famille, grâce aux restrictions que ceux-ci avaient tenu à s'imposer dans le plus noble dessein. Les successions en ligne directe supportent, en Angleterre, des charges deux ou trois fois moins élevées qu'en France, lorsqu'elles ne dépassent pas 2 millions. En Allemagne, ces mêmes droits ont été abaissés à 10 p. 100 pour les enfants et les conjoints. En Italie, depuis 1923, les « successions familiales » sont exonérées de toutes taxes et les droits appliqués aux autres successions s'échelonnent de 12 à 50 p. 100 selon leur importance.

Pourquoi la France persiste-t-elle à accabler la fortune acquise par les pères de famille, sans se soucier des graves conséquences qu'entraîne l'exagération des droits sur les successions en ligne directe ? Sous prétexte d'atteindre ce qu'on appelle les grosses fortunes, on n'a même pas songé à diminuer sensiblement l'impôt progressif sur le capital dont on a surchargé les fortunes moyennes. Cet excès de fiscalité a découragé l'épargne et provoqué une diminution de la natalité qui, dans les grandes villes, ne cesse de s'accuser. A tous les points de vue, il est contraire à l'intérêt national; il démoralise un pays dont tous les efforts devraient être tendus vers l'accroissement de l'épargne et la protection des familles nombreuses.

L'impôt sur les mutations immobilières.

L'exagération de l'impôt sur les mutations immobilières et sur les mutations de fonds de commerce n'est pas moins défavorable à l'économie nationale. Depuis le mois d'août 1926, « les ventes, reventes, cessions et rétrocessions de biens immeubles » sont assujetties à un droit de 15 p. 100, lorsque le prix ne dépasse pas 300.000 francs; une surtaxe de 1,20 p. 100 est en outre appliquée sur la partie du prix qui excède 300.000 francs et une autre de 2,40 p. 100 sur celle qui excède 500.000. Un impôt supplémentaire de 7 p. 100 est enfin perçu sur la première mutation au profit de la Caisse autonome d'amortissement des bons à court terme. On a évalué, au total, avec les honoraires des officiers ministériels, de 25 à 30 p. 100 l'ensemble des droits qui frappent les ventes d'immeubles.

Les tarifs en vigueur avant la loi du 3 août 1926 étaient déjà excessifs; en les élevant de 7 p. 100, pour la première mutation, le fisc a-t-il réussi à en augmenter le produit? Pas le moins du monde. Pendant les six premiers mois de 1925, où les immeubles avaient cependant une valeur un peu moindre qu'aujourd'hui, le produit des droits de mutation s'est élevé à 662 millions et, pendant la période correspondante de 1926, à 886 millions. Mais, au cours du premier semestre de 1927 et alors qu'était appliquée la surtaxe de 7 p. 100, le produit de l'impôt sur les transactions immobilières s'est abaissé à 567 millions, soit à 95 millions de moins qu'en 1925.

Nous ne parlerons pas du fléchissement de 319 millions

de recettes entre les deux périodes correspondantes de
1926 et 1927 : on nous répondrait avec raison que, pendant
le premier semestre de 1926, les ventes d'immeubles ont été
particulièrement actives : les acheteurs, voulant alors
échapper à la dépréciation continue du franc, plaçaient leurs
capitaux en valeurs réelles, maisons, titres étrangers, etc...
Par contre, la comparaison entre les produits de 1925 et de 1927
est certainement concluante. Il en résulte nettement que la
surtaxe de 7 p. 100 a réduit dans de sensibles proportions
le rendement de l'impôt sur les cessions d'immeubles. C'est
ce que reconnaît elle-même l'administration de l'Enregistrement, puisqu'elle a fait subir de ce chef aux évaluations
de recettes de 1928 des abattements de 300 millions. Au cours
de l'exercice 1927, les moins-values des taxes successorales
et de l'impôt sur les ventes d'immeubles ont été considérables.

On ne peut guère s'en étonner. En ce qui touche l'accroissement des droits de transmission à titre onéreux des
immeubles, il devait fatalement avoir pour effet de diminuer
les transactions et, par contre-coup, de ralentir les constructions de maisons. On bâtit souvent des immeubles pour
les revendre à des capitalistes gros ou moyens à la recherche
de placements. Mais si, pour acquérir ces immeubles neufs,
l'acheteur est obligé de payer des droits de 25 à 30 p. 100,
il se dérobe; l'entrepreneur, s'apercevant qu'il a fait une
mauvaise opération, cesse de construire. Les terrains à
bâtir ne se vendent plus. La main-d'œuvre se disperse. La
crise des loyers persiste.

L'augmentation des droits de transmission sur les
immeubles constitue, a-t-on dit, la forme la plus atténuée
d'un impôt sur le capital qui est la contre-partie des impôts
de consommation. On a prétendu justifier l'accroissement
des impôts directs par celui des impôts indirects. Le
comité des experts a fait remarquer, dans son rapport du
3 juillet 1926, « qu'un système de lourds impôts directs,
frappant la production et le travail, n'épargne point, comme

on est parfois porté à le croire, la masse des consommateurs. Les charges fiscales qui, sous forme de contributions directes, pèsent sur la terre et sur l'activité industrielle et commerciale, s'incorporent finalement dans les prix et souvent dans une proportion supérieure à leur montant réel ». De même, les droits de mutation sur les immeubles ont pour conséquence de faire hausser les prix des loyers et de décourager les entrepreneurs de faire de nouvelles constructions.

Il suffit de parcourir la banlieue de Paris pour s'apercevoir des conséquences de la pénurie des logements et de l'insuffisance des constructions. Des familles nombreuses ont dû bâtir elles-mêmes de médiocres abris qui ne peuvent résister aux intempéries. Leurs misères sont exploitées par le parti communiste qui n'a pas de peine à les embrigader. Danger social, danger politique : tel est l'effet de la crise du bâtiment que vient aggraver l'énormité des droits de mutation.

Les contributions directes.

Sans cesse remaniés et toujours augmentés, l'impôt général sur le revenu et les impôts cédulaires ont fait l'objet d'un texte codifié par décret du 15 octobre 1926 qui comporte 118 articles. Cela ne veut pas dire que ce texte soit d'une lecture aisée. La complexité des tarifs est telle qu'elle oblige les contrôleurs à se livrer à de nombreux calculs pour dresser les rôles; ils n'y parviennent qu'au bout de longs mois de travail. Il en résulte que les contribuables ne connaissent le montant de leurs impôts qu'à une époque tardive de l'année et qu'ils doivent s'acquitter, à bref délai, de charges souvent énormes.

Quoi qu'il en soit, l'impôt général sur le revenu qui ne s'élevait qu'à 2 p. 100 lorsqu'il a été établi par la loi de finances du 15 juillet 1914, peut atteindre aujourd'hui un maximum de 30 p. 100, majoré de 25 p. 100 pour les contribuables âgés de plus de trente ans qui sont célibataires ou divorcés et n'ont aucune personne à leur charge; le

même montant est majoré de 10 p. 100 pour les contribuables âgés de plus de trente ans, mariés depuis deux
ans, lorsqu'ils n'ont pas d'enfants. Il ne faut donc pas
s'étonner que le produit de l'impôt général se soit considérablement accru et que, après s'être élevé à 51 millions
en 1916, il ait été évalué à 2.400 millions en 1927. S'appliquant à l'ensemble des revenus, il vient s'ajouter aux
impôts cédulaires sur la propriété bâtie et non bâtie, sur
les bénéfices industriels, commerciaux et agricoles, sur les
traitements, pensions et rentes viagères et, enfin, sur les
professions libérales. Il s'ajoute aussi aux revenus mobiliers
de toute nature dont les taxes superposées dépassent celles
des autres cédules. Pour que l'impôt général fût supportable, il faudrait qu'il fût modéré et que, dans tous les cas,
le minimum imposable de 7.000 francs-papier, soit
1.600 francs d'or d'avant guerre, fût porté à une somme
supérieure.

En ce qui touche les impôts cédulaires, nous devons relever une première iniquité. L'impôt sur les bénéfices industriels et commerciaux est établi, on le sait, sur les résultats
de l'exercice écoulé. Lorsqu'un industriel ou un commer-
çant éprouve des pertes plus ou moins lourdes, il n'a évidemment rien à verser au fisc. Mais lorsque, l'année suivante,
il réalise des bénéfices, il n'est tenu aucun compte de ses
pertes antérieures. Le moindre souci de justice fiscale exi-
gerait, au contraire, que l'impôt dont nous parlons fût établi
non plus d'après les résultats du dernier exercice mais de
la moyenne annuelle de ses bénéfices. On a souvent proposé
de faire cette réforme qui ne diminuerait pas sensiblement
les recettes du Trésor. Elle devrait être réalisée à bref délai.

L'impôt cédulaire sur les traitements, indemnités et émo-
luments, salaires et pensions, devrait être à son tour assez
largement abaissé. Évalué à 500 millions pour l'exercice
1928, au lieu de 382, en 1927, il frappe trop lourdement les
fonctionnaires, les hommes de lettres et de sciences; à part
les assujettis dont la déclaration est facile à contrôler,

beaucoup d'autres peuvent y échapper et il en résulte des
inégalités choquantes. Comme on ne parviendra jamais à
assurer une assiette équitable, mieux vaudrait ménager
cette catégorie de revenus dans toute la mesure possible.
Faisons remarquer, d'autre part, que si les ouvriers peuvent
réclamer des augmentations de salaires proportionnelles à
l'impôt qui est, en fin de compte, supporté par les employeurs,
il n'en est pas de même pour les autres catégories d'assujettis.

Les réformes dont nous venons de parler ne sont assu-
rément pas les seules qu'il conviendrait d'apporter à notre
régime fiscal. La vérité est qu'il faudrait, après tant de
modifications improvisées, se rendre bien compte des répercussions que peut avoir sur l'économie nationale l'ensemble
de nos impôts et les remanier de telle sorte qu'ils nuisent le
moins possible à la création des richesses et, par suite, au
développement de la matière imposable. A cet effet, le
ministre des Finances devrait s'entourer d'une commission
consultative qui ne comprendrait pas seulement les techniciens de son département, mais les représentants autorisés
de nos grandes associations économiques. Cette commission
examinerait avec soin la répartition des impôts, proposerait
les changements nécessaires et élaborerait des conclusions
motivées. Ce serait, semble-t-il, le meilleur moyen d'aboutir
à des réformes indispensables.

Nécessité des économies.

On objecte avec raison que les dégrèvements fiscaux proposés par tous les hommes de bon sens auraient pour
résultat de rompre l'équilibre du budget qu'il faut à tout
prix maintenir et même fortifier. Oui sans doute, si ces
dégrèvements n'étaient pas compensés par des économies
correspondantes. Mais il n'est point démontré que ces économies soient impossibles. Le Comité des experts a rappelé,
dans l'exposé que nous avons cité plus haut, qu'elles pour-

raient se réaliser à la condition « de simplifier et de moderniser les méthodes administratives, de diminuer des services, parfois même de supprimer des services entiers ». Le rapport de la commission présidée par M. Louis Marin a été déposé en 1923 : il n'a été suivi d'aucune application de quelque importance. Nos grandes associations économiques, nos Chambres de Commerce ont sans cesse protesté contre l'ingérence abusive de l'État dans toutes les entreprises de production, contre l'extension fâcheuse des monopoles qui n'ont pas même l'excuse de fournir au Trésor des recettes d'exploitation susceptibles d'équilibrer les dépenses. L'œuvre la plus urgente consistait, dans cet ordre d'idées, à supprimer le monopole des allumettes que la Chambre a tenu à maintenir et le monopole des communications téléphoniques exploité en dépit du sens commun. Ne parlons que pour mémoire des arsenaux de la marine, des chemins de fer de l'État, dont le déficit dépasse celui de tous les autres réseaux. N'insistons pas sur les abus de contrôle et la perte de temps que font éprouver aux intéressés les formalités compliquées de la plupart des administrations publiques. Sur ce thème bien connu, on a rédigé des mémoires et des rapports dont les conclusions sont restées lettre morte. Nous sommes le seul pays au monde à ne pas comprendre la nécessité de réduire le nombre des fonctionnaires, au lieu de l'accroître[1]. Nous n'avons pas encore réussi à mieux aménager les services publics, à les mieux répartir entre l'État et les pouvoirs locaux. En matière économique, l'ingérence de l'État, que ne connaissent point les autres pays, est une entrave à tous progrès. Il faut des

[1]. Dans l'annexe XI à son rapport général sur le budget de 1928, M. Henry Chéron rappelle que l'effectif total du personnel civil et militaire (militaires de carrière seulement) s'élevait, en 1914, à 617.750 unités, non compris les agents des chemins de fer de l'État. Il atteignait, en 1927, le chiffre de 701.171, y compris les 28.462 fonctionnaires des départements recouvrés. La charge qui incombe au budget s'est ainsi accrue de 1.358 millions en 1914 à 7.997 millions en 1927 (1.600 millions de francs au pair).

années de patience, d'enquêtes et de rapports, pour obtenir, par exemple, l'autorisation de bâtir une usine de force électrique. Il faut d'innombrables démarches pour construire un chemin de fer d'intérêt local ou une route sur le domaine de l'État. On parle toujours d'aliéner les immeubles qui ne servent qu'à loger des fonctionnaires parfois inutiles : combien en a-t-on vendu depuis que la question est posée?

Le progrès social aux États-Unis.

Par contre, nous ne cessons de multiplier les lois dites sociales dont les avantages sont toujours moins prompts que ceux qui résulteraient d'un accroissement de la prospérité générale. L'exemple des États-Unis est à cet égard d'une évidence éclatante. La richesse s'y est augmentée à ce point que, en 1926, le revenu total de ce grand pays a pu être évalué à 89.682 millions de dollars, soit à 2.246 milliards de francs-papier au cours de 25 francs par dollar. Le salaire moyen des employés et des ouvriers s'est élevé à 2.010 dollars, ou 50.250 francs par an. L'actif des sociétés d'assurances sur la vie dépassait 12.850 millions de dollars, ou 321.250 millions de francs.

Le montant des économies privées mises en dépôt dans les établissements d'épargne et de crédit atteignait 21.204 millions de dollars, ou 530 milliards de francs, et les placements nouveaux en valeurs industrielles, 6.311 millions de dollars ou près de 158 milliards de francs.

Il est à remarquer que, depuis 1922, ces chiffres se sont régulièrement accrus d'année en année et on prévoit qu'ils s'augmenteront dans des proportions de plus en plus fortes. Sans doute, l'abondance des matières premières et des produits agricoles sur cet immense territoire privilégié a largement contribué à l'essor économique de la nation et, par suite, au progrès du bien-être général. Mais pour que l'exploitation du sol, du sous-sol et des usines donnât des résultats aussi extraordinaires, il était indispensable qu'un apport

de capitaux nouveaux fût sans cesse créé par l'épargne
publique. Il fallait perfectionner l'outillage, construire des
machines de plus en plus puissantes : on ne pouvait le faire
qu'avec le concours des épargnants.

L'interdiction de la vente des boissons fermentées, poussée, il est vrai, un peu trop loin, aux États-Unis, a eu pour
effet de détourner l'ouvrier du cabaret. Au sortir de son
travail, où il se rend dans une automobile qui lui appartient,
il rentre chez lui, dans une maison saine et agréable; il se
préoccupe de l'avenir de sa famille, en réalisant des économies qu'il place aussitôt soit en achats de valeurs industrielles, soit en dépôts dans les caisses d'épargne qui ont
passé de 1913 à 1924, de 8 à 20 milliards de dollars, tandis
que le nombre des titulaires s'élevait de 12.500.000 à 30 millions. Les acquisitions d'actions industrielles par les ouvriers
et les employés sont du reste favorisées et encouragées par
tous les moyens. La *Standard oil* avait, en 1914, 6.000 actionnaires : elle en compte maintenant 300 000. Trois sociétés
de son groupe ont donné cinq ans à leur personnel pour
l'achat à terme de leurs actions : 44.000 salariés ont profité
de cette option[1]. Le problème social se résoudra de la sorte
de la manière la plus simple et la plus sûre. En attendant, le salarié vit très largement et même beaucoup plus
largement que le bourgeois moyen de notre pays.

Il n'a cependant jamais été question, aux États-Unis, de
faire créer par l'État des caisses de retraite, d'assurances
ou de chômage; le ministère du Travail n'y existe même
pas. Il ne viendrait jamais aux Américains l'idée de confier
à l'État le monopole de la fabrication des allumettes ou
l'exploitation des téléphones; ils se moquent un peu de
nous, non sans raison, en nous voyant persévérer dans la
routine et dans la multiplication continue des attributions
gouvernementales, obstacle permanent au progrès qui ne

---

1. Chiffres cités dans une conférence de M. Giscard d'Estaing, à la
Société nationale d'Études économiques et politiques.

peut se réaliser que par les efforts de l'initiative privée.

En suivant une politique sociale si opposée à la nôtre, les États-Unis ont obtenu des résultats merveilleux. Les théories socialistes et communistes leur semblent de vaines chimères. Quand on leur parle de Moscou, ils répondent que le collectivisme a engendré la misère et la ruine, tandis que le développement normal du « capitalisme » a accru la richesse et le bien-être. Aux prétendus dogmes des Soviets, ils préfèrent des réalités immédiates et, loin de vouloir supprimer la propriété, ils s'attachent à augmenter le nombre des possédants, ce qui est la véritable et la seule solution du problème social.

La stabilisation monétaire.

La stabilité monétaire est l'un des facteurs essentiels du développement normal de la richesse publique. Elle s'est réalisée, en fait, depuis la fin du mois de décembre 1926, à la suite des interventions de la Banque de France sur le marché des changes. Cette intervention n'a pu produire d'ailleurs d'utiles résultats que parce qu'elle avait été précédée d'un assainissement financier. Entreprise six mois plus tôt, elle n'aurait provoqué qu'une vaine dilapidation des réserves d'or de la Banque de France. Les conditions d'ordre psychologique et d'ordre technique nécessaires à son succès n'ont été remplies que grâce à l'application d'une politique nouvelle et sous l'autorité d'un chef de gouvernement qui faisait naître une confiance générale dans la valeur future du franc. Ainsi réalisée, cette confiance provoquait le rapatriement des capitaux français exportés et des avoirs étrangers qui s'étaient évadés de notre pays pendant la crise du change. Ce double afflux de devises étrangères a naturellement provoqué sur le marché une telle abondance de demandes de francs que les cours de notre monnaie auraient baissé dans des proportions considérables si elles n'avaient pas eu pour contre-partie les offres de francs

.que la Banque de France était seule en mesure de servir. Par ce procédé qui ne manquait pas de hardiesse, notre institut d'émission, opérant pour le compte du Trésor, s'est constitué une réserve de change qu'on a pu évaluer, dès le mois d'octobre 1926, à un milliard de dollars, et qui, depuis, s'est même augmentée. Il a pu, en outre, accroître son encaisse métallique en achetant au public l'or et l'argent qui se cachaient dans le bas de laine de l'épargne, et en obtenant de la Banque d'Angleterre la restitution du métal jaune qui servait de gage à un emprunt contracté pendant la guerre et entièrement remboursé. Les cours du franc ne sont donc plus menacés de fluctuations sérieuses pendant un délai assez long et dont la durée dépendra de la stabilité politique, de la solidité du crédit public, de l'équilibre du budget et de la Trésorerie, dont le maintien rigoureux est seul de nature à éviter toute menace d'inflation fiduciaire.

Le taux de stabilisation fixé à 124 pour la livre et à 25,50 pour le dollar semble bien répondre à la valeur réelle du franc accusé par l'indice général des prix et au montant de la circulation fiduciaire par rapport à celui de juillet 1914. Il a permis, du moins jusqu'à présent, de maintenir l'équilibre du budget difficilement réalisé. Les prévisions de recettes pour l'exercice 1928 ont été établies sur la base des cours actuels de l'unité monétaire, et si ces cours se modifiaient, l'équilibre du budget en serait évidemment affecté. Les recettes, de même que les dépenses, pourraient s'accroître dans le cas où les devises étrangères atteindraient des cours plus élevés. Mais qu'arriverait-il si, au contraire, une nouvelle revalorisation du franc venait à se produire ? Les partisans de cette solution ont raison de dire qu'elle serait pratiquement aisée : il suffirait que le marché des changes fût abandonné à lui-même et que la Banque de France cessât d'intervenir pour en régulariser les cours. Mais ils ne tiennent pas compte, ce qui est cependant essentiel, des effets certains qu'exercerait une hausse du franc sur le budget et l'économie nationale.

Les dangers de la revalorisation.

Supposons que le taux de stabilisation soit fixé à 25 centimes-or, au lieu de 20 ; le montant réel de la dette publique et de la dette viagère s'élèverait, par conséquent, dans les mêmes proportions. Les charges de cette double dette atteignent, y compris l'amortissement, 27 milliards en chiffres ronds et même 30 milliards si l'on y comprend les intérêts et l'amortissement de certaines dettes extérieures auxquels sont affectées les recettes du plan Dawes. Cette somme de 27 milliards de francs-papier équivaut par conséquent à 5.400 millions de francs-or, au taux de 20 centimes-or par franc-papier, et à 6.750 millions de francs-or au taux de 25 centimes. Cela revient à dire que la charge réelle de la dette s'accroîtrait de 1.350 millions de francs-or ou 6.750 millions de francs-papier.

Il ne pourrait être question d'une diminution de la dette viagère dans le cas où le franc serait revalorisé au taux de 25 centimes-or et il serait non moins difficile de réduire les traitements des fonctionnaires publics dans les mêmes proportions. Faisons remarquer, à ce propos, que ces augmentations atteignent des chiffres considérables. Au mois de juillet 1927, le Parlement a voté des crédits supplémentaires qui s'élèvent, pour les rappels de traitements et de pensions, à 898 millions applicables à l'exercice 1926 et à 2.029 millions, y compris les augmentations de traitements, pour l'exercice 1927 [1]. Les accroissements de crédits prévus

1. Les augmentations de traitement et de pensions avec rappel depuis le mois d'août 1926 ont été consenties sous prétexte que les budgets de 1926 et de 1927 se solderaient en excédent. En admettant même que cet excédent fût réel, il aurait dû être exclusivement réservé à la Caisse autonome d'amortissement de la dette flottante, par application du paragraphe 5 de la loi du 7 août 1926. Mais, pour savoir si un budget se solde en excédent ou en déficit, il faut s'en référer aux comptes définitifs que les complications de la comptabilité publique par exercice, dont les règlements ont été établis par le décret de 1862, ne permettent de dresser qu'au bout de plusieurs années de recherches. On a souvent proposé de remplacer la méthode archaïque

à ce même effet dans le budget de 1928 forment un total imposant de 2.600 millions. Et, encore une fois, il serait vain d'espérer des réductions de pensions et de traitements au cas d'une revalorisation de la monnaie. En sorte que de faibles économies pourraient seulement être réalisées sur les achats de matériel.

Par contre, les recettes budgétaires subiraient un fléchissement de plusieurs milliards. Le produit de la plupart des impôts directs et indirects diminuerait dans une mesure correspondante à l'accroissement de la valeur de l'unité monétaire ; les moins-values seraient d'autant plus fortes que la revalorisation du franc provoquerait une dépression économique plus accentuée et dont notre commerce extérieur subirait le contre-coup. Il s'écoulerait un temps assez long pour que l'économie nationale s'adaptât au nouvel étalon monétaire et, pendant ce délai, le rendement des impôts serait nécessairement plus faible.

Le Trésor aurait à souffrir, non seulement des moins-values fiscales, mais de la perte considérable que lui ferait subir la revalorisation du franc. En supposant que les achats de change de la Banque de France atteignent 20 milliards de francs-papier au taux de 25 francs par dollar — et ce taux a parfois été dépassé —, ces disponibilités d'environ 800 millions de dollars ne vaudraient plus que 16 milliards de francs-papier au taux de 20 francs pour un dollar. Au déficit budgétaire viendrait donc s'ajouter un déficit de Trésorerie de 4 milliards.

Ce n'est pas tout. La diminution de nos exportations et les rapatriements inévitables d'avoirs étrangers creuse-

de comptabilité par exercice par le système beaucoup plus simple des comptes par gestion qui, en Angleterre, permet de publier, semaine par semaine, l'état des dépenses et des recettes du Trésor. Mais, en France, si l'on connaît approximativement le montant des recettes, on ignore le montant réel des dépenses jusqu'au jour où l'on a péniblement réussi à les affecter à un exercice déterminé. L'équilibre du budget, tel qu'il résulte des prévisions de la loi de finances, n'a aucun rapport avec les résultats qu'accusent les comptes définitifs.

raient à leur tour un déficit dans la balance des comptes. En ce qui touche le commerce extérieur, il est évident que toute augmentation de la valeur de la monnaie a pour double effet de réduire les exportations et d'accroître en même temps les importations. En ce qui touche les avoirs étrangers, placés en France dans un but de spéculation, ils se transformeraient bien vite en monnaies appréciées et les bénéfices de ces opérations de change se réaliseraient au préjudice du Trésor. Quelles raisons pourraient avoir les étrangers possédant des francs de les laisser en dépôt à Paris, alors que leur spéculation à la hausse aurait pleinement réussi? Ils s'empresseraient, cela va de soi, d'en tirer un profit immédiat et certain. Et si, plus tard, ils s'apercevaient que le taux de stabilisation ne pouvait plus être maintenu, parce que trop haut, ne serait-il pas à craindre qu'ils prennent position à la baisse du franc, comme ils l'ont fait en Belgique, lorsque le cours de la livre sterling avait été fixé à 106 francs? Il serait, dans ce cas, bien difficile d'éviter de nouvelles fluctuations de notre devise qui exerceraient sur les Français une influence psychologique de nature à provoquer de nouvelles exportations de capitaux.

A quelque point de vue qu'on se place, équilibre du budget et de la Trésorerie, équilibre de la balance des comptes, essor nécessaire de la production nationale, la revalorisation du franc au taux de 25 centimes-or constituerait, à n'en pas douter, une aventure. L'échec de la première tentative de stabilisation du franc belge démontre le danger d'une revalorisation monétaire trop accusée. Sans doute, l'Italie a cru pouvoir fixer le taux de stabilisation de la lire à un niveau plus bas que celui du franc; mais elle a beaucoup moins de charges que la France et elle a réussi à consolider sa dette flottante par un coup d'autorité. Son commerce extérieur a déjà subi, toutefois, de sérieux dommages, et le nombre des visiteurs étrangers, qui lui fournissaient un appoint de change indispensable, a largement diminué. Il s'en est suivi un déficit de sa balance des comptes qui ne peut être comblé que par des emprunts extérieurs ; d'autre part, l'équilibre de son budget est difficilement maintenu.

L'Angleterre a commis une erreur plus grave encore en stabilisant la livre sterling au pair du dollar. Le budget de cette grande puissance a cessé d'être un modèle de saine gestion financière. Il n'est plus en équilibre, en dépit des formidables accroissements d'impôts dont il accable les contribuables britanniques. Il résulte de l'exposé du Chancelier de l'Échiquier du 11 avril dernier 1927 que, au cours de l'exercice 1927-1928, les charges d'intérêts et d'amortissement de la dette s'élèveront à 370 millions de livres ou 45.880 millions de francs-papier. L'ensemble des dépenses atteindra 833.380.000 livres équivalant à 103 milliards de francs-papier. Le produit des impôts est évalué à 705.780.000 livres, dont 304 millions proviennent de l'*income-tax* et de la *supertax;* les autres recettes proviennent des P. T. T., du revenu des terres de la couronne et des placements extérieurs réalisés par le Trésor, ce qui porte l'ensemble présumé des recettes budgétaires à 834.830.000 livres. Mais, pendant les trois premiers trimestres de l'exercice 1927-28, le budget était déjà en déficit de 150 millions de livres.

En rétablissant la parité de la livre sterling et du dollar, l'Angleterre a sacrifié ses intérêts économiques aux intérêts financiers de ses institutions de crédit. La Cité de Londres était, avant-guerre, le *Clearing-house* de l'univers. Elle croyait ne retrouver son ancienne prospérité de grand marché de l'or et d'intermédiaire des règlements internationaux que si les traites tirées sur ses puissantes maisons de Banque étaient, comme par le passé, payables en or. Mais la revalorisation de la livre sterling n'a pas été suivie d'une baisse correspondante du niveau des prix intérieurs qui sont restés plus élevés que les prix extérieurs et les charges fiscales qu'elle a entraînées ont, en outre, lourdement pesé sur sa production. Comment lutter contre la concurrence étrangère, quand on a favorisé la surestimation de sa monnaie et paralysé l'expansion économique de son pays par un accroissement d'impôts qui ne permet guère de diminuer les frais généraux de l'industrie ?

.*.

Dans l'intérêt même des porteurs de nos fonds d'État, il faut éviter à tout prix d'accroître les charges déjà considérables de la dette publique et de la dette viagère. Il résulte des chiffres que nous avons cités que plus de la moitié des impôts, payés par ceux qui travaillent, sert à faire vivre ou à aider à vivre les rentiers, ce qui porte à d'amères réflexions ceux qui en supportent le poids. S'il est déjà difficile de maintenir une disproportion entre les charges de la dette et les autres dépenses de l'État, ne serait-il pas plus dangereux encore de l'accroître par de nouveaux avantages consentis aux rentiers ? Il ne faut pas oublier que, en France comme en Angleterre, le mouvement de mécontentement contre le régime fiscal donne une grande force aux partis d'opposition. Au point de vue politique, toute augmentation des impôts, nécessitée par l'accroissement des charges de la dette, constituerait un réel danger pour les porteurs de fonds d'État ; elle serait un argument en faveur d'un nouveau prélèvement sur le capital.

S'il venait à se produire des plus-values de recettes budgétaires, il serait beaucoup plus utile de les consacrer à des dépenses vraiment productives, à l'amélioration de notre outillage économique (transports terrestres, maritimes et aériens, P.T.T., usines hydro-électriques, etc.) et à des encouragements plus sérieux aux progrès de la science.

Le taux de stabilisation.

Le taux actuel de stabilisation du franc, est, dit-on, de nature à faire éprouver des pertes sérieuses à un certain nombre de porteurs de fonds d'État et du Crédit National. Beaucoup d'entre eux, et notamment ceux qui possèdent des rentes 3 p. 100 émises avant la guerre, ont été durement frappés par l'inflation fiduciaire qui constitue un impôt progressif sur le capital ; leurs revenus et leurs capitaux ont été réduits dans la proportion des quatre-cinquièmes. Mais les porteurs de valeurs mobilières autres que les fonds d'État, obligations du Crédit Foncier, des chemins de fer, des Villes et des départements, etc., forment une catégorie d'épargnants non moins intéressants et ils ont subi des pertes encore plus lourdes.

Les rentes 3 p. 100, émises à une époque où le franc était au pair, ont fait l'objet de mutations sans nombre et la majeure partie en a été transférée, depuis 1914, à de nouveaux porteurs qui n'ont subi de ce chef que des pertes minimes. Les rentes de guerre, 5 p. 100 et 4 p. 100, ont été émises pendant la période de stabilité monétaire où notre balance des comptes n'était équilibrée que par des emprunts extérieurs qui dissimulaient la dépréciation de notre monnaie dont la hausse des prix intérieurs accusait la véritable valeur. Les souscriptions aux rentes de guerre n'ont donc été effectuées qu'avec des francs surestimés et par ceux qui avaient réalisé des bénéfices au cours des hostilités, c'est-à-dire par les non-combattants. D'autre part, ils ont donné lieu à des négociations ayant eu pour effet de les faire passer entre les mains d'acheteurs qui les ont payées à un juste prix. Exception faite pour les rentes possédées par les incapables, les femmes mariées sous le régime dotal et les établissements charitables, comment serait-il possible de faire une distinction entre les anciens et les nouveaux porteurs [1] ?

1. Il est non moins impossible d'évaluer même approximativement le nombre des porteurs de rentes françaises; les statistiques publiées à ce sujet n'ont aucune valeur. Figurent seuls sur le Grand-Livre de la dette les noms des porteurs de rentes nominatives dont les inscriptions ont lieu au fur et à mesure des transferts. Les mêmes porteurs ont donc pu être inscrits sur le Grand-Livre à des dates différentes : il

Cette distinction s'imposerait cependant s'il paraissait légitime d'accorder certaines compensations aux porteurs de rentes lésés par la dévaluation du franc. Rien ne serait en effet plus dangereux que de consentir, à ceux qui sont devenus créanciers de l'État à l'époque où sévissait l'inflation, des droits réels qui pèseraient sur l'ensemble de la nation. Sauf au cas de faillite monétaire, comme en Allemagne et en Autriche, par exemple, la question de justice pour les porteurs de rentes ne peut se poser que pour un petit nombre d'épargnants. Leur attribuer un complément d'intérêts serait susciter des réclamations assez vives de la part des mutilés et des pensionnés de guerre. D'autre part, il serait fort compliqué d'exiger d'eux la preuve qu'ils ont bien acquis leurs rentes au moment de l'émission et qu'ils ne les ont pas achetées plus tard à un prix normal.

En ce qui touche les rentes et les valeurs d'État souscrites après l'armistice, les préjudices sont moindres que l'on ne se l'imagine. La plupart ont été émises avec une prime d'amortissement qui compense, en partie, la perte subie. Il ne faut pas oublier, en outre, que les porteurs de fonds d'État sont dans une situation privilégiée par rapport à ceux des autres valeurs mobilières. Exonérés de la retenue de 18 p. 100 sur les coupons, des droits de timbre et de transmission, ils n'ont pas à supporter, sauf l'impôt général sur le revenu, l'ensemble des charges fiscales qui frappent les autres catégories de valeurs mobilières. Enfin, il n'existe aucun précédent, sauf au cas de faillite monétaire, d'un accroissement des arrérages de la dette que semblerait justifier la dépréciation monétaire. Par contre, les réductions d'intérêt ont été nombreuses dans bien des pays et même en France, sous l'Ancien Régime et la Révolution.

Le taux actuel de stabilité nous paraît, en fin de compte, constituer pour les rentiers une sauvegarde. Certains techni-

serait très long et très compliqué de les grouper pour déterminer le montant de leurs créances sur l'État. Ce travail n'a d'ailleurs jamais été entrepris.

ciens affirment que ce taux aurait dû être fixé au sixième de
la valeur du franc-or, au lieu du cinquième. L'équilibre du
budget aurait pu ainsi être mieux assuré et permettre des
dégrèvements fiscaux plus prompts. C'est possible, mais il
est trop tard pour revenir sur ce qui a été fait. On peut du
reste, croyons-nous, éviter une plus forte dévalorisation du
franc en poursuivant sans arrêt une saine politique financière et monétaire, en pratiquant dans le budget de sévères
économies et en s'attachant à restreindre les attributions de
l'État. Les porteurs de valeurs mobilières de toute nature
doivent faire la propagande la plus active en faveur de ce
programme de salut ; les associations qu'ils ont fondées
dans ce but rendront les plus signalés services à leurs
adhérents et à l'ensemble de la nation en protestant, comme
elles n'ont pas manqué de le faire, contre les gaspillages des
deniers publics.

La stabilité monétaire s'est affirmée avec un succès qui
permet d'espérer, dans un délai peu éloigné, une stabilisation légale et définitive. Mais elle exige, on ne saurait trop
le répéter, un solide équilibre du budget, sans lequel de
nouvelles inflations seraient à redouter, et cet équilibre ne
saurait être pleinement assuré que par une réduction persistante des dépenses de l'État. Il faut que, au lieu de s'exposer
à réclamer de nouvelles avances à la Banque de France, le
Trésor rembourse, dans la plus large mesure possible, les
billets que, dans ses heures de détresse, il a été obligé de
lui emprunter.

Avant de procéder à la stabilisation légale de la monnaie,
il est essentiel que la Banque de France soit mise définitivement à l'abri des emprunts du Trésor, qu'aucune inflation
ne soit désormais à redouter et que la circulation n'augmente que pour les besoins du commerce. Contrairement à
une opinion fort répandue, nous pensons qu'il n'y avait
aucun avantage à fixer sans délai la valeur définitive du
franc par une loi que les événements pourraient contraindre
à modifier. Nous ne sommes pas au bout des efforts et des

sacrifices qu'exige la stabilité monétaire. Le problème des
dettes interalliées n'est pas réglé, loin de là, et l'application
du plan Dawes est encore sujette à bien des incertitudes.
Nos budgets sont difficilement équilibrés et notre Trésorerie
est accablée de charges dont elle ne peut supporter le poids
que par le concours actif de la masse des épargnants.

La politique générale.

On répète sans cesse et on ne saurait d'ailleurs trop le
répéter que notre assainissement financier et monétaire,
condition de notre essor économique, exigera, pendant de
longues années encore, l'application rigoureuse d'une politique générale appropriée aux circonstances. Il serait manifestement impossible de maintenir et de poursuivre les progrès accomplis, si la politique de divisions et de haines
sociales succédait à la politique d'union républicaine et de
concorde nationale. C'est en rétablissant la confiance dans
le crédit public qu'un ministère de détente a réussi à enrayer
la seconde crise du change de juillet 1926. Et c'est aussi
parce qu'il a affirmé ses sentiments d'union qu'il a pu faire
consentir aux contribuables français d'aussi lourds sacrifices. S'il surgissait une troisième crise monétaire, pour les
mêmes raisons que les deux autres, serait-il possible de la
faire cesser ? Il a fallu créer dix milliards d'impôts nouveaux
pour écarter le péril d'une faillite monétaire : combien en
faudrait-il d'autres pour échapper aux conséquences d'une
mauvaise gestion financière ?

L'œuvre de redressement est inachevée et elle peut même
prêter, sur divers points, à certaines objections. Mais il
serait facile d'en corriger les défauts démontrés par l'expérience et d'améliorer encore la situation du Trésor. Dans ce
dessein, il faut bien se convaincre que la pratique d'une
saine politique financière, poursuivie pendant de longues
années, est indispensable à une restauration définitive et
complète. L'application d'un programme d'union nationale

ne l'est pas moins et, si l'on revenait à la politique de haine
qui a causé tant de maux à notre pays, on compromettrait
bien vite les résultats péniblement obtenus.

Un autre danger menace, à vrai dire, l'œuvre de restauration heureusement commencée. Le retour au scrutin unino-
minal ne sera-t-il point un obstacle à son achèvement ? Ce
régime électoral a, dans le passé, condamné les députés à
satisfaire des appétits pour conserver des mandats ; il les a
poussés à exiger des ministres, en échange de leurs votes,
des actes de favoritisme qui ont affaibli chez de trop nombreux serviteurs de l'Etat le sentiment de la discipline et du
devoir professionnel ; il les a incités à réclamer, dans le dessein
de plaire à telle ou telle catégorie de leur clientèle, des accroissements de dépenses de nature à rompre l'équilibre des budgets ou à augmenter le poids des impôts. Les mandataires
de la nation n'ont eu que dans de trop rares circonstances
le courage de résister aux revendications impérieuses des
groupements syndiqués d'intérêts particuliers ; ils y ont
cédé presque toujours dans la crainte de perdre une part
souvent minime des suffrages dont l'appoint leur semblait
nécessaire pour conserver dans les collèges électoraux une
majorité précaire.

La confusion des pouvoirs, engendrée par une fausse
application du régime parlementaire, a provoqué l'amoindrissement continu de l'autorité gouvernementale et une
dégradation des mœurs politiques dont le mauvais exemple
a entraîné la corruption des mœurs privées. Nous avons
dénoncé, dans un autre ouvrage [1] les abus de l'ingérence
des députés dans l'administration, l'asservissement des élus
aux exigences des prétendus dirigeants du suffrage universel, la méconnaissance de l'intérêt général du pays si
souvent sacrifié aux intérêts particuliers d'une étroite cir-
conscription. Un peuple ne peut cependant être grand et

1. Georges Lachapelle. *L'œuvre de demain.* Librairie Armand Colin,
Paris, 1917.

fort, et même ne peut vivre que s'il a le sentiment de la solidarité qui commande à tous ses citoyens des sacrifices individuels en faveur de l'intérêt de la patrie. Mais encore faut-il que ceux qui ont la charge de le gouverner et de le conduire en possèdent les moyens qui leur font parfois défaut. Sans cesse exposé à des intrigues et à des manœuvres qui mettent son existence en péril, à des sollicitations auxquelles il n'ose point se soustraire, à des compromis, ou à des tractations qui dénaturent la portée de ses projets, un cabinet parlementaire ne peut que difficilement exercer ses pouvoirs en toute indépendance et avec une continuité de vue indispensable au succès de ses efforts.

La question reste d'ailleurs ouverte de savoir si le régime parlementaire peut s'adapter à une république démocratique et au suffrage universel. Les États-Unis et la Suisse ne l'ont point pensé et ils ont eu recours à des méthodes plus efficaces pour assurer le libre exercice de la souveraineté populaire. Nous sommes dans une période où il n'y a plus la moindre faute à commettre pour rendre inévitable une transformation complète des fonctions de l'État et les séparer nettement des attributions des Assemblées. L'expérience du régime parlementaire qui va se poursuivre au cours de la prochaine législature sera peut-être la dernière. Si le Parlement se montrait incapable de remplir sa mission de contrôle avec un désintéressement absolu ; s'il n'avait pas le courage de repousser des suggestions démagogiques qui compromettraient l'assainissement financier et monétaire, il faudrait bien se résigner alors à une révision de la constitution de 1875 comportant une organisation nouvelle et plus moderne des pouvoirs publics. L'existence d'un pays ne saurait dépendre des caprices ou des incohérences des Chambres qui toutefois, il est juste de le reconnaître, ont fait preuve d'un souci inaccoutumé du véritable intérêt national, à certaines heures de crise et sous l'impulsion d'un chef de gouvernement respecté.

Les peuples ont la destinée qu'ils méritent. S'ils se lais-

saient entraîner à des querelles et à des divisions intérieures,
à des rêves chimériques de nouvelles formes de production
et de répartition des richesses, ils sont condamnés à la
décadence et à la ruine. L'exemple de la Russie démontre
jusqu'à l'évidence que, si l'activité économique n'est pas
soutenue par le sentiment de l'intérêt personnel, par la
récompense certaine de l'initiative et des efforts individuels,
elle s'affaiblit sans cesse et ne peut suffire à satisfaire les
besoins des populations. L'accroissement de la prospérité
générale est la condition nécessaire du progrès social et du
bien-être de tous les citoyens ; ces grands bienfaits ne
sauraient être assurés que par un redoublement de travail
et d'épargne, dans la concorde et dans la paix.

TABLE DES MATIÈRES

CHAPITRE IV. — Le problème des réparations et le plan Dawes.

CHAPITRE V. — La première bataille du franc.

CHAPITRE VI. — La politique financière du Cartel.

CHAPITRE VII. — La seconde crise du change.

1177. — ÉVREUX, IMPRIMERIE CHARLES HÉRISSEY. — 3-1928